中国式现代化消费
理论、评价与战略

王永贵 等著

商务印书馆
SINCE1897
The Commercial Press

浙江工商大学出版社
ZHEJIANG GONGSHANG UNIVERSITY PRESS

图书在版编目(CIP)数据

中国式现代化消费：理论、评价与战略 / 王永贵等
著. —杭州：浙江工商大学出版社；北京：商务印书
馆，2023.10

ISBN 978-7-5178-5764-8

Ⅰ. ①中… Ⅱ. ①王… Ⅲ. ①消费经济学—研究—中
国 Ⅳ. ①F126.1

中国国家版本馆 CIP 数据核字(2023)第 193674 号

中国式现代化消费：理论、评价与战略
ZHONGGUOSHI XIANDAIHUA XIAOFEI：LILUN、PINGJIA YU ZHANLÜE

王永贵 等 著

出 品 人	郑英龙	
策划编辑	郑　建	
责任编辑	王黎明	
特约编辑	陈洁樱	
责任校对	李远东	
封面设计	蔡思婕	
责任印制	包建辉	
出　　版	商务印书馆	
	浙江工商大学出版社	
发　　行	浙江工商大学出版社	
	（杭州市教工路 198 号　邮政编码 310012）	
	（E-mail：zjgsupress@163.com）	
	（网址：http://www.zjgsupress.com）	
	电话：0571-88904970,88831806（传真）	
排　　版	杭州朝曦图文设计有限公司	
印　　刷	浙江海虹彩色印务有限公司	
开　　本	710 mm×1000 mm　1/16	
印　　张	21	
字　　数	355 千	
版 印 次	2023 年 10 月第 1 版　2023 年 10 月第 1 次印刷	
书　　号	ISBN 978-7-5178-5764-8	
定　　价	68.00 元	

本书编委会

主　任:王永贵

副主任:俞荣建　朱　玥　王节祥

编委会委员(按姓氏笔画排序):

马来坤　王孝盼　左金水　朱良杰　许翀寰

孙　豪　李　琪　汪淋淋　沈鹏熠　张志坤

侯　旻　祝瑜晗　聂　锟　徐蔼婷　缪沁男

前　言

　　习近平总书记在党的二十大报告中强调,中国共产党的中心任务就是团结带领全国各族人民全面建成社会主义现代化强国、实现第二个百年奋斗目标,以中国式现代化全面推进中华民族伟大复兴。中国式现代化开辟了符合我国国情的现代化道路,奠定了实现中华民族伟大复兴的坚实基础,承载了人民的梦想和期盼。消费对中国经济高质量发展有基础性作用,对中国式现代化的推进有支撑作用,是畅通国内大循环的关键环节和重要引擎,对经济发展具有持久拉动力。我们应立足全面建设社会主义现代化国家的时代背景,把握新发展阶段,贯彻新发展理念,构建新发展格局。在消费增长与升级中如何深刻把握中国式现代化的内涵特征,如何有效发挥消费推动经济增长的基础性作用并有效助力实现中国式现代化目标,既关乎满足人民美好生活需要,又是实现经济社会高质量发展的国家重大战略问题。因此,立足新时代中国式现代化总体发展目标,探究中国式现代化消费是什么、为什么和怎么做等一系列重大问题,意义重大、影响深远。

　　作为一部立足中国式现代化实践前沿、面向国家重大战略需求的著作,《中国式现代化消费：理论、评价与战略》基于"是什么—为什么—怎么做"的逻辑,尝试构建中国式现代化消费的理论体系,是一部全面且深入解构中国式现代化消费内涵、助力实现中国式现代化目标的著作。通过把握中国式现代化对消费发展提出的新要求、新发展阶段下的消费新变化,围绕消费主体、消费客体和消费环境三要素,深入理解中国式现代化消费的"四个"特征维度(即立足于数字经济时代双循环新格局、物质消费和精神消费相协调、绿色消费需求的充分激发和释放、服务全体人民共同富裕)及其驱动因素;基于"逻辑严谨、层次清晰、数据充分、评价准确"的评价指标体系构建原则,结合中国式现代化消费的四个基本特征,构建中国式现代化消费的特征评价体系;最终,从战略路径、战略突破口、战略着力点三方面切入,构建实现中国式现代化消费的战略体系。

本书分为理论基础篇、现状评价篇、战略体系篇和生动实践篇,共十三章。其中,理论基础篇主要介绍了中国式现代化消费的内涵特征与理论体系,回顾了中国消费发展的阶段特征与消费政策的演变,并从消费主导型经济的理论视角探讨了中国式现代化消费与经济发展动力转型之间的关系;现状评价篇构建了中国式现代化消费评价指标体系,并对中国式现代化消费指数进行了测算和分析,剖析了中国式现代化消费存在的主要问题和面临的主要挑战;战略体系篇基于中国式现代化消费的内涵特征和当前存在的主要问题,从四大战略路径、三大关键举措、三方面政策切入,构建了实现中国式现代化消费的战略体系;生动实践篇从数字技术驱动消费场景全面创新、消费助力实现共同富裕、物质消费与精神消费协调发展以及绿色消费新举措四个方面,生动展现了中国式现代化消费的前沿实践。

　　概括而言,本书的特色主要表现在:第一,本书立足全面建设中国式现代化的新发展阶段,面向国家扩大内需、提振消费的重大战略需求,结合贯彻新发展理念背景下中国式现代化对消费发展提出的新要求,围绕中国式现代化消费关注的核心问题,解构了中国式现代化消费的内涵与特征,并基于"是什么—为什么—怎么做"的逻辑尝试构建中国式现代化消费的理论体系;第二,基于对中国式现代化消费特征的解读,构建了科学、有效的中国式现代化消费评价指标体系,并运用科学方法对中国式现代化消费指数进行了测算与评价分析,揭示了中国式现代化消费存在的主要问题与挑战,这有助于准确研判当前消费形势并明晰未来的重要发展方向;第三,战略路径—关键举措—政策透析"三管齐下",搭建了实现中国式现代化消费的战略体系,为实现中国式现代化消费提供了明确的导向和指引;第四,从"数字技术、共同富裕、物质与精神消费协调、绿色消费"多元视角,展现了中国式现代化消费的前沿实践,为实现中国式现代化建设目标提供了生动的范例和实施路径。

　　本书是集体智慧的结晶。浙江工商大学王永贵教授携其团队通过大量的资料查阅、深入的实地调研,全面系统地收集和分析了中国式现代化消费的最新研究成果和实践案例。本书写作具体分工如下:第一章(浙江工商大学王节祥、汪淋淋、王永贵),第二章(浙江工商大学左金水、聂锟),第三章(浙江工商大学孙豪、王永贵),第四章和第五章(浙江工商大学徐蔼婷、祝瑜晗、王永贵),第六章(江西财经大学沈鹏熠),第七章(浙江工商大学王孝盼、俞荣建),第八章(浙江工商大学张志坤),第九章(浙江工商大学许翀寰、李琪、朱玥),第十章(浙江工商大学缪沁男),第十一章(浙江工商大学朱良杰),第十二章(浙江工商大学侯旻),第十三章(浙江工商大学马来坤）。没有大家的共同努力，本书就无法及时与读者见面。在撰写过程中，编著者也借鉴了不少优秀的文献与资料，在此向有关作者表示诚挚的谢意。

鉴于时间和编著者水平有限，书中不当之处在所难免，在此恳请各位读者、同行和专家不吝赐教，以便再版时进行修正。

目　录

理论基础篇

现状评价篇

战略体系篇

生动实践篇

理论基础篇

第一章

中国式现代化消费：内涵特征与理论体系

在 2022 年省部级主要领导干部"学习习近平总书记重要讲话精神,迎接党的二十大"专题研讨班上,习近平总书记强调:"必须坚持以中国式现代化推进中华民族伟大复兴。"消费对中国式现代化具有重要的支撑作用。无论是从全球经济发展演进看,还是立足新时代中国经济发展的新趋势看,中国消费发展都将步入新的阶段,因此有必要明确新发展阶段消费的内涵特征和理论体系。

第一节　中国式现代化对消费发展的战略要求

立足全面建成社会主义现代化强国的新时代背景,消费发展要深刻把握中国式现代化的内涵特征,原因在于党的二十大正式把中国式现代化明确为"新时代新征程中国共产党的使命任务",消费发展同样需要围绕这一使命任务展开。

一、中国式现代化提出的背景与内涵特征

把握中国式现代化提出的背景,对于理解其内涵特征至关重要。中国式现代化形成并发展于中国共产党人为实现中华民族伟大复兴而进行的持续探索过程中,在新时代格局中臻于完善,是新时代党的理论创新的典范。

（一）中国式现代化提出的深刻背景

中国式现代化理论体系的形成具有清晰的历史脉络与厚重的历史逻辑。从新时期到新时代,随着中国式现代化新道路的不断开拓,中国式现代化理

论体系得以初步构建。从大历史观来看，在思想脉络上，中国式现代化既是对中国共产党人在独立探索中国现代化道路百年历程中形成的思想认识方法的承继，也是对改革开放初期提出的"中国式的现代化"概念的接续①。中国共产党人的百年探索为中国式现代化新篇章的续写提供了坚实的理论基础和制度保障。"中国式的现代化"这一概念的提出标志着中国式现代化理论体系思想内核的基本形成，其已经考虑到了我国庞大的人口数量，强调我国的现代化在人均收入和个人生活水平上不能与西方国家盲目攀比，在现代化建设上不能急躁冒进。

党的丰富的现代化实践以及取得的经济成果为中国式现代化的生成构筑了坚实的物质基础，党的理论创新为中国式现代化的生成提供了充分的思想准备。

在我国国内生产总值（GDP）总量稳居世界第二的背景下，中华大地上全面建成了小康社会，历史性地解决了绝对贫困问题。2021 年，我国经济总量达到 114.4 万亿元，占世界经济的比重达 18.5%，稳居世界第二；货物和服务贸易总额、外汇储备稳居世界第一；人均 GDP 达到 8.1 万元（约合 1.26 万美元），居民人均可支配收入达到 3.51 万元②；近 1 亿农村贫困人口实现脱贫。这些经济发展成就与历史性的消灭绝对贫困，意味着中国日渐触及现代化的核心层面。理论发展方面，在 2021 年庆祝中国共产党成立 100 周年的"七一"讲话上，习近平总书记明确提出"中国式现代化新道路"，并在此后的中国共产党与世界政党领导人峰会以及党的十九届六中全会和省部级主要领导干部研讨班上，特别是党的二十大报告中，进行了系统阐述，"中国式现代化"话语由此初步成型。

（二）中国式现代化的内涵特征

中国式现代化展现了不同于西方现代化模式的新图景，既有各国现代化的共同特征，更有基于中国国情的中国特色与鲜明特征③。中国式现代化是

---

① 肖政军，杨凤城.论"中国式现代化"话语体系的历史生成、现实构建与未来展望[J].中国矿业大学学报（社会科学版），2022，24（6）：1-16.

② 国家统计局.新理念引领新发展 新时代开创新局面：党的十八大以来经济社会发展成就系列报告之一[EB/OL].（2022-09-13）[2023-09-21].http://www.stats.gov.cn/xxgk/jd/sjjd2020/202209/t20220913_1888196.html.

③ 习近平.高举中国特色社会主义伟大旗帜 为全面建设社会主义现代化国家而团结奋斗[N].人民日报，2022-10-26(1).

人口规模巨大的现代化、全体人民共同富裕的现代化、物质文明和精神文明相协调的现代化、人与自然和谐共生的现代化、走和平发展道路的现代化。这五个方面的中国特色源于对中国式现代化实践的总结提炼,展现了人类现代化的实践新图景。

1. 人口规模巨大的现代化

人口规模巨大是中国的突出国情,也是中国式现代化具有的不同于其他国家现代化的一个显著特征。习近平总书记深刻指出:"现代化的本质是人的现代化。"现代化这一本质同中国人口规模巨大的基本国情结合在一起,使中国式现代化具有不同于其他国家现代化的鲜明中国特色。这一基本国情也决定了中国式现代化没有任何现成的答案可循,不能照搬西方现代化固有的模式,必须进行符合中国实际的探索,以找到一条适配自身的发展道路。

人口规模巨大的现代化决定了中国式现代化必须解决好如何把人口规模巨大的压力转化为人口规模巨大的优势问题。超大规模的人口虽然带来了一系列巨大的难题和挑战,但也能提供充足的人力资源和超大规模市场,关键是要将人口压力转变为人口红利,并通过进一步提高劳动者素质来实现。中国拥有 14 亿多人口,规模超过现有发达国家的总和,有 8.8 亿劳动年龄人口,超过全球所有发达国家劳动年龄人口的总和[①],这意味着仍有广阔的市场空间和可观的消费潜力需进一步挖掘。

2. 全体人民共同富裕的现代化

全体人民共同富裕由中国特色社会主义制度的本质决定,是中国式现代化的一个本质特征。中国式现代化以"人民至上"为根本立场,摒弃和超越了西方资本主义现代化"资本利益至上"的观点。中国式现代化不是走少数人富裕、多数人贫穷的西方现代化老路,而是追求全体人民共同富裕,要让全体人民都有机会凭自己的能力参与现代化进程,凭自己的贡献分享国家发展的成果。

实现全体人民共同富裕要求国家在认识到共同富裕是阶段性与必然性的辩证统一的基础上,更加自觉地解决地区差距、城乡差距、收入分配差距问题,进而使改革发展成果更多更公平地惠及全体人民。在时间维度上,共同

---

① 杨彦宇.中国劳动年龄人口为 8.8 亿人 劳动力资源仍然充沛[EB/OL]. (2021-05-13)[2023-09-21]. https://www.chinanews.com.cn/gn/2021/05-11/9474619.shtml.

富裕虽然是全体人民共同富裕，但不是所有人同时富裕，实现共同富裕存在先后问题，不可一蹴而就；在空间维度上，不同地区富裕程度仍会存在一定差异，所有区域不可能齐头并进地达到相同富裕水准；在实现富裕的程度上，不同群体的富裕程度存在层次差异，不可能达到平均主义。国家统计局数据显示，党的十八大以来，党和政府高度重视收入分配问题，着力深化收入分配制度改革，城乡和区域居民收入差距持续缩小，收入分配格局明显改善。2022年，城乡居民人均可支配收入比值为 2.45，比上年缩小 0.05[①]。

3. 物质文明和精神文明相协调的现代化

物质文明和精神文明相协调，是满足人民群众美好生活需要的必然要求，也是中国式现代化的崇高追求。西方资本主义国家的现代化的一个重大弊端就是"见物不见人"，一味地追求物质文明而忽视精神文明，这不利于人的全面发展。习近平总书记在党的二十大报告中指出："物质富足、精神富有是社会主义现代化的根本要求。"这一重要论断，深刻揭示了中国式现代化的鲜明特征，实现了对马克思主义唯物辩证法的科学运用。

在新发展阶段推动"两个文明"协调发展，要充分认识二者协调发展的重要性和紧迫性，准确把握精神文明建设的基本要求，切实推动二者相互促进、协调发展。要聚焦社会主要矛盾，着力解决精神文明建设中存在的不平衡不充分的问题，以更好地满足人民美好精神文化生活需要。当前，针对人民的精神"缺钙"问题，我国着力加强理想信念、社会主义核心价值观以及"四史"的宣传教育，同时，努力创造出更多更好的"精神食粮"，满足人民群众日益增长的精神文化需求，并进一步增强人民的精神凝聚力和抵抗力。此外，我国也在着力推动各项文化事业的发展，大力开展公民道德教育，提高全民道德素养，提升社会文明水平。

4. 人与自然和谐共生的现代化

实现人与自然和谐共生，是中国式现代化的鲜明特点。尊重自然、顺应自然、保护自然，是全面建设社会主义现代化国家的内在要求。纵观世界现代化史，工业化、城市化过程中对生态环境的破坏是一个通病。中国在探索现代化进程中也走过不少弯路，但在党的十八大以后坚决遏制住了破坏生态环境的势头。习近平总书记"绿水青山就是金山银山"的理念已经深入人心，

---

① 国家统计局.中华人民共和国 2022 年国民经济和社会发展统计公报[EB/OL].（2023-02-28）[2023-09-21].https://www.gov.cn/xinwen/2023-02/28/content_5743623.htm.

并融入了国家的制度、政策和文化之中,坚定了走可持续发展道路的信念。

实现人与自然和谐共生的中国式现代化要在保护自然的前提下,建设以产业生态化和生态产业化为主体的生态经济体系,加快经济发展方式的绿色转型。对此,2023年上半年,我国加快构建绿色低碳的现代化产业体系,以产业生态化助推经济迈向高质量发展新航道。截至2023年8月11日,国家层面共创建3600多家绿色工厂、267家绿色工业园区和400多家绿色供应链管理企业,产品的制造过程更加生态化和绿色化[①]。此外,我国也在大力推进碳市场建设,并构建完成碳达峰、碳中和"1＋N"政策体系,确保如期实现碳达峰、碳中和目标,加快推进人与自然和谐共生的现代化。

5.走和平发展道路的现代化

通过走和平发展道路来实现现代化,是中国式现代化的突出特征。回顾西方国家发展的历史不难发现,弱肉强食、零和博弈、国强必霸等理念是其推进现代化的主导性思维。与此形成鲜明反差的是,中国始终坚持走和平发展道路,将中华民族的利益与全人类的利益高度统一起来,推动构建人类命运共同体,努力为人类和平与发展做出贡献,并在与世界各国良性互动、互利共赢中追求实现现代化目标。

走和平发展道路的现代化意味着中国要不断推动国际关系变革,为世界各国正确处理本国利益与全人类利益的矛盾提供全新"指南"。对此,习近平总书记提出构建以合作共赢为核心的新型国际关系,这是中国与世界其他各国的正确交往之路,也是符合世界各国和人民共同利益的发展之路。党的十八大以来,中国也积极在国家与地区等层面贯彻落实构建人类命运共同体理念,并努力推动构建人类命运共同体理念形象化、具体化。国家统计局发布的《综合实力大幅跃升 国际影响力显著增强——党的十八大以来经济社会发展成就系列报告之十三》显示,2013—2021年,我国对世界经济增长的平均贡献率达38.6％,超过G7国家贡献率的总和。中国对世界减贫的贡献率超过70％,为推动全球发展做出了重要贡献[②],中国市场正在成为世界的共享市场。

---

① 吴显力.我国加快构建绿色现代化产业体系[EB/OL].(2023-08-11)[2023-09-21].https://www.ccement.com/news/content/31736000301235001.html.

② 丁雅妮,张歆,高媛.实现大规模减贫经验值得借鉴! 中国对世界减贫的贡献率超70％[EB/OL].(2023-07-11)[2023-09-21].https://baijiahao.baidu.com/s? id＝177108370536796857 2＆wfr＝spider＆for＝pc.

二、中国式现代化对消费发展提出的新要求

消费活动可以理解为消费主体（消费者）在一定消费环境中对消费客体（消费品和服务）进行消费的过程[①]。在中国式现代化背景下，消费发展在功能上有了中国特色新的要求。中国式现代化与人民美好生活消费需要的满足具有紧密的内在联系，要在把握好中国式现代化特征的基础上更好发挥消费对现代化经济建设的作用。然而，当前中国居民消费率依然显著低于世界平均水平，特别是中等偏上经济体的平均水平，消费对经济发展的基础性作用仍未得到充分发挥[②]。立足于中国式现代化的内涵特征，实现消费活动基本要素的整体转换和全面升级，进而发挥消费的经济引擎作用已成为当务之急。

（一）充分释放"内循环"中的消费潜力

"人口规模巨大的现代化"要求不断扩大消费主体规模，释放各类群体的消费潜力。当前我国居民消费水平快速提升，消费规模持续扩大，消费对经济的拉动作用持续增强。但与此同时，一方面，相较于发达国家和世界平均水平，我国居民的消费率与消费倾向偏低，居民消费需求与消费潜力仍有待进一步释放与提升；另一方面，巨大的人口规模对经济社会和资源环境形成一定压力。人口老龄化率的持续攀升给社会系统可持续运行带来巨大挑战。国家统计局数据显示，2022 年中国的老龄化率（65 岁及以上人口占比）达到 14.9%，中国已经步入深度老龄化社会。同时，人口资源环境可持续发展也面临着巨大压力。大规模的人口消费需求意味着人对自然资源环境的索取将增加，会加大环境压力。此外，与人口规模巨大相伴的是群体种类多样，每个群体的人口规模都相当于世界上一个中小型国家的人口。这要求制度设计既要体现共性，又要考虑差异性。

中国式现代化的发展要求发挥出人口超大规模市场的作用，不断扩大消费主体，进而推动构建以国内大循环为主体的新发展格局。以中国式现代化为指引的扩内需、促消费关键在于群体的"扩中"与新消费客群的培育。预计到 2030 年，中国中等收入群体占总人口的比重将超过 50%，对居民消费的贡献率将超过 70%[③]，

① 尹世杰.消费经济学［M］.2 版.北京：高等教育出版社，2007.

② 臧旭恒,易行健.中国居民消费不足与新发展格局下的消费潜力释放：上［J］.消费经济，2023,39(1):3-17.

③ 王微.以消费为主导扩大内需［EB/OL］.(2022-12-16)[2023-09-21]. https://www.drc. gov.cn/DocView.aspx? chnid=379&leafid=1338&docid=2906351.

是需要激发消费意愿的主要群体。其中,扩大中等收入群体的难点、重点在农村,需要进一步攻克。此外,在新征程上推进高质量民生建设,要在处理好对特殊人群的保护的同时,解决与制度分异或"碎片化"相伴而生的不公平问题。例如,通过设计各类新产品和服务推动老年群体生活方式多元化,培育"银发"新消费客群,等等。

(二)实现全体人民共同富裕的消费新格局

中国式现代化是全体人民共同富裕的现代化,要提高居民收入水平来刺激消费增长,不断缩减消费差距,特别是居民收入和实际消费水平的差距。消费是重要的民生福祉,推动共同富裕的一个阶段性目标就是到"十四五"末,全体人民共同富裕迈出坚实步伐,居民收入和实际消费水平差距逐步缩小。不过,当前仍存在以下问题:一是区域经济水平差异大。从省级经济体的规模来看,东部省份的经济规模显著高于其他区域的省份,且省份差异逐步扩大。二是地区和群体间的收入差距大。以2022年为例,城乡居民人均可支配收入依然相差1.45倍。三是城乡消费差距过大。由此形成的消费分层与不平等问题依然存在,且与收入不平等相比,消费不平等更具潜在的破坏性影响。

实现全体人民共同富裕是一个不断探索和创新的过程,也是人民在实践活动中不断创造并共同享有发展成果的过程。要服务于全体人民的共同富裕,就要客观承认和准确把握我国消费领域在地域、产业和消费群体上存在的差异和不平衡问题,优化消费环境,构建起打通地区、串联产业的统一消费市场。同时抓住数字经济时代的优势,借助数字化赋能实现无差别触达,推动新消费渠道下沉,例如,进一步打破农村与城市的空间距离,为农村居民提供与城市居民一样的产品与服务。

(三)推进物质消费与精神消费的有机融合

中国式现代化是物质文明和精神文明相协调的现代化,需协调处理好物质消费和精神消费的关系,促进消费结构的全面升级。当前,居民消费需求正在逐渐由物质属性向精神属性转变。人们不再满足于从物质消费中获得满足感,精神消费甚至成为满足感更重要的来源。要处理好物质消费和精神消费的关系,既要依靠需求侧,也要依靠供给侧。从需求侧看,消费主体购买能力不足、客群不平衡问题依然存在,并非所有群体都有精神产品的消费,当代年轻人是主要的精神消费群体。从供给侧来看,当前仍存在精神产品数量不足、质量不高等问题。精神消费有别于物质消费,它们往往不是必需消费,大多数是更高层次的消费，消费者更看重产品和服务的品质。

重构有效供给与有效需求，协调处理好物质消费和精神消费的关系，要引导消费者构建合理的精神消费结构，也要鼓励企业不断升级新消费供应，生产出更多健康的精神产品和服务。对政策制定者而言，一方面，要推进符合数字经济时代发展步伐的监管政策，加强数字伦理的研究与立法；另一方面，在引导精神消费的同时，也要致力于提升消费者的收入，谨防消费群体客观购买能力不足与主观消费需求升级之间矛盾的出现。对消费供给而言，企业可以增加数字形态的精神文化产品，推进数字技术与企业生产的深度交融，不断进行数字产品和服务的创新，以创造消费者价值为最终目标，满足消费者的个性化、多元化精神需求。

（四）培育以绿色消费为抓手的消费新增长点

中国式现代化是人与自然和谐共生的现代化，要倡导绿色消费，充分释放绿色消费需求。随着我国经济的不断发展，人们的绿色消费意识逐渐提升，人们开始认识到人与自然之间相辅相成的发展关系。当前，仍存在如下问题：一是绿色消费理念尚未全面形成。我国绿色消费需求还未充分激发和释放，其对经济高质量发展的支撑作用还需进一步提升。二是我国目前正处于从实践到认识的发展阶段。促进绿色消费相关政策尚缺乏连续性，绿色低碳产品和服务供给的市场管理机制尚不健全、技术服务体系仍不完善。三是部分地区交通和物流基础设施的建设仍然滞后。这不仅制约了农村、农民对网络购物等新型消费的需求，也阻碍了农村绿色农产品向城镇地区的流动，影响了城镇居民的绿色消费需求。

促进绿色消费，激发绿色消费需求，将是消费领域的一场深刻变革，必须在消费各领域全周期、全链条、全体系深度融入绿色理念，促进消费实现绿色转型升级。在这个过程中，对政策制定者而言，一方面，要不断完善绿色消费促进政策，规范绿色消费市场，如及时补齐短板，健全绿色低碳产品生产、认证、推广体系等；另一方面，要加强生态环境文化和绿色生活方式的培育，引导居民绿色消费。对消费供给端而言，要创新供给能力和结构，形成支撑绿色消费的高质量供给体系。

（五）着力提升"外循环"中的消费水平

中国式现代化消费既要以国内大循环为主体，也要更好推进高水平国际循环，向国外市场提供高性价比产品和服务，同时充分利用国外的生产要素，努力实现内循环为主、外循环赋能、双循环畅通高效的格局。一方面,目前我国总人口约占全球总人口的 18%,但石油储量、天然气储量、耕地面积占全球的比重分别仅为 1.5%、4.47% 和 8.7%[①],这一现实情况决定了我国需要进口必要的资源,提升国内国际两个市场、两种资源联动循环能力;另一方面,推进国际循环也有利于加快现代化产业体系建设的步伐。参与国际市场竞争,增强出口商品和服务竞争力,有利于推动国内产业转型升级。推进国际合作有助于丰富国内市场商品和服务种类,转变国内消费理念,进而促进商品及服务贸易、人员及资金流动等国内外市场的双向循环机制,拓展中国式现代化的发展空间。然而,单边主义、保护主义明显上升,各种"黑天鹅""灰犀牛"事件随时可能发生,对外循环作用的发挥形成一定的挑战。

夯实国际合作根基,提升国际循环质量,是我国加快建设贸易强国的题中应有之义。在这一进程中,对政策制定者而言,要稳步扩大制度型开放,对标高标准国际经贸规则,积极推动制度创新,在数字贸易等领域创设高标准规则体系,提升我国在国际循环中规则、价格、标准制定的话语权。对消费供给而言,要不断提升出口商品和服务的数量与质量,摆脱低端俘获,实现价值攀升,提升竞争力与自主可控能力。

综上,从消费的构成要素看,中国式现代化在消费主体、消费客体、消费环境三大维度上均对消费发展提出了新要求(表 1-1),而这正是明晰中国式现代化消费内涵所需要把握的关键。

表 1-1 中国式现代化对消费发展提出的新要求

基本要素	变化	问题	新要求
消费主体	消费主体新增长与消费市场下沉;从线下消费者到线上数字消费者	消费率低于世界平均水平,且全员消费刺激不足;巨大的人口规模给经济社会和资源环境带来了一定压力,逆全球化思潮抬头,单边主义、保护主义明显上升	构建全国统一大市场的新消费;针对不同消费群体制度设计的差异性与共性权衡;推动制度型开放,提升国际循环水平

① 王昌林.科学认识国内国际双循环的辩证关系[EB/OL].(2023-03-10)[2023-09-21]. https://baijiahao.baidu.com/s?id=1759940688812543858&wfr=spider&for=pc.

基本要素	变化	问题	新要求
消费客体	从低层次物质型消费向高层次服务型消费转变，绿色需求凸显；从大众消费到个性化消费转变，其中国货消费正在全面崛起	当前仍存在精神消费产品数量不足、质量不高的问题；地区、城乡与行业发展不平衡仍较为普遍，部分地区交通和物流基础设施的建设仍然滞后	通过供给侧结构性改革适应需求变化，创造更好的服务或精神需求，并引导境外消费回流；加强现代物流体系建设
消费环境	数字经济时代的技术不断发展；政策支持和制度保障力度提升	消费政策的作用有待增强；原有监管体系面临系统性、适应性挑战，如何合理监管正在成为政府有关部门不得不正视和面对的新问题	加大数字基础设施投入；监管政策跟上数字经济时代的发展步伐，加强数字伦理的研究与立法

资料来源：笔者根据资料整理。

第二节　中国式现代化消费的内涵特征

结合中国式现代化对消费发展提出的新要求和新发展阶段消费的新变化，本书尝试从消费主体、消费客体和消费环境三个要素理解中国式现代化消费的内涵特征。

一、中国式现代化消费的内涵

中国式现代化消费既具有消费的一般特征，又有中国式现代化的特殊之处。立足于全面建设社会主义现代化国家的时代背景，如何有效发挥消费推动经济增长的基础性作用，助力实现中国式现代化的目标，是中国式现代化消费关注的核心问题。具体而言：

从消费主体看，中国式现代化是人口规模巨大的现代化。统计数据显示，2022年末，全国人口14.1亿，人口规模居世界第一[①]。这蕴含着巨大消费

① 王萍萍. 人口总量略有下降　城镇化水平继续提高[EB/OL]. (2023-01-18)[2023-09-21]. http://www.stats.gov.cn/sj/sjjd/202302/t20230202_1896742.html.

潜力,有利于形成超大规模市场的优势。消费主体实现新增长、消费市场下沉,数字技术推动线上线下融合发展,数字消费者规模不断扩大,消费主体产生这些新变化的同时也带来了新问题,如巨大的人口规模给经济社会和资源环境带来了一定压力、逆全球化思潮抬头、单边主义与保护主义明显上升。另外,我国的消费率远低于世界平均水平和中等偏上经济体的平均水平,我国长期低下的消费率给恢复和扩大消费带来了巨大挑战。如何立足于数字经济时代,充分利用数字技术为消费主体赋能,扩大内需,充分释放消费潜力,构建全国统一大市场的新消费,制度设计时如何针对不同消费群体的差异性与共性进行权衡,如何推动制度型开放,提升国际循环水平,有效发挥消费在经济增长中的基础性作用,服务于构建以国内大循环为主体、国内国际双循环相互促进的新格局,是中国式现代化消费关注的核心问题。

从消费客体看,中国式现代化是精神文明与物质文明协调发展的现代化,是人与自然和谐共生的现代化。我国消费结构也在不断优化升级,消费逐渐从低层次的物质型消费向高层次的服务型精神消费转变,从大众消费向个性化消费转变。而且,随着"双碳"目标的提出和"绿水青山就是金山银山"理念的日益深入人心,绿色需求和绿色供给逐渐凸显,"老字号、新国潮"的消费热潮也逐渐带动了国货消费的全面崛起。但是,我国消费目前依旧面临着精神消费产品数量不足、质量不高的问题。地区、城乡与行业发展不平衡的问题仍较为普遍,部分地区交通和物流基础设施的建设仍然滞后。消费主体对物质文明、精神文明、绿色可持续发展等美好生活的需要对优化与提升消费供给提出了新的要求。供给侧结构性改革是我国提高供给质量,实现"创新、协调、绿色、开放、共享"高质量可持续发展的重要战略举措。如何通过供给侧结构性改革适应需求变化、创造更好的服务或精神需求并引导境外消费回流,如何加强现代物流体系建设,如何协调物质消费和精神消费,协调经济发展与生态文明建设,推动消费结构全面升级,进而满足人民美好生活需要,是中国式现代化消费关注的重要问题。

从消费环境看,中国式现代化是全体人民共同富裕的现代化,是走和平发展道路的现代化。中国式现代化消费是缩小消费差距、均衡消费结构、促进消费公平,进而服务于共同富裕目标实现的消费。数字经济时代,数字技术不断发展,更多消费新场景、新模式、新业态不断涌现;政策支持和制度保障力度逐步提升,消费环境不断优化。但是立足于新发展阶段,消费政策的作用有待提升,原有监管体系面临着系统性、适应性挑战,如何合理监管正在成为政府有关部门不得不正视和面对的新问题。中国式现代化消费以国内大循环为主体，更好推进高水平国际外循环，向国外市场提供高性价比产品和服务，同时充分利用国外的生产要素，努力实现内循环为主、外循环赋能、双循环高效畅通的消费环境。如何加大数字基础设施投入，如何优化提升监管政策使其跟上数字经济时代的发展步伐，加强数字伦理的研究与立法，如何立足于消费环境，充分发挥消费构建新发展格局、推动高质量发展的重要引擎的作用是中国式现代化消费要解决的关键问题。

上述分析显示，立足于新发展阶段，贯彻实施"创新、协调、绿色、开放、共享"的新发展理念，我国消费需求不断释放扩大、消费供给不断调整升级、消费环境持续全面优化，引领着中国消费朝着助力实现中国式现代化目标的方向发展，逐步迈向中国式现代化消费新时代。根据我国著名经济学家尹世杰教授基于消费主体、客体、环境三要素对消费内涵的界定①，同时结合新发展阶段，贯彻新发展理念背景下的中国式现代化对消费发展提出的新要求和中国式现代化消费关注的核心问题，本书将中国式现代化消费的内涵界定为：中国式现代化消费是在把握新发展阶段、贯彻新发展理念、构建新发展格局的时代背景下，充分利用数字技术创新消费场景、重塑消费关系、驱动消费升级，有效发挥消费对实现中国式现代化目标的推动作用，满足人民美好生活需要的新型消费体系(图 1-1)。中国式现代化消费应以满足人民美好生活需要为驱动，切实解决好人民最关心最直接最现实的消费问题，更好地满足人民对美好生活的向往，不断提高人民群众在消费过程中的获得感、幸福感、安全感。

二、中国式现代化消费的特征维度

基于中国式现代化消费的内涵，结合中国式现代化对消费发展提出的新要求和新时代背景下我国消费的新变化，中国式现代化消费的特征维度包括：

(一)中国式现代化消费是立足于数字经济时代双循环新格局的消费

2020 年党中央首次提出了"构建国内国际双循环相互促进的新发展格局"。构建基于双循环的新发展格局是党中央在国内外环境发生显著变化的大背景下，推动我国开放型经济向更高层次发展的重大战略部署。同时，随着大数据、云计算、人工智能等数字技术的快速发展以及与实体经济的融合，

---

① 尹世杰.消费经济学[M].2 版.北京:高等教育出版社,2007.

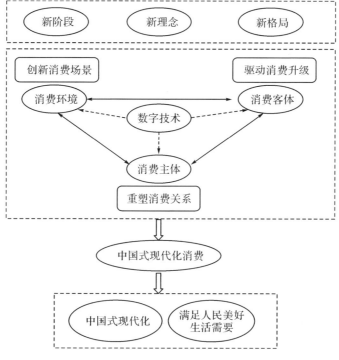

图 1-1　中国式现代化消费内涵

我国进入了数字经济时代。数据显示①,2020 年我国数字经济规模达到 39.2 万亿元,占 GDP 的比重为 38.6%;数字经济增速达到 GDP 增速 3 倍以上,成为稳定经济增长的关键动力。因此,中国式现代化消费是立足于数字经济时代双循环新格局的消费。在这一背景下,中国式现代化消费具有以下特点:

1. 消费促进畅通国内大循环

消费是畅通国内大循环的关键节点。国内大循环是指以国内市场为主导,以内需为基础,以提高国内供给质量和效率为目标,推动经济发展的新发展格局。内循环是以满足我国人民美好生活需要为出发点和落脚点的,而消费是促进畅通国内大循环、加快构建新发展格局的重要环节。一方面,中国式现代化消费作为加快构建新发展格局背景下的重要环节,能够提升与优化高品质产品和服务的有效供给,提高流通领域的智能化水平,打通消费堵点、痛点,推动消费内循环,全面促进消费,进一步增强消费对经济发展的基础性

---

① 2020 年中国数字经济规模达到 39.2 万亿元[EB/OL]. (2021-05-18) [2023-09-21]. http://sg. mofcom. gov. cn/article/ziranziyuan/zgjj/202105/20210503062095. shtml.

作用；另一方面，"内需循环不畅"和"卡脖子"技术难题是国内大循环的两大痛点。习近平总书记指出："内需是中国经济发展的基本动力。"扩大内需、促进消费是畅通国内大循环的关键。中国式现代化消费直面内循环的痛点问题，注重通过高质量供给创造有效需求，支持以多种方式和渠道扩大内需。

2. 消费促进畅通国际外循环

消费在促进畅通国内大循环的同时，也积极带动了国际外循环。国内循环与国际循环的基本内容本质上是一致的，都是指市场经济体系再生产过程中生产、流通、分配、消费四个环节相互依存、相互衔接，生产过程中产生的商品顺畅通过各个环节进入消费领域，消费过程中产生的各种信息又通过市场环节传递给生产者，形成新一轮生产意向，使新的产品更加符合消费需要。在生产者与消费者相对分离的经济体系中，特别是在国际市场或全球市场中，生产和消费双方供给与需求的信息畅通成为再生产过程循环顺畅的关键。消费作为生产目的和再生产循环的终点在其中发挥着极其重要的作用。

我国作为全球第二大消费市场和第一大货物贸易大国，是国际外循环的重要组成部分。一方面，国内消费市场规模增长与结构升级激发了经济增长新动力，促进了经济高质量发展，同时，刺激了国际对外贸易规模增长与结构升级，进而促进了国际外循环，进一步实现了国内消费市场规模增长与结构升级和国际对外贸易规模增长与结构升级的双向促进；另一方面，消费需求为市场提供明确的方向，充分把握消费升级基础上大众消费需求的变化趋势，以消费市场大数据为一个方面的依据，引领生产和技术进步的方向，最终引导消费主导型经济的形成与发展。

3. 数字经济驱动消费全面升级

数字经济成为驱动消费全面升级的新引擎。消费是我国经济增长的重要引擎。我国有着14亿多人口的超大规模市场，有超过4亿人的中等收入群体，是全球最具潜力的大市场。我国消费优化升级与数字科技和生产方式相结合，蕴含着巨大的经济增长空间。当前，以数字化、网络化、智能化为主要方向的新一轮科技革命和产业变革持续推进，数字经济凭借其独有的高创新性、强渗透性、广覆盖性等特点，正以前所未有的速度和影响力，融合时代发展大势，推动生产方式和生活方式发生深刻变革，日益成为促进消费的重要力量。第一，数字经济丰富人们的消费形态，为消费升级赋能。消费是畅通国内大循环的关键环节和重要引擎，对经济增长具有持久拉动力，同时，消费也反映了人民对美好生活的向往。在物质生活更加宽裕和互联网快速普及的今天,人们的消费需求呈现出数字化、个性化、社交化等特点。第二,数字经济丰富着人们的消费产品与方式,驱动消费升级。生产和创造消费品,决定着人们的消费。数字经济时代,数据要素日益广泛而深刻地融入经济社会各领域,通过加速推进产业融合、重塑产业链价值链,不断催生新业态新模式,创造新的消费需求。如物联网、人工智能、大数据等数字技术在农业领域的深度融合与应用,实现了农业生产全过程的信息感知、精准管理和智能控制。第三,数字经济创造了丰富的消费应用场景,为人们提供了更智能、更高效和更安全的消费环境和消费体验,从而更好地满足生存型、发展型和享受型等多类型多层次的消费需求。

(二)中国式现代化消费是物质消费和精神消费相协调的消费

中国式现代化是物质文明和精神文明相协调的现代化。基于中国式现代化消费服务于中国式现代化目标的实现,中国式现代化消费是物质消费与精神消费相协调的消费。相较于传统的物质消费方式,精神消费更追求无形的产品或服务以及消费产品衍生的品牌价值与消费体验,如文旅、文创、品牌等。物质消费的目的是获得产品的使用功能。精神消费的目的是获取内心独特的、不同寻常的、与众不同的主观精神感受和心理体验。我国消费发展也经历了从追求单一的物质消费到物质消费与精神消费并重的转变。中国式现代化消费是物质消费和精神消费相协调的消费,具有以下特点:

1. 人民美好生活需要驱动消费升级

满足人民美好生活需要是消费升级的核心驱动力量。党的十九大报告指出,中国特色社会主义进入新时代,我国社会主要矛盾已经转化为人民日益增长的美好生活需要和不平衡不充分的发展之间的矛盾。习近平总书记在参加十四届全国人大一次会议江苏代表团审议时强调,高质量发展必须"以满足人民日益增长的美好生活需要为出发点和落脚点",既对新发展阶段我国经济社会工作提出了明确要求,也指明了高质量发展的方向。人民美好生活需要的首要特征是美好,主体是人民,落脚点是正常生活需要。中国式现代化背景下的人民美好生活需要体现主体的人民性、内容的全面性、品质的美好性。消费是人民美好生活中不可或缺的重要环节,要使人民对满意、舒适、健康、快乐、和谐的美好生活的热切期待在消费中得以体现,就需要让人民作为消费者拥有优越的物质发展环境,富足的精神成长空间,更高的教育水平,让人民在消费过程中的获得感更足、幸福感更可持续、安全感更有保障,进而驱动消费不断优化升级。

2. 精神文明消费得到繁荣发展

新时代背景下，精神文明消费得到高度重视且空前繁荣。精神文明是指在人类社会历史实践过程中所创造的精神财富，包括思想、教育、科学和文化等，是一种经济发展和文化繁荣融合的新发展观。在中国式现代化消费背景下，精神文明消费繁荣发展。第一，休闲、文旅、娱乐与直播、短视频等新媒体行业的融合发展，推动以数字化手段、新媒体工具改造传统产业，打造了在线文娱、智慧旅游、智慧生活的新消费业态和新模式，推动了休闲、文旅、娱乐与数字消费的深度融合。中国互联网络信息中心发布的数据显示，截至2023年6月，我国网民规模近10.8亿人，短视频用户规模10.26亿人，网络购物用户规模达8.84亿人，网上零售额已经达到7.16万亿元。这些数据不仅反映了我国互联网的普及程度，也揭示了我国数字经济的发展潜力①。第二，教育逐渐成为精神文明消费领域的新热点。文化教育消费对经济增长意义重大，尤其是在内需难以大幅度拉动的当下，个人和家庭对教育的选择，成为拉动内需的巨大动力。无论是对提供丰富的教育资源、多样化的教育模式，还是对挖掘潜力巨大的教育市场等，人民均有很高期待。

3. 消费能够让人民有更多获得感

消费带来的获得感能够提升人民生活的幸福感。在中国式现代化消费背景下，消费者从追求单一的物质消费向物质消费与精神消费并重转变，更加注重品牌和产品的体验价值。耐用品加必选消费品的消费是消费发展的第一个阶段，可选消费品的消费是第二个阶段，这两个阶段都在强调产品的功能性需求。随着人们可支配收入的增加，消费发展到了第三个阶段，相对于物质消费，人们更注重精神层面的消费。中国式现代化消费处于消费发展的第三个阶段，尤其是新一代的年轻消费者，品牌意识强烈，更注重精神消费。如知名鞋服企业跨界联名推出的、深受消费者青睐的国潮服装和运动鞋，不仅迎合了年轻消费者的时尚追求，更彰显了中国文化的品牌价值，成为表达文化态度的新载体、展现自我情怀的新媒介。

（三）中国式现代化消费是绿色消费需求充分激发和释放的消费

中国式现代化是人与自然和谐共生的现代化，不仅要实现人民高品质的生活，还要做到生态环境保护、资源节约高效利用的可持续发展。中国式现

---

① 中国互联网络信息中心.第52次《中国互联网络发展状况统计报告》[EB/OL].(2023-08-28)[2023-09-21],https://www.cnnic.net.cn/n4/2023/0828/c88-10829.html.

代化消费是绿色消费需求充分激发和释放的消费，更加凸显绿色消费理念、绿色产品供给和绿色生活方式的特点。

1.绿色消费理念引领消费升级

绿色消费理念在我国日渐深入人心。2023年7月中旬，商务部公布的数据显示，2023年上半年我国消费市场呈现稳步恢复态势，社会消费品零售总额达到22.8万亿元，同比增长8.2%[①]。其中，绿色消费的成绩尤其值得关注，如新能源汽车销量增长44.1%，主要电商平台家电"以旧换新"和绿色智能家电下乡销售额同比分别增长67%和12.7%。这说明，我国促进绿色消费相关工作取得了积极进展，也体现了中国式现代化消费是人与自然和谐共生、绿色消费理念引领消费升级、绿色消费需求充分激发和释放的消费。

2.绿色消费促进绿色产品供给

人民对绿色消费的需求带动了绿色产品的供给。在市场经济环境下，消费者的行为最终会影响整个供应链的发展。因此，促进绿色消费，不仅能推动人们生活方式的改变，还有利于推动相关产业向节能环保、环境友好的方向加快转型。随着人们越来越重视绿色消费理念，绿色消费逐渐发挥引领作用，引领产业积极向绿色变革，让绿色产品成为主流供给，进而带动消费时尚。随着越来越多的企业注重增强消费者的绿色感知和体验，消费主体对绿色生活的需求也越来越强烈，实现了绿色需求与绿色产品供给的相互融合与相互促进。

3.人民畅享绿色生活方式

人民畅享绿色生活方式是绿色消费需求得到充分激发和释放的最好体现。绿色生活是指通过倡导人民使用绿色产品，引导人民树立绿色增长、共建共享的理念，使绿色消费、绿色出行、绿色居住成为人民的自觉行动，让人民在充分享受绿色发展所带来的便利和舒适的同时，履行好应尽的可持续发展责任，实现人与自然的和谐共生。绿色消费推动形成绿色低碳的生产方式和生活方式。一方面，在衣食住行中，人民在关心产品本身的绿色属性的同时，开始关注产品供给者是否积极承担绿色可持续发展的社会责任；另一方面，人民在消费过程中更加青睐新能源汽车、绿色节能家电等绿色低碳产品，形成全民参与绿色消费、畅享绿色生活的良性循环。人民的绿色生活方式积

---

① 陈钰洁,宋菀,杨曜语,等.消费市场持续扩大向好！上半年全国社会消费品零售总额达22.8万亿元[EB/OL].(2023-07-17)[2023-09-21].https://baijiahao.baidu.com/s?id=1771662-054047533519&wfr=spider&for=pc.

极引导企业践行绿色低碳可持续发展的责任和使命，在重点领域不断丰富和扩大绿色商品和服务的供给与消费，将促进绿色消费与提升传统消费、发展新型消费等有机融合，促进人与自然和谐共生。

（四）中国式现代化消费是服务于全体人民共同富裕的消费

中国式现代化是全体人民共同富裕的现代化。习近平总书记在中共中央政治局会议中曾明确指出，"共同富裕本身就是社会主义现代化的一个重要目标"，"进入新发展阶段，完整、准确、全面贯彻新发展理念，必须更加注重共同富裕问题"。在全面建设社会主义现代化国家的背景下，中国式现代化消费是服务于全体人民共同富裕的消费，具有以下特点：

1. 消费市场有效下沉

消费市场下沉是扩大消费的重要体现。消费下沉市场指的是三线城市以下，县、乡镇与农村地区的市场。我国消费下沉市场范围大而分散，服务成本高。近年来随着居民收入不断增加以及一、二线城市消费量日渐饱和，三线及以下城市的居民消费能力大大增强，这些居民逐渐成为消费的主力军。消费下沉市场的壮大，在很大程度上揭示了我国消费升级的可持续性。当前，消费结构升级已经成为我国经济发展的重要驱动力。数据显示，2023 年以来，各方面积极恢复和扩大消费，消费潜力逐步释放。2023 年上半年，最终消费支出对经济增长的贡献率达到 77.2%[①]。消费下沉市场是我国人口基数最大、面积最大、潜力最大的市场之一，因此，下沉市场爆发对我国整体宏观经济健康发展具有重大作用，甚至可以成为中国经济增长的新的源头活水。数据显示，我国下沉市场消费规模占比最高，超过 17 万亿元，且在持续扩容，预计至 2030 年，四线及以下城市消费规模将达到 9.7 万亿美元[②]。

2. 城乡消费协调发展

城乡消费协调发展是实现消费服务于全体人民共同富裕的需首要解决的问题。2023 年 1 月 31 日，习近平总书记在中共中央政治局第二次集体学习时进一步强调，"要全面推进城乡、区域协调发展，提高国内大循环的覆盖面"，为我国全面开创中国式现代化建设新局面明确了战略路径和方向。我

---

① 国家统计局新闻发言人就 2023 年上半年国民经济运行情况答记者问[EB/OL]. (2023-07-17)[2023-09-21]. http://www.stats.gov.cn/sj/sjjd/202307/t20230717_1941304.html.

② 李子晨. 聚焦"家消费"升级 共寻家电零售县域新机遇[EB/OL]. (2023-08-10)[2023-09-21]. https://baijiahao.baidu.com/s?id=1773799695578817561&wfr=spider&for=pc.

国城乡和区域发展政策的实施始终致力于提升区域经济实力、消除城乡差距和区域差距,让现代化建设成果更多更公平地惠及全体人民,扎实推进共同富裕。中国式现代化消费是城乡消费协调发展,服务于共同富裕目标实现的消费。一方面,中国式现代化消费着力建设农村消费网络,加快发展农村流通体系,改造提升农村流通基础设施,促进形成以乡镇为中心的农村流通服务网络,优化快递服务和互联网接入,培训农村电商人才,提高农村电商发展水平,扩大农村消费;另一方面,乡村与城市流通体系差距较大,城乡流通不平衡,流通渠道衔接不畅通,中国式现代化消费能够促进城乡流通体系畅通,缩小消费差距,在建设国际消费中心城市的同时,也注重加快发展农村流通体系,全面推进城乡消费协调发展。

3. 消费公平理念深入人心

消费公平是消费服务于全体人民共同富裕的重要体现。公平是实现消费者法定权益的价值基础,消费公平是社会公平的重要体现。时代在变,人们的生活方式也在变。经济发展、技术进步以及消费业态的快速升级,不同程度上满足了消费者个性化、多样化的消费需求。中国式现代化消费从中国特色社会主义本质要求出发,积极联动社会各方力量,推动完善相关法律制度,共同促进消费公平。一方面,人民的消费选择越来越趋向"公平",人民在自己的能力范围内都拥有了更多样的消费选择;另一方面,要强化特殊群体保护,坚决消除"年龄歧视""技术歧视""信息歧视"等,大力保护未成年人、老年人、残疾人、低收入人群、农村居民等特殊消费群体,保障他们以均等机会、平等身份参与消费活动。

第三节　中国式现代化消费的理论体系

基于中国式现代化对消费发展的战略要求,以及中国式现代化消费的内涵特征,本书演绎构建了中国式现代化消费的理论体系架构,如图1-2所示。本节将围绕这一体系展开阐述。

一、中国式现代化消费的驱动因素

从消费的相关研究成果以及实践发展可以看出,中国式现代化消费的驱动因素包括:全球经济的演进趋势推动与倒逼了中国式现代化消费的产生;中国经济发展新阶段的消费政策制定、消费理念转变以及数字技术应用共同国特色社会主义事业才能顺利向前推进。"①人民的美好生活需要不仅体现为追求更好的物质生活条件，而且有对高度繁荣的精神生活的需求。越是物质充裕，越需要精神文明支撑②。精神文明消费是人民注重精神文明的重要体现。对精神文明消费的评价可以包括：（1）文化娱乐消费，如在线文娱、智慧旅游、国潮消费等类型的消费规模；（2）教育消费，如居民的消费支出、国家财政教育支出、大学生在校人数等。

（三）绿色消费需求充分激发和释放的消费评价

中国式现代化是人与自然和谐共生的现代化。中国式现代化消费是绿色消费需求充分激发和释放的消费，对绿色消费需求充分激发和释放的消费评价主要从以下两个方面展开：

1. 绿色消费供给评价

党的二十大报告指出，要"发展绿色低碳产业，倡导绿色消费，推动形成绿色低碳的生产方式和生活方式"。发展绿色消费有利于开发绿色发展模式和养成绿色生活方式，是我国经济社会发展的必然选择，对实现经济高质量发展具有重要意义③。绿色消费供给评价包括生产过程绿色和产品及服务绿色。对绿色消费供给的评价可以包括：（1）绿色低碳产品的供给，如带有绿色食品标志的产品数量、新能源汽车数量等；（2）绿色生产，即企业在生产的过程中节约资源、对环境友好，主要体现在管理和技术手段上，实施工业、农业生产全过程的污染控制，如原材料的使用、废气废水废物的处理、生产的精细化管理等。

2. 绿色消费生活评价

习近平总书记指出："生态环境问题归根结底是发展方式和生活方式问题，要从根本上解决生态环境问题，必须贯彻创新、协调、绿色、开放、共享的发展理念，加快形成节约资源和保护环境的空间格局、产业结构、生产方式、生活方式。"党的二十大报告也提出："倡导绿色消费，推动形成绿色低碳的生产方式和生活方式。"绿色生活方式是一种简约适度、节俭低碳的生活方式，

---

① 习近平.高举中国特色社会主义伟大旗帜 为全面建设社会主义现代化国家而团结奋斗：在中国共产党第二十次全国代表大会上的报告[EB/OL].（2022-10-25）[2023-09-21].https://www.gov.cn/zhuanti/zggcddescqgdbdh/sybgqw.htm.
② 史巍.中国式现代化物质文明与精神文明相协调的思想逻辑及时代要求[J].社会科学家，2023(1)：22-29.
③ 谢迟，何雅兴，毛中根.绿色消费的测度、分解与影响因素分析[J].浙江工商大学学报，2022(6)：108-126.

2. 以消费客体适配中国式现代化消费发展

升级消费结构,不断提升消费产品或服务的数量与质量①,为"愿消费"奠定基础。顺应居民消费结构、消费方式、消费理念和消费层次的变化趋势,鼓励技术创新应用和新业态、新模式发展,集聚优质消费资源,创新消费场景,提升供给体系对需求的适配性,实现供需良性互动。第一,全周期、全链条、全体系地推进绿色消费理念,进而推动绿色消费转型。第二,升级消费供应,提升消费供给质量。以高质量供给满足和创造新需求,推动形成供需互促、产销并进的良性循环。第三,扩大公共消费供给。适当增加公共消费,提高公共服务支出效率,并通过公共消费规模的扩大来推进基本消费的平等化。

3. 以消费环境涵养中国式现代化消费

消费环境是影响居民消费的重要因素,其在释放居民消费潜力和扩大居民消费中的作用日益凸显②。改善消费环境能显著刺激居民消费潜力的释放,推进"敢消费"。2022年4月,国务院办公厅印发了《关于进一步释放消费潜力促进消费持续恢复的意见》,明确提出要全力营造安全放心诚信的消费环境,为消费高质量发展奠定良好基础。为进一步塑造良好的消费环境,全面释放居民消费潜力,应着力做好以下两方面工作:第一,加快建立健全市场主体信用评价体系和产品信息追溯体系,促进放心消费。第二,完善配套基础设施建设。推动公共基础设施和公共服务下沉以及均等化,普及农村和偏远山区新消费,提高新型服务消费可及性。

(三)迈向中国式现代化消费的政策着力点

发展中国式现代化消费既要发挥有效市场的基础性作用,也要更好地发挥有为政策的作用。政府的政策手段主要包括产业政策、财政政策和监管政策。从这三大政策切入,围绕中国式现代化消费发展的堵点、难点精准发力。

1. 从产业政策切入,厚植中国式现代化消费的产业根基

根据中国式现代化消费的需要,实施更大力度的产业政策,促进产业结构升级,为需求的有效释放奠定基础。对于未来如何建设现代产业体系,党的二十大报告给出了具体的行动方向,包括加快建设制造强国、质量强国、航

① 毛中根,谢迟,叶胥.新时代中国新消费:理论内涵、发展特点与政策取向[J].经济学家,2020,261(9):64-74.

② 龙少波,李洁雨,左渝兰.我国居民消费环境评价指标体系的构建与测度[J].改革,2023(4):81-98.

天强国、交通强国、网络强国、数字中国，未来可进一步加大在这些领域的资源投入和支持力度，不断推动行业规范化、标准化发展，塑造良好的市场环境。同时要增强产业政策协同性，有效调动各方力量积极性，用好各种政策工具组合，形成"产业—科技—金融—教育—人才"高效联动局面。例如，我国2022年实施的汽车购置税减半征收，以及新能源汽车消费刺激政策等，在扩大汽车消费上发挥了积极作用。

2. 从财政政策切入，健全与中国式现代化消费相适应的财政制度

紧扣中国式现代化消费的本质特征推动财政制度优化和机制创新，发挥财政政策在扩大内需、稳定物价等方面的积极作用，保障经济平稳健康发展。增强财政在构建数字经济时代双循环新格局方面的积极作用。例如，健全现代预算制度，进一步深化预算绩效管理，确保财政支出"花在刀刃上"；完善推动物质消费和精神消费相协调的财政政策，加大对发展社会主义先进文化的财政支持力度等；构建促进绿色消费的财税政策体系，落实节能环保、新能源、生态建设等相关领域的税收优惠政策；发挥财政政策促进全体人民共同富裕的作用，进一步优化税制结构，更好发挥税收的收入调节功能；等等。

3. 从监管政策切入，筑牢公平放心消费的监管领域防线

加强对消费领域的执法监管。深入实施公平竞争政策，强化反垄断和反不正当竞争执法，加快建立健全全方位、多层次、立体化监管体系，进一步完善网络交易平台监管服务系统。加大对《中华人民共和国电子商务法》的宣传和贯彻力度，切实落实相关规定，全面加强跨地区、跨部门、全流程协同监管，继续加强消费品质量安全监管，加强重点服务领域质量监测评价。此外，随着绿色消费受到越来越多的关注，对不符合绿色消费行为的企业，监管部门应出台相关措施，并加大对其规范整改的力度。例如，国家相关部门陆续出台《限制商品过度包装　通则》《绿色包装评价方法与准则》等国家标准，对企业的行为进行严格监管。

第二章

中国消费发展:阶段特征与消费政策

当前,中国经济增长的模式已经从依靠出口和投资拉动转为消费驱动。如何扩大内需、强化消费对经济发展的基础性作用已成为推动中国经济健康稳定发展需要解决的重大问题。本章试图通过梳理过去四十多年中国消费发展的轨迹,总结过往的经验,探究中国消费发展与经济增长的内在联系,为制定切实有效的消费政策提供参考。

第一节　改革开放以来中国消费的发展历程

改革开放至今,消费已然成长为驱动中国经济增长的关键引擎。明确中国消费发展经历的阶段及其特征,准确理解消费发展的特点,对在新形势下制定灵活且有效的消费政策具有重要的借鉴意义。

一、消费成为新时期驱动经济增长的重要引擎

自1978年改革开放以来,中国经济的快速增长举世瞩目。中国的消费市场也在不断成长、壮大,在推动经济增长方面发挥了越来越重要的作用。消费对经济增长的积极作用不仅体现为可以刺激市场需求的增加,推动生产、制造和服务业的发展,还体现为能够使企业不断优化产品、提高质量,从而推动技术创新。此外,创造就业机会、平衡收入分配、协调区域间的平衡发展以及保持国民经济的可持续发展等一系列重要问题的解决无不与发展消费有着紧密的联系。

当前,人口结构变化、区域不平衡等一系列问题都给中国经济转型升级

带来了巨大的压力。在这一背景下，消费在经济增长中不可替代的作用越发凸显，消费已成为驱动中国经济发展的重要引擎。双循环发展战略的关键就在于充分发挥消费大市场的规模效应和集聚效应。2021年1月，习近平总书记在省部级主要领导干部学习贯彻党的十九届五中全会精神专题研讨班开班式上强调，"要建立起扩大内需的有效制度，释放内需潜力，加快培育完整内需体系，加强需求侧管理，扩大居民消费，提升消费层次，使建设超大规模的国内市场成为一个可持续的历史过程"[①]。因此，发展消费是中国经济发展的一个重要任务。当前中国社会也已进入提振内需、发展现代化消费、畅通供需循环的关键时期。

二、中国消费发展的阶段划分

过去四十多年来，中国消费者早已从只求温饱的状态中摆脱出来，服务、体验、绿色、可持续等更高层次消费需求的满足成为新时代消费者的诉求。了解改革开放以来新兴产业的发展轨迹，梳理过往的成功创新案例，理解消费模式和消费习惯的变化极为重要。这有助于我们抓住当下和未来的发展机遇，培育更多有潜力的新兴产业，更好地满足消费者的需求，从而推动市场发展；有助于对过去的政策举措在推动消费发展方面的效果进行评估，从而帮助政策制定者更好地适应不断变化的市场环境，实施更具有前瞻性和灵活性的消费促进政策。

在商务部国际贸易经济合作研究院编的《消费发展升级之路》（中国商务出版社2018年版）一书中，自1978年以来中国消费40年的发展历程被分为"贫困（1978—1984）""温饱（1985—1998）""小康（1999—2008）"及"富裕（2009—2018）"四个阶段。该划分主要以中国恩格尔系数的变化情况作为依据，因此可视为一种基于消费水平的划分方法。这种阶段划分方法的好处在于能够客观反映中国消费水平的变化发展情况，但对各个阶段的社会经济背景及消费者观念和行为的变化却未能充分体现。另外，董俊祺在《中国消费风云录1979—2019》一文中就中国消费发展提出了划分"复苏（1979—1984）""觉醒（1985—1991）""积累（1992—2000）""扩张（2001—2008）""多元（2009—2018）"五个阶段的观点。从内容上看，该文作者根据不同时期的消费增长率进行了

---

① 习近平在省部级主要领导干部学习贯彻党的十九届五中全会精神专题研讨班开班式上发表重要讲话［EB/OL］.（2021-01-11）［2023-09-24］. http://www. xinhuanet. com/politics/leaders/2021—01/11/c_1126970918. htm.

阶段划分,但在行文中却未见对划分依据的详细讨论。相比于以上两种阶段
划分方法,笔者综合考虑了各个时期的消费发展环境、消费观念变化以及消
费政策特点等因素,将改革开放以来的中国消费发展划分为五个阶段:消费
复苏(1978—1991 年),消费成长(1992—2000 年),消费扩张(2001—2008 年),
消费崛起(2009—2018 年),消费调整(2019 年至今),见表 2-1。这种阶段划
分方法不仅能够体现消费发展各个阶段的实际水平,也能够对当时的社会经
济背景和人们消费观念的变化进行更为生动立体的刻画,有助于对各项消费
政策的效果进行评估。

表 2-1　中国消费发展阶段

消费发展阶段	消费发展的外部环境	消费发展的阶段特点
第一阶段 消费复苏 (1978—1991)	中美建交;改革开放的基本国策确立;计划经济向市场经济过渡的趋势形成	初期消费水平处于低位,满足基本生存需求,同质化特征明显;改革开放后,消费供给能力快速提升,消费快速反弹;长期受压抑的消费欲望得以松绑,对美好生活的向往被唤醒,消费意识萌芽
第二阶段 消费成长 (1992—2000)	出口导向型经济转型加速;经济持续高速增长;社会主义市场经济体制基本确立	消费水平迅速提升,温饱问题基本解决;消费结构持续改善,注重产品质量以及服务水平;庞大的城市消费市场形成;消费者主体地位得以确立
第三阶段 消费扩张 (2001—2008)	中国加入 WTO;经济持续高速增长;中国成为世界工厂	商品供应空前丰富,发展型和享乐型消费取代生存型消费;消费主义盛行,品牌消费兴起;以消费者需求为导向的市场格局形成
第四阶段 消费崛起 (2009—2018)	全球经济发展放缓;改革开放进入深水区;国内产业结构及增长方式亟待调整;贸易保护主义和"逆全球化"抬头;双循环政策启动	消费规模大幅增长,消费结构升级加速;中产阶级崛起引领消费观念转变;消费方式变革,"网购、高铁、扫码支付及共享单车"成为这一时期的"四大发明"
第五阶段 消费调整 (2019 至今)	全球新冠疫情肆虐、欧美对华集体转向、俄乌冲突爆发,经济发展的外部环境急转直下;国内产业转型升级压力巨大;人口结构变化、环境保护、贫富差距扩大等问题凸显	消费发展减速,但消费规模增长及消费结构升级韧性犹存;居民消费信心有待恢复;消费观念趋于理性、成熟

1978—1991年可以说是中国消费发展的复苏阶段。当时的消费发展环境与之前的计划经济时期相比发生了重大变化。改革开放带来了一系列经济和政策变革，对消费发展环境产生了深远影响。这一时期中国的工农业供给水平快速恢复，同时消费也快速反弹。尽管当时的国民收入水平及消费水平仍然处于低位，但整个社会呈现出发展的勃勃生机，由计划经济向市场经济过渡的大趋势已然形成。人们对美好生活的向往被唤醒，长期受压抑的欲望得以松绑，消费者意识也在这一时期逐渐苏醒。

1992—2000年是中国消费经济的重要成长阶段。这一时期，改革开放使得人们的收入水平大幅提升，农村市场和庞大的城市消费群体逐渐形成。同时，交通、通信、商场等消费基础设施建设的推进和医疗、保险、教育等社会保障体系的建设也极大地推动了消费发展。在社会经济生活中，消费者的主体地位得以逐步确立。经过改革开放二十余年的努力，具有中国特色的社会主义市场经济体制基本建成，为之后的消费发展奠定了良好的基础。

2001—2008年，国内外经济发展环境稳定，改革开放进一步深化。得益于国民经济的快速增长，居民生活水平大幅提高，居民消费也在数量上和质量上实现了较大提升，中国消费发展步入扩张阶段。随着2001年中国加入世界贸易组织（WTO），更为广阔的全球消费市场被打开，消费者意识的国际化特征也越发明显。而大规模的外资企业进入中国带来了空前丰富的商品，消费者有了更多根据自身需求、偏好进行选择的权利，以消费者需求为导向的市场格局终于形成。

2009—2018年，中国迅速成长为世界第二大经济体，消费发展在多个方面都呈现出积极的趋势。消费总量持续增长，消费结构加速升级；网络消费兴起，服务业蓬勃发展；中产阶级迅速崛起，成为中国消费发展的中流砥柱；中国本土品牌国际化，消费文化多元化，为中国经济的稳定增长和结构优化提供了有力支撑。

2019年以来，中国消费发展的宏观环境发生了显著的变化。中美贸易战、新冠疫情、俄乌冲突带来了一系列冲击，发展的不确定性急剧增加。尽管如此，中国消费发展仍然呈现出了良好的韧性，消费规模保持增长，消费结构升级。但这一时期消费增长的速度有所放缓，居民的消费意愿不强，消费信心仍有待恢复。一直以来中国经济腾飞、消费持续升级的发展态势可以说在这一阶段出现了一定程度的调整。在这样一个背景下，提振内需、促进中国消费的现代化转型就成为应对外部冲击，保障经济稳定健康增长的关键所在。

第二节 中国消费发展的阶段特征及消费政策

中国消费在五个发展阶段所面临的外部环境不尽相同,所呈现的消费发展特征也有着明显的差异。本节分别从消费供给、消费结构、消费观念以及消费政策四个方面对各阶段的消费发展情况进行阐述。

一、中国消费复苏阶段的特征及消费政策(1978—1991 年)

1978—1991 年,中国消费发展的国内外政治经济环境逐步改善。在外交上,1979 年 1 月 1 日,中国和美国正式建立了正常的外交关系,结束了长达二十年的非正式交往。这为日后两国之间的经贸合作与文化交流奠定了基础,同时也为中国与国际社会的交流打开了门户。自此,中国与许多国家建立了经济合作关系,中国消费发展的外部环境得到极大改善。在国内,党的十一届三中全会后,改革开放的基本国策得以确立,计划经济向市场经济转型的进程逐渐展开。经济改革起步,引入市场机制和外资,推动经济的现代化和工业化。工农业生产迅速恢复,城乡居民收入快速增长,消费市场规模得以迅速扩大。这一时期 GDP 保持了高速增长,中国经济呈现出由计划经济逐步朝着市场经济转向的趋势。中国消费发展在这一时期呈现出勃勃生机,供给快速恢复,消费结构逐步改善,人们的消费观念也在悄然发生转变。

(一)消费供给迅速恢复

从工业消费品的供给上看,1991 年,中国 GDP 指数超过了 280,而工业增加值指数超过了 350(图 2-1)。这说明经过改革开放十余年的努力,中国工业品供给能力得到了快速的提升。

消费供给迅速恢复的一个重要表现是:1978—1991 年中国主要工业消费品产量得到了较大提升。从表 2-2 可以看出,改革开放初期家用电冰箱、家用洗衣机、彩色电视机和照相机等耐用消费品的产量相对较少,而到了 1988 年,产量分别猛增至 740.00 万台、1046.00 万台、1028.00 万台和 292.00 万台。供给短缺的现象得到了很大程度的缓解,市场逐渐活跃。

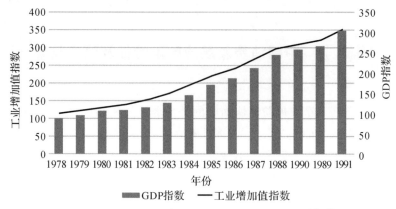

图 2-1　1978—1991 年 GDP 和工业增加值增长情况①

资料来源:《中国统计年鉴:1999》(国家统计局,中国统计出版社 1999 年版)。

表 2-2　1978—1991 年主要耐用消费品产量②

单位:万台

年份	家用电冰箱	家用洗衣机	彩色电视机	照相机
1978	2.80	0.04	0.40	17.90
1981	5.70	128.10	15.20	62.30
1982	9.90	253.30	28.80	74.20
1983	18.90	365.90	53.10	92.60
1984	53.70	578.00	129.00	127.00
1985	139.00	883.00	410.00	42.40
1986	224.00	899.00	414.00	215.00
1987	398.00	992.00	672.00	239.00
1988	740.00	1046.00	1028.00	292.00
1989	662.00	826.00	938.00	230.00
1990	475.40	652.60	1023.00	189.90
1991	476.00	683.00	1194.00	473.00

---

① 国家统计局. 中国统计年鉴:1999[M]. 北京:中国统计出版社,1999.

② 中华人民共和国国家统计局关于一九七八年国民经济计划执行结果的公报[EB/OL]. (2002-01-21)[2023-09-21]. http://www.stats.gov.cn/sj/tjgb/ndtjgb/qgndtjgb/202302/t20230-206_1901921.html.

在农产品供给方面,农村家庭联产承包责任制的普及极大调动了广大农民的生产积极性,农产品产量因此快速增加。国家统计局数据显示,1990年全国农业总产值比1978年增长了1.6倍,其中农业、林业、牧业和渔业分别增长了1.7倍、2.1倍、1.6倍和2.5倍。从主要农产品的产量上看,1991年粮食、油料、棉花、甘蔗、甜菜和水果年产量分别比1978年增长了33.6%、127.1%、180.4%、87.8%、206.6%和49.8%。

(二)消费结构开始改善

家用电器的推广和使用是中国工业化、信息化等经济发展成果在居民消费层面最为具体的表征,尤其是耐用消费品的拥有情况最能反映改革开放初期中国居民的消费结构改善情况。20世纪70年代还颇为罕见的家用洗衣机、家用电冰箱、彩色电视机、照相机等耐用消费品在这一时期开始逐步进入寻常百姓家庭。到1990年,城镇居民家庭平均每百户耐用消费品拥有量分别达到了78.71台、42.33台、59.04台和19.22台(表2-3)。中国消费市场开始步入以满足消费需求为导向的新时期,居民消费需求的持续旺盛同时促进了中国工业的健康发展。

表2-3 1981—1990年城镇居民家庭平均每百户耐用消费品拥有量[①]

单位:台

指标	年份					
	1981	1982	1983	1984	1985	1990
家用洗衣机拥有量	6.30	16.10	29.10	40.10	48.49	78.71
家用电冰箱拥有量	0.20	0.70	1.70	3.20	6.58	42.33
彩色电视机拥有量	0.60	1.10	2.60	5.40	17.21	59.04
照相机拥有量	4.30	5.60	7.30	8.90	8.52	19.22

注:因1986—1989年相关数据缺失,故本表格不包含该年份数据。

(三)现代消费观念萌动

受计划经济的影响,改革开放初期人们普遍倾向于勤俭节约的消费观念。但是1978年党的十一届三中全会关于真理标准问题的大讨论,从深层次上解放了人的欲望。消费逐渐不再被认为是"计划"的产物,而成为一个从现

① 国家统计局.中国统计年鉴:1999[M].北京:中国统计出版社,1999.

实的人的欲望、需要、利益出发来进行定义的概念。传统的消费观念也随之发生了转变。这种变化极为明显地体现在时尚审美上：人们的衣着不再是单调的颜色，布料也从清一色的"咔叽布"发展到"的确良"、腈纶或者更高级的毛呢料；自行车、缝纫机、手表成为标志家庭富裕程度的三大件；流行歌曲和交谊舞代表着现代城市居民对时尚生活的追求。人们开始注重消费个性、消费偏好和消费自由，追求喇叭裤、牛仔服等不同款式的服装，各种时尚的发型，沙发等时髦的家具，等等。粮票、布票、油票等票据逐渐从人们的生活中消失，"万元户""下海"等新名词意味着个体财富的形态开始发生转变，由传统意义上以物质形态为主的财富形式逐渐向以货币形态、资产形态为主的财富形式转变。自此，消费开始与人性解放、个性自由和私有财富产生了联系[①]。中国消费者的现代消费观念悄然苏醒。

（四）消费复苏阶段的政策特点

改革开放之前，中国商品一直处于一种严重短缺的状态，这导致政府采取了限制消费的主要政策，以满足人民的基本生活需求。然而，自党的十一届三中全会以来，中国明确将经济建设置于核心位置，大力发展生产力，社会供给也得到了快速增长。中国的消费政策也经历了从抑制消费到放开消费的转变，居民的消费水平大幅提高，从根本上改变了消费滞后于生产的状况。

首先，市场化改革得以推行。1984年，在党的十二届三中全会上，"有计划的商品经济"这一概念被正式提出，强调了市场在资源配置中的重要作用。而1987年党的十三大则进一步提出了"国家调节市场，市场引导企业"的经济运行机制[②]，明确了政府和市场之间的关系。这些改革措施的实施，使得中国的经济逐渐向市场经济转型。在市场化改革的推动下，到20世纪80年代末，中国基本解决了居民的温饱问题，人民群众的日常生活消费需求得到了保障。同时，市场供求基本平衡，长期的供需矛盾得到了缓解。

其次，物价管得到了解除。1985年，《关于进一步活跃农村经济的十项政策》正式颁布，文件明确规定，今后国家不会再向农民下达农产品的统购派购任务。取而代之的是采取"合同定购"和"市场收购"的"市场"方式。这一

① 张雄，熊亮.消费观念：改革开放40年历程的经济哲学反思[J].马克思主义与现实，2018(5):6-13.

② 叶介甫.回望改革开放以来三次大争论[EB/OL].(2014-05-04)[2023-09-24].http://dangshi.people.com.cn/n/2014/0504/c85037-24970971-3.html.

时期，城市中主要副食品的收购价格也逐步放开。这些举措意味着此后大部分农产品的价格将由市场机制进行调节。到 1988 年，国家定价形成的零售额占总零售额的比例下降到 29%，国家指导价形成的零售额所占比例为 22%，而市场调节价形成的零售额则占据了更大的比例，达到了 49%。

再次，城乡市场得以开放。在农村家庭联产承包责任制和城市国有企业经营体制改革的推动下，城乡经济开始呈现生机勃勃的发展态势。一些省份适时地开放或恢复了曾被关闭的集市，这些集市的数量在 1982 年底达到了 41184 个，交易额也从 1978 年的 125 亿元上升到 287 亿元。1979 年，国务院做出了原则上开放城市农贸市场的重大决策，这一决策在 1980 年得到了进一步实施，政府允许在市区内适当地点建立农贸市场，并将其纳入整个城市商业网络中，这标志着农产品市场建设的逐步启动。

最后，取消了定量供应政策。从 1983 年开始，国家取消实行了 20 多年的布票制度，随后陆续取消了肉票、油票、粮票等制度，这一系列措施标志着居民定量消费时代的结束。城乡集贸市场的发展带来了消费品的充足供应，商品种类变得更加丰富，购买也变得更加便利，多年来的配给式供应逐渐被自主消费所取代。

二、中国消费成长阶段的特征及消费政策（1992—2000 年）

1992—2000 年是中国消费发展的关键阶段。改革开放初期的探索有效激发了全社会发展经济的热情，客观上推动了经济社会的整体发展。1992 年邓小平南方谈话指出：计划多一点还是市场多一点，不是社会主义与资本主义的本质区别；计划和市场都是经济手段。这无疑是中国社会主义经济理论的一项重大突破，明确了中国经济从"计划经济体制"向"社会主义市场经济体制"转型的大方向。此后，"建立社会主义市场经济体制"在党的十四大上被正式确立为我国经济体制改革的目标，从理论层面彻底解除了传统计划经济的束缚。在和谐稳定的政治环境下，中国继续深化经济改革开放，推行市场经济体制，引入外资和技术，逐步实行价格市场化、企业改革等措施，打破了计划经济体制的束缚，经济发展取得了显著成就。20 世纪 90 年代，中国积极筹划加入世界贸易组织（WTO）和与其他国家签署自由贸易协定等举措，加强了与国际社会的经济联系，对外贸易规模大幅度扩大。中国成为全球最大的出口国之一，逐渐成为全球制造业中心。对外开放政策的实施促使外商纷纷涌入中国投资和建厂，而外资和技术合作的推进大大提升了中国企业的竞争力和创新能力。在出口、外商直接投资和内需的共同推动下,GDP 以平均每年 10% 以上的速度快速增长。在消费成长阶段,消费市场供给完成了从"卖方市场"向"买方市场"的转变,基本上摆脱了"短缺经济"的掣肘。居民消费结构得以进一步改善,传统的消费观念也发生了明显的变化。

(一)供给短缺现象基本消除

20 世纪 90 年代是中国工业发展的重要里程碑。国有企业改革的大力推进,进一步激发了企业的生产热情。到 1998 年,中国初步建立了"产权清晰、权责明确、政企分开、管理科学"的现代企业制度[①],当年工业增加值比 1985 年增长 11.1 倍,这一时期年均增长 20.00% 以上(图 2-2)。工业的快速发展极大丰富了消费市场供应。1997 年中国国内贸易部的调查结果显示,当年市场上 66% 的商品都实现了供需基本平衡,小部分商品(占 3.8% 左右)甚至出现了供大于求的情况。这表明长期制约经济增长的供给数量瓶颈基本被消除,从而总体上结束了"短缺"时代,国内消费市场基本上完成了由"卖方市场"向"买方市场"的转换[②]。

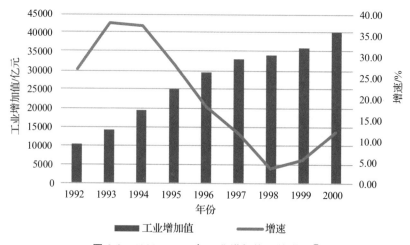

图 2-2　1992—2000 年工业增加值及其增速[③]

①　孙方,李维安. 国企 40 年改革的逻辑与展望[EB/OL]. (2018-10-26)[2023-09-21]. http://www.sasac.gov.cn/n2588025/n4423279/n4517386/n9320196/c9739880/content.html.

②　商务部国际贸易经济合作研究院. 消费发展升级之路:40 年改革开放大潮下的中国消费[M]. 北京:中国商务出版社,2018.

③　国家统计局. 中国统计年鉴:2000[M]. 北京:中国统计出版社,2000.

从主要耐用消费品产量(表2-4)的变化上看,1998年家用电冰箱、房间空调器、家用洗衣机、彩色电视机、轿车的产量分别比1985年提高了6.3倍、92.7倍、0.4倍、7.0倍、55.3倍,1998年微型电子计算机产量比1987年增长了55.9倍,体现这一时期消费升级重要特征的空调、汽车和电脑产量增幅最为显著。工业消费品不仅在产量上迅猛增长,其产品升级换代的步伐也不断加快。

表 2-4　1992—2000 年主要耐用消费品产量[①]

年份	家用电冰箱/万台	房间空调器/万台	家用洗衣机/万台	彩色电视机/万台	轿车/万辆	微型电子计算机/万台
1992	485.76	158.03	707.93	1333.08	16.17	12.62
1993	596.66	346.41	895.85	1435.76	22.29	14.66
1994	768.12	393.42	1094.24	1689.15	26.87	24.57
1995	918.54	682.56	948.41	2057.74	33.70	83.57
1996	979.65	786.21	1074.72	2537.60	38.29	138.83
1997	1044.43	974.01	1254.48	2711.33	48.60	206.55
1998	1060.00	1156.87	1207.31	3497.00	50.71	291.40
1999	1210.00	1337.64	1342.17	4262.00	57.10	405.00
2000	1279.00	1826.76	1442.98	3936.00	60.70	672.00

与此同时,随着农产品供应的逐步充裕,国家不再向农民下达农产品收购和派购任务,取而代之的是"合同订购"和"市场收购",农产品价格逐步实现市场化。粮食、棉花、生猪、水产品乃至蔬菜的"统购""派购"的取消标志着市场上价格信号的导向作用日益增强。农产品价格经过多次上调,与工业产品的价格差异逐步缩小,这进一步激发了农业生产的积极性。自1998年起,农业、牧业、林业和渔业总产值比1985年有了显著的增长。其中农业、牧业、林业和渔业的年均增长率分别为14.1%、12.8%、20.4%和27.8%。这一趋势持续发展,为农业生产带来了显著的积极变化[②]。

(二)消费结构进一步改善

消费结构的改善首先体现为城乡居民吃穿等基本生存型消费有了明显的提升。从食品类消费上看,1992—2000年,城乡居民家庭对粮食、蔬菜等需

① 国家统计局.中国统计年鉴:2001[M].北京:中国统计出版社,2001.
② 国家统计局.中国统计年鉴:1999[M].北京:中国统计出版社,1999.

求出现显著下降趋势，对牛羊肉、禽蛋、水产品的需求快速提升，从"吃饱"向"吃好"转变的趋势十分明显（表 2-5）。其中城镇居民家庭的表现尤为突出，2000 年城镇居民家庭平均每人每年所购买的粮食和鲜菜分别比 1985 年下降了 52.45 公斤和 29.62 公斤，而牛羊肉、家禽、鲜蛋、水产等商品的购买量则分别增加了 1.29 公斤、2.2 公斤、4.37 公斤和 2.79 公斤。从衣着类消费上看，城乡居民对布匹类商品的消费量显著下降，可以明显地看到，随着中国纺织工业的发展，人们在穿着上呈现出从传统的布匹消费向成衣消费转变的典型特征。

表 2-5　1995—2000 年城镇居民家庭平均每人每年购买的主要商品数量[①]

项目	年份				
	1995	1997	1998	1999	2000
粮食/公斤	97.00	88.59	86.72	84.91	82.31
鲜菜/公斤	116.47	113.34	113.76	114.94	114.74
食用油/公斤	7.11	7.20	7.55	7.78	8.16
猪肉/公斤	17.24	15.34	15.88	16.91	16.73
牛羊肉/公斤	2.44	3.70	3.34	3.09	3.33
家禽/公斤	3.97	4.94	4.65	4.92	5.44
鲜蛋/公斤	9.74	11.13	10.76	10.92	11.21
水产/公斤	9.20	9.30	9.84	10.34	9.87
食糖/公斤	1.68	1.63	1.76	1.81	1.70
酒/公斤	9.93	9.55	9.68	9.61	10.01
棉布/米	0.47	0.36	0.36	0.34	0.32
化纤布/米	1.04	0.85	0.73	0.55	0.37
呢绒/米	0.19	0.13	0.08	0.07	0.05
绸缎/米	0.18	0.09	0.07	0.04	0.03
皮鞋/双	0.82	0.77	0.74	0.79	0.78

---

① 国家统计局.中国统计年鉴：2001[M].北京：中国统计出版社，2001.

此外,耐用消费品的购买也呈现出非常明显的升级爬坡趋势。1992—2000 年,电冰箱、洗衣机、彩电进入绝大部分城镇居民家庭,传统家具、家电每百户拥有量已经达到较高水平(表 2-6)。在多数城市职工家庭中,单门电冰箱、单筒洗衣机、收音机和黑白电视机升级为双门冰箱、双筒洗衣机、收录机和彩色电视机,完成了"三单一黑"向"三双一彩"的消费升级。而 20 世纪 80 年代盛行的录音机、手表、缝纫机、电风扇等商品不再是时髦用品,甚至出现了滞销。影碟机、照相机等新兴消费品开始进入普通居民家庭,市场份额获得了稳步提升。值得注意的是,在这一轮消费升级过程中,伴随广大农民购买力的不断增强,自行车、手表、缝纫机等传统"老三件"在农村基本实现了普及,电视机、摩托车、电冰箱开始加快进入普通农民家庭。

表 2-6　1995—2000 年城镇居民家庭平均每百户年底耐用消费品拥有量[①]

项目	年份				
	1995	1997	1998	1999	2000
呢大衣/件	204.15	186.85	191.12	195.23	169.63
毛毯/条	139.75	139.92	142.07	145.72	143.27
大衣柜/个	88.30	83.42	84.02	85.06	83.45
沙发/张	210.12	205.37	207.62	210.11	198.82
写字台/张	88.14	85.14	86.28	86.63	83.44
组合家具/套	46.23	53.38	55.13	57.36	57.82
沙发床/张	36.46	41.62	44.43	47.91	52.22
自行车/辆	194.26	179.10	182.05	183.03	162.72
缝纫机/台	63.67	57.48	56.00	55.43	51.46
电风扇/台	167.35	165.74	168.37	171.73	167.91
洗衣机/台	88.97	89.12	90.57	91.44	90.52
电冰箱/台	66.22	72.98	76.08	77.74	80.13
彩电/台	89.79	100.48	105.43	111.57	116.56
影碟机/台	—	7.87	16.02	24.71	37.53
录音机/台	72.83	57.20	57.63	57.18	47.93
照相机/台	30.56	33.64	36.26	38.11	38.44

---

① 国家统计局.中国统计年鉴:2001[M].北京:中国统计出版社,2001.

从城乡居民平均每人消费支出构成上看，最能反映出这一阶段消费特点的是食品、衣着等生活必需品在支出中的占比明显降低，发展和享受型消费占比则逐步提高。与 1992 年相比，2000 年，家用汽车等现代化交通工具开始进入中国人的日常生活，家用汽车消费的增加带动了车用燃料、零配件及相关服务消费的增长。此外，1985—1998 年，中国固定电话用户激增，到1998 年，已达 8735 万户。除了固定电话之外，无线寻呼机、移动通信"大哥大"、互联网通信逐渐出现，信息消费蓄势待发，居民人均通信支出稳步增长。

农村居民家庭文娱用品及服务消费支出占比提高了 7.28 个百分点，城镇居民娱乐、教育、文化、服务消费支出占比比 1985 年提高 4.36 个百分点，这说明广大农民群体对于精神文化生活的需求更加迫切，同时也反映出城市地区服务消费供给质量和供给水平还十分有限，城镇居民服务消费支出渠道较窄（图 2-3）。

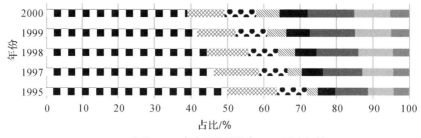

图 2-3　1995—2000 年城镇居民平均每人消费支出占比[①]

（三）现代消费观念初步形成

1992 年，中共中央以文件形式正式宣布建立"社会主义市场经济体制"，这为中国现代消费观念的培育和发展提供了重要的制度保障。自此明确了消费不再取决于"计划性"，而是由市场来决定，由供需关系来决定。消费取决于支付能力，其目的是满足多层次的需求，这是消费者自主选择的结果。这可以说是在中国人现代消费观念形成过程中迈出的实质性关键一步。

---

① 国家统计局.中国统计年鉴：2001[M].北京：中国统计出版社，2001.

随着消费主体可支配收入的增加,人的消费主体性得到不断凸显。消费者开始关注健康、美容、娱乐等领域,还开始注重自我成长①。人们更加注重自我消费带来的愉悦感、安全感和幸福感,开始追求商品消费所带来的心理体验。消费的人本性趋强,确保公民权利的消费,如医疗和失业保险、健康、住房等保障基本权利的消费越来越成为整个社会消费总量的重要部分。在政府有关政策的调控下,亿万农民的消费逐渐有了明显改观,为老年人服务的公共产品不断充实,社会中有助于提升人的生活质量和生命质量的物质和精神消费受到关注。这种"以人为本"变化的消费观念较之计划经济体制下整齐划一式的消费观念明显是一个巨大的进步。

(四)消费成长阶段的政策特点

1992 年到 2000 年期间,中国的经济持续保持高速增长,特别是在 1992 年邓小平南方谈话之后,市场经济体制改革不断深化,外资和外贸也持续增长。这一时期,消费市场开始兴旺起来,消费者的购买力逐渐增强。但同时,通货膨胀问题开始显现,导致消费品价格的不断上涨。政府采取了一系列措施来应对通货膨胀,以控制物价并维持市场稳定。

第一,政府采取了措施来遏制消费的快速增长。1993 年 6 月,中共中央、国务院发布了《关于当前经济情况和加强宏观调控的意见》,明确制定了一系列更为严格的宏观调控政策。这些政策主要包括加强信贷规模的管控、提高存贷款利率和国债利率等,旨在遏制过快的消费增长,对抑制消费需求产生了一定的影响。另外,自 1994 年起,中国开始进行税制改革,引入了消费税以抑制过度消费。

第二,为了应对亚洲金融危机引发的消费市场萎缩,国家提出了扩大内需的政策,特别是通过扩大消费进一步激发居民的消费潜力,发挥消费对经济增长的推动作用。中国采取了一系列措施来实现这一目标,不仅促进了传统产业如汽车和家电领域的消费,还逐步扩展到了生活性服务行业,以促进商品消费和服务消费的协调发展。例如,在汽车和家电领域的消费方面,政府采取了多种激励措施,包括减税优惠、购车补贴、以旧换新政策等,以鼓励人们购买更多的耐用品。自 1998 年起,为了扩大国内需求,中国多次降低存贷款利率,适度放宽贷款条件,以刺激消费和促进投资。

---

① 张雄,熊亮.消费观念:改革开放 40 年历程的经济哲学反思[J].马克思主义与现实,2018(5):6-13.

第三,政府着力培育消费热点。1998 年,中国停止了住房实物分配,逐步引入住房分配货币化,使房地产成为新增长点,满足城镇居民不断增长的住房需求。

第四,中国不断完善消费信贷体系。消费金融政策在中国相对较晚启动,始于 1999 年 3 月,当时中国人民银行发布了《关于开展个人消费信贷的指导意见》,要求各金融机构积极而稳健地扩展个人消费信贷业务,并首次允许中资商业银行参与此领域。随后,一系列政策相继出台,如个人住房抵押贷款、汽车贷款、个人综合消费贷款、个人小额短期信用贷款以及助学贷款等,逐步形成了较为完善的消费信贷体系。这一系列政策以住房按揭贷款为主导,同时覆盖了汽车、教育、大额耐用消费品和旅游等多个领域,其中住房贷款和汽车贷款占据了消费信贷总额的 80%。

三、中国消费扩张阶段的特征及消费政策(2001—2008 年)

2001—2008 年,中国经历了持续快速增长的时期,成为全球最主要的经济增长引擎之一。中国的经济在这段时间内以惊人的速度增长,年均实际GDP 增速超过 10%。这一阶段,中国大力推进基础设施建设,加强对外开放,持续推动市场化和经济改革。投资驱动成为重要推动力,固定资产投资不断扩大。同时,城市化进程加快,城市人口快速增长,为经济发展提供了更多的就业机会和市场需求。产业结构调整和技术进步使中国产业逐渐向高科技产业和现代服务业转型。尤其是党的十六大以后,中国迈向建设小康社会的新征程,市场化改革进一步深化,国民经济进入快速增长通道,城乡居民收入水平不断提高,消费呈现出较快增长势头。

(一)消费供给水平迅速提高

从变化最为显著、产量增长幅度最大的工业消费品看,2001—2008 年,中国家用轿车、微型电子计算机和移动通信手持机产量增长最为迅速。其中轿车产量 1999 年仅为 70.4 万辆,2008 年猛增至 503.8 万辆,9 年间产量增长6.2 倍,年均增速超过 24%(图 2-4)。中国跃升为全球产量仅次于美国的汽车生产国。

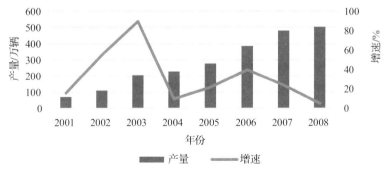

图 2-4　2001—2008 年轿车产量及其增速①

微型电子计算机产量从 2001 年的 877.65 万台增至 2008 年的 13666.56 万台,年均增长 48.0%(图 2-5)。电子计算机产业发展取得重大突破,迅速发展壮大。

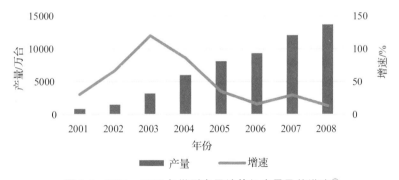

图 2-5　2001—2008 年微型电子计算机产量及其增速②

移动通信手持机从 2001 年的 8032 万台增至 2008 年的 55964 万台,年均增长 32.0%,已经从奢侈品变为生活必需品(图 2-6)。

---

①　国家统计局.中国统计年鉴:2009[M].北京:中国统计出版社,2009.
②　国家统计局.中国统计年鉴:2009[M].北京:中国统计出版社,2009.

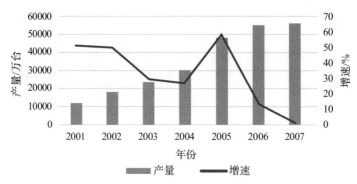

图 2-6　2001—2008 年移动通信手持机产量及其增速①

传统家电中，2008 年家用洗衣机、家用电冰箱、房间空调器和彩色电视机产量较 2001 年分别增长 2.2 倍、2.5 倍、2.5 倍和 1.2 倍（表 2-7）。随着 20 世纪 90 年代末传统家电市场占有率达到较高水平，老百姓在更新换代方面的需求比较高，相对于家用轿车、电脑、手机等新兴消费品，传统家电产量增速相对缓慢。

表 2-7　2001—2008 年主要工业消费品产量②

单位：万台

年份	家用洗衣机	家用电冰箱	房间空调器	彩色电视机
2001	1341.6	1351.3	2333.6	4093.7
2002	1595.8	1598.9	3135.1	5155.0
2003	1964.5	2242.6	4820.9	6541.4
2004	2533.4	3007.6	6390.3	7431.8
2005	3035.5	2987.1	6764.6	8283.2
2006	3560.5	3530.9	6849.4	8375.4
2007	4005.1	4397.1	8014.3	8478.0
2008	4231.2	4756.9	8230.9	9033.1

改革开放以来，党中央和国务院一直把农业生产置于极其重要的战略地位，坚定地将促进农业生产、稳定粮食产量作为一以贯之的政策目标，这不仅成功解决了中国人的温饱问题，实现了人民生活水平的提高，同时为工业生

---

① 国家统计局.中国统计年鉴：2008［M］.北京：中国统计出版社，2008.
② 国家统计局.中国统计年鉴：2009［M］.北京：中国统计出版社，2009.

产提供了丰富的原料。2010 年,中国主要农产品产量已经跃居世界前列,除了大豆、油菜籽、甘蔗以外,其余主要农产品的产量均位列世界第一。相较于 2001 年,2008 年的粮食、油料、棉花、甘蔗、水果等主要农产品产量分别增长了 16.8%、3.06%、40.7%、64.08% 和 188.67%,增长态势强劲。同时,肉类、水产品、禽蛋、牛奶等农产品的产量分别增长了 19.21%、28.97%、22.27% 和 246.74%,这表明老百姓在满足基本农产品需求后,已经开始追求更加健康、营养、丰富的生活方式。

(二)消费结构显著优化

2001—2008 年,中国城乡居民恩格尔系数均降至 50% 以下。2008 年,城镇与农村恩格尔系数分别为 37.9% 和 43.7%,显示出城镇居民已经率先步入富裕阶段,标志着全面建成小康社会的坚实步伐的推进,以及居民消费水平的持续提升。

从城乡居民消费结构上看,食品类消费支出在家庭支出中的比重继续大幅下降,其中城镇居民食品类消费支出的比重下降 4 个百分点,农村居民食品类消费支出的比重下降 9 个百分点,对于城乡居民而言,基本生存型消费已经退居次要位置。值得注意的是,这一阶段城镇居民对基础谷物、果蔬、禽蛋、肉等食品的消费量出现同步下降,而农村居民食品类消费中除了粮食、蔬菜、猪肉市场疲软以外,肉、蛋、奶以及水产品的消费明显增加。这一阶段农村居民食品类支出表现出较为明显的消费升级趋势。

另一个值得关注的现象是城乡居民交通和通信消费支出的比重持续增长。其中城镇居民的消费支出上涨 5.9 个百分点,农村居民的消费支出上涨 2.1 个百分点。汽车消费、信息消费在这一时期成为消费的亮点和有力支撑。2001—2008 年,中国汽车消费迅速兴起。历经 10 年的培育,汽车销量呈爆发式增长,中国形成了销量仅次于美国的近千万销量的汽车消费市场。在信息消费方面,通信市场自 20 世纪 90 年代后期开始一路高歌猛进,特别是移动电话的应用数量呈几何级数递增。到 2008 年底,中国移动电话用户数量达到近 10 亿户,网民数量达到 2.4 亿人。移动电话、电脑以及相关的内容消费进入快速增长阶段。

从耐用消费品拥有量来看,洗衣机、电冰箱、空调、固定电话等在城镇居民家庭基本普及。农村居民也逐渐赶上这一时代潮流。到 2008 年,这些耐用消费品在农村每百户拥有量分别为 49.1 台、30.2 台、9.8 台和 67 部。特别是移动电话和家用电脑在这一阶段表现出色。随着信息通信技术、计算机网络技术的不断创新和发展，这两个行业呈现出迅猛的发展势头。到2008年，城镇居民每百户家用电脑拥有量达到59.3台，是1999年的近10倍；移动电话拥有量达172部，是1999年的24.2倍。农村居民每百户移动电话拥有量也达到96.1部，家用电脑拥有量不仅实现零的突破，而且快速增加到5.4台。相比之下，农村居民每百户固定电话拥有量仅为67部。这充分表明，借助信息技术的飞速发展，农村居民信息消费实现了跨越式增长。另外，汽车消费作为城镇居民的另外一个消费亮点，也实现了快速增长。截至2008年，中国城镇居民每百户家用汽车拥有量达到8.8辆，表明城镇居民对汽车消费的需求正在迅速升温(图2-7)。

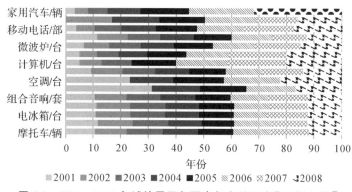

图2-7 2001—2008年城镇居民每百户年底耐用消费品拥有量①

(三)消费观念现代化转型加速

中国自2001年加入WTO以后经济发展势头迅猛。国力和财力的增长为国人消费观念的现代化转型提供了坚实的基础和动力，并加快了国人消费观念的现代化转型。消费者变得更加注重产品品质和消费体验。2008年麦肯锡的调查显示，15%的消费者愿意为高端电子产品支付至少60%的溢价。消费者需求的多元化发展趋势日渐显著，而迅速成长的网络购物市场则为满足多元化的市场需求提供了保障。这一时期，绿色消费受到人们的普遍关注。例如80%的消费者认为环境保护非常重要，27%的消费者表示购买洗衣机等家电产品时环保是一个关键因素。

然而这一时期西方非理性消费主义思潮对中国的影响也较为明显。由

---

① 国家统计局.中国统计年鉴：2009[M].北京：中国统计出版社，2009.

感觉至上主义引起的市场消费,过分强调物品的表象、体验、外在形式,从而扩延到对消费文化及审美的抛弃。原本具有价值表征或审美趣味的消费品被极度物化、符号化、形象化。①"冲动购买""用完即扔"甚至"买而不用"的非理性消费现象显著。

(四)消费扩张阶段的政策特点

进入 21 世纪后,中国居民的消费结构发生了显著变化,从满足基本生活需求逐渐转向注重发展型和享受型消费。具体来说,在消费品领域,食品市场逐渐朝着健康方向发展,消费者越来越注重营养均衡、有机、健康。在此背景下,各种新型健康食品不断涌现,以满足消费者对健康饮食的需求;汽车品牌和车型多样化,价格较为亲民的入门级轿车开始进入寻常百姓家;手机不断更新迭代,迈入了智能手机时代,本土手机品牌市场份额不断增加;在与居住相关的消费方面,如购房、租房、装修和家居等,热情持续高涨。在这一阶段,中国政府采取了一系列积极政策和措施,以促进内需扩大和培育消费热点。

第一,政府采取措施提高了居民的收入。为增强居民的消费信心并逐步提高居民收入在国民收入中的比重,全国市场经济秩序整顿和规范工作会议于 2001 年决定适度提高机关事业单位员工的工资。此外,2003 年党的十六届三中全会通过了《中共中央关于完善社会主义市场经济体制若干问题的决定》,进一步加大了收入分配的调节力度,尤其关注解决部分社会成员收入差距过大的问题。自 2011 年 9 月 1 日起,个人所得税起征点提高至 3500 元。这些政策的调整有效地增加了居民的收入,对促进消费发挥了重要作用。

第二,政府大力鼓励培育新的消费热点。2001 年,国务院提出了扩大旅游业规模的政策,以进一步发挥旅游业作为国民经济增长新引擎的作用。此后,在 2002 年政府工作报告中,又特别提出了要鼓励居民扩大住房、旅游、汽车、电信、文化、体育等服务项目的消费,以培育新的消费热点。这些政策措施的实施,通过市场化改革的推动,激发了居民的潜在消费力。

第三,政府调整了消费品的进口关税。在改革开放初期,为了保护国内产业的发展,中国对一些耐用消费品实行了相对较高的进口关税。到了 20 世纪 90 年代,中国总体降低了关税水平。加入 WTO 后,为满足人民日益增长

---

① 张雄,熊亮.消费观念:改革开放 40 年历程的经济哲学反思[J].马克思主义与现实,2018(5):6-13.

的消费需求,中国陆续降低了一些消费品如服装、箱包、鞋靴、护肤品、特色食品和药品等的进口关税。降低进口关税的措施有助于促进境外消费回流,满足人们对更好生活的需求。

第四,政府对消费税进行了调整。消费税是中国在 1994 年税制改革中引入的税种,主要针对某些消费品如烟草、酒类、小汽车等征收。自 2006 年 4 月 1 日起,政府对消费税的税目、税率以及相关政策进行了调整。其中包括取消了护肤护发品的消费税,将游艇、高尔夫球及相关装备以及高档产品纳入了消费税征税范围,对这些产品分别征收 10% 和 20% 的消费税。此外,对航空煤油、石脑油、溶剂油、润滑油、燃料油也开始征收消费税。这些消费税政策的调整不仅有助于调节消费品价格,还可能调动消费者购买和使用的积极性,进而促进消费需求的增长。

四、中国消费崛起阶段的特征及消费政策(2009—2018 年)

2008 年全球金融危机曾给全球经济带来动荡,也对中国经济造成了一定的冲击。在这一时期,中国经济承受着人口老龄化、区域发展不平衡和产业转型升级等多重压力。但中国政府采取了有效措施来保持经济稳定快速发展,经过 10 多年的努力,取得了显著的经济发展成果。截至 2021 年,中国经济总量由 2012 年的 53.9 万亿元上升到 114.4 万亿元,占世界经济的比重从 11.3% 上升到 18% 以上;人均 GDP 从 6300 美元上升到超过 1.2 万美元。同时,中国成功实现了 9899 万农村贫困人口的脱贫,改革开放也取得了新进展。此外,中国建成全球规模最大的 5G 网络,2021 年网民人数达到 10.32 亿人,连续 9 年成为全球规模最大的网络零售市场。这一时期中国商品供给极其丰富,消费结构持续升级,人们的消费观念也变得更加理性成熟[①]。

(一)消费有效供给能力增强

自 2010 年以来,特别是党的十八大以来,全国各地和各部门按照党中央统一部署,以引领经济发展新常态的要求,大力推进产业结构调整,努力推动经济发展从数量增长向质量增长转变。目前,经济发展已迈向中高端水平,转型升级态势良好。

在经历了长期高速增长后,作为供给侧结构性改革的主战场,工业生产

---

① 安蓓,潘洁,王悦阳."中国这十年"系列主题新闻发布会聚焦推动高质量发展[EB/OL]. (2022-06-28)[2023-09-21]. http://xinhuanet.com/fortune/2022/06/28/c_1128785586.htm.

增速明显放缓。这是中国主动进行宏观调控的结果，也是适应国民经济增速从高速转向中高速的必然选择。从主要工业消费品的产量增速来看，家用电冰箱、家用洗衣机等传统工业消费品以及手机等市场保有量比较高的商品均出现了不同程度的下滑（表 2-8）。不过也应看到，近年来大屏幕高清彩电、大容量冰箱、变频空调、高性能笔记本电脑等新产品层出不穷。工业内部结构正在加速调整和分化。

表 2-8　2009—2018 年主要工业消费品产量增速①

单位：%

项目	年份									
	2009	2010	2011	2012	2013	2014	2015	2016	2017	2018
轿车	48.6	27.9	5.8	6.4	12.4	3.1	−6.8	4.1	−1.4	1.9
家用电冰箱	23.6	23.0	19.2	−3.1	9.8	−5.0	−9.1	6.1	0.8	−5.1
空调	−0.8	34.8	27.8	−10.9	5.4	10.7	−1.8	1.0	24.5	17.3
家用电风扇	0.6	13.2	4.3	−12.0	−4.3	4.3	3.8	2.7	5.7	10.1
吸排油烟机	0.3	18.3	0.2	10.0	24.5	10.7	−1.2	4.4	−1.1	9.2
家用洗衣机	11.8	25.6	7.5	1.1	7.5	−2.5	2.3	4.8	3.3	−3.2
家用吸尘器	−21.5	17.4	9.5	−3.0	10.3	−2.0	−1.1	0.7	12.9	14.2
手机	21.9	46.4	13.5	4.3	28.9	10.4	7.8	2.0	−8.2	−4.7
笔记本电脑	25.7	23.8	28.6	5.8	−4.9	−5.5	−23.3	−5.4	4.5	3.0
彩色电视机	7.7	19.5	3.4	4.8	−0.6	10.9	2.5	8.9	1.0	23.6
数码照相机	0.6	13.7	−11.8	−13.0	−48.3	−31.8	−22.1	−20.6	5.7	−20.9

（二）消费结构升级加速

商务部发布的《中国城市消费升级报告 2018——"双 11"十年大数据透视》（以下简称《报告》）在深入剖析近十年中国消费数据的基础上指出，中国消费需求正从生存型向发展型和享受型转型升级。相较于食品、衣物等物质消费支出，居住、医疗保健、交通通信以及教育文化和娱乐等服务消费支出增速显著提高。此外，消费者的消费需求也从低品质向中高品质升级，同时消费方式也逐渐从线下模式转向线上线下相结合的模式。

①　国家统计局.中国统计年鉴：2019［M］.北京：中国统计出版社，2019.

　　事实上，自 20 世纪 90 年代以来，中国社会的消费升级在苏宁金融研究院的《中国居民消费升级报告（2019）》中也得到了进一步印证。如图 2-8 所示，城乡居民的食品、衣着、居住消费比重呈现出明显的下降趋势，尤其是食品烟酒类消费占比下降最为显著。与此同时，以交通通信和医疗保健为代表的服务类消费支出占比不断提高。这一趋势表明，随着中国经济的不断发展和人民生活水平的提高，居民消费结构正在逐步升级，消费品质正不断提升。

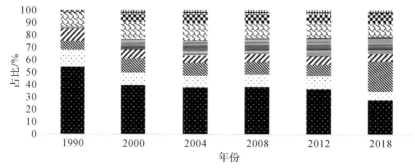

图 2-8　1990 年以来居民消费支出结构①

（三）消费观念现代化进展："绿色—共享"

　　党的十八大以来，中国特色社会主义进入新时代，我国社会主要矛盾已经转化为人民日益增长的美好生活需要和不平衡不充分的发展之间的矛盾。这一时期，"中国梦"发展战略的提出，强化了中国人消费观念的"人民性"，强调发展成果应更多更公平地惠及全体人民，在经济社会不断发展的基础上，引领全社会朝着共同富裕方向稳步前进。同一时期，社会主义核心价值观的提出，为消费者构建理性的消费观提供了具有进步意义的价值坐标。2013 年11 月，党的十八届三中全会提出富强、民主、文明、和谐、自由、平等、公正、法治、爱国、敬业、诚信、友善的社会主义核心价值观，为新时期中国消费行为提供了准则、范式和根本依据。最后，新发展理念的提出为社会主义消费观念走向更深层次的辩证、和谐、健康、可持续发展提供了行动指南②。在精神文

　　① 2019 中国居民消费升级报告［EB/OL］.（2019-12-03）［2023-09-24］. http://www.199it. com/archives/974164.html.

　　② 张雄，熊亮.消费观念：改革开放 40 年历程的经济哲学反思［J］.马克思主义与现实，2018(5):6-13.

明建设的带动下,人民的消费观出现了追求进步的新趋势:绿色消费、共享消费、移动消费、网络化平等消费逐渐兴起。

在消费崛起阶段,人们对美好生活的追求转向了对生活质量的提升,绿色消费成为首选。节能家电、节水器具、有机产品、绿色建材等产品普及,空气净化器、家用净水设备等健康环保的产品销售火爆,循环再生产品逐步被接受,新能源汽车成为消费时尚,共享出行蓬勃兴起。2016 年中国共享单车市场规模达到 12.3 亿元,用户规模达到 0.28 亿人。2017 年共有 77 家共享单车企业角逐市场,累计投入了 2300 万辆共享单车,融资金额达 258 亿元,竞争异常激烈。而随着互联网技术的进步,大数据、云计算、第三方支付和各类平台的广泛应用,中国网络零售市场快速发展。截至 2018 年 6 月,实物商品网上零售额对社会消费品零售总额增长的贡献率超过了 37%。网络消费对消费增长起到了强有力的拉动作用,成为当前中国消费转型升级过程中的引领者和加速器。拥有巨大的市场,渴望品质消费、先进支付、便捷物流,将虚拟与实体经济有机地融合,中国消费将给全球贸易带来无限的活力,推动世界经济新发展。

(四)消费崛起阶段的政策特点

2008 年,国际金融危机爆发后,国际经济环境发生了巨大变化,对中国的国际贸易环境产生了深远影响。为了刺激国内需求,中国实施了积极的财政政策,以大规模的减税和政府投资为主要特点。国务院常务会议于 2008 年 11 月 5 日确定扩大内需和促进经济增长的措施,其中包括 4 万亿元的经济刺激计划。通过更有力的政策措施,中国将经济增长的基本立足点真正放在了扩大国内需求上。

第一,政府采取措施促进了消费升级。国务院办公厅于 2008 年发布了《关于搞活流通扩大消费的意见》,推出了一系列措施如家电下乡、城市耐用品消费升级、激励汽车消费,以及推动文化娱乐、体育健身和休闲旅游等领域的消费。这些政策鼓励了个性化、时尚化和品牌化的消费,并培育和发展了定制化消费市场。

第二,政府积极推进新型城镇化。中国正处于城镇化快速发展的阶段。城镇化不仅可以扩大投资,还可以促进消费。加快城镇化进程,提高人口城镇化率,对改善居民的消费结构、释放社会消费潜力具有显著的激励作用,对扩大内需具有重要的推动作用。

第三,政府着力健全社会保障制度。中共中央和国务院于 2009 年发布了

《关于深化医药卫生体制改革的意见》，旨在建立覆盖城乡居民的基本医疗卫生制度。同时针对农村和城镇居民的社会养老保险制度也相继出台，将建立新农保制度视为"扩大国内消费需求的重大举措"。到 2011 年，中国基本实现了社会养老保险制度的全覆盖。这些社会保障制度有助于减轻居民的大额支出压力，稳定居民的消费预期，推动居民潜在消费力向现实消费力的积极转化。

第四，政府构建了扩大消费的长效机制。2010 年，党的十七届五中全会通过了《中共中央关于制定国民经济和社会发展第十二个五年规划的建议》，提出了"建立扩大消费需求的长效机制"。为达成这一目标，政府完善了收入分配制度，合理调整了国民收入分配格局，重点提高了城乡中低收入居民的收入水平，进一步增强了居民的消费能力。此外，政府还增加了用于改善民生和社会事业的支出的比重，扩大了社会保障制度的覆盖范围，逐步完善了基本公共服务体系。这些措施将扩大消费与提高居民的生活满意度相结合，推动了扩大消费需求的长效机制的建立。

五、中国消费调整阶段的特征及消费政策(2019 年至今)

(一)消费供给侧改革成果初显

2019 年以来，国内供给侧改革持续推进，产业结构不断优化。第一产业的基础性地位继续得以稳固，有力保障了食品安全；第二产业的创新发展不断深化，有力推动制造业由高速增长向高质量增长转变；第三产业的发展呈现出勃勃生机：转型升级取得了明显成效。

中国第三产业从 2013 年起一直保持着良好的发展态势。2013—2022 年的 9 年间，中国 GDP 年均增速为 8%，第三产业增加值的年均增速达到 10%，对经济增长的贡献率达到了 54.2%，高出第二产业 14 个百分点。受 3 年新冠疫情影响，虽然 2022 年第三产业增加值占 GDP 的比重(52.8%)略有下降，但第三产业仍然稳居国民经济第一大产业。第三产业的蓬勃发展还体现为新技术、新产业、新业态、新商业模式层出不穷。譬如以"网络直播"为代表的"点对点经济"既能使商家全方位地展示商品，也能够很好地满足消费者千差万别的需求偏好，同时省去了中间环节，极大地提高了商品交易的效率。而由最先进的算法支持的配送网络和以支付宝、微信支付为代表的支付体系则保证了商品精准、快捷而且"无接触"地送达消费者手中。在这一时期，社会力量深度参与公共服务，有力推动了民生改善。

(二)消费结构延续优化升级

2019 年以来,中国居民消费在一定程度上受到了新冠疫情的影响,服务性消费支出略有下降。譬如,2022 年全国居民人均教育文化娱乐支出为 2469 元,比 2019 年下降了 17.5%;2022 年全国居民人均服务性消费支出占人均消费支出的比重为 43.2%,比 2019 年降低 2.7 个百分点。但在通信、医疗等服务消费方面的支出仍然延续了之前的优化升级态势。2022 年全国居民人均交通通信支出为 3195 元,比 2019 年增长 11.65%,年均增长 3.74%;2022 年全国居民人均医疗保健支出为 2120 元,比 2019 年增长 11.4%,年均增长 3.67%。

耐用消费品持续升级换代也是这一时期消费结构升级的表现之一。2022 年,城乡居民平均每百户家用汽车拥有量为 51.4 辆和 32.4 辆,分别比 2019 年提高 19.0% 和 31.2%;平均每百户空调拥有量为 163.5 台和 92.2 台,分别比 2019 年提高 31.2% 和 29.3%;平均每百户移动电话拥有量为 254.0 部和 266.9 部,分别比 2019 年提高 2.7% 和 2.2%。[①] 同一时期,我国的居住条件和质量得到了明显改善,医疗、教育等公共服务水平逐步提高。

(三)消费观念趋于理性成熟

受到疫情等因素的影响,中国居民的消费观念正在发生深刻的变化。埃森哲在《2022 中国消费者洞察报告——迈向美好生活》中指出,消费者正变得更加克制、务实,对于品质、实用性和性价比的追求成为主导消费决策的重要因素。

消费者不再认同过度消费主义。埃森哲的调研数据显示,92% 的受访者表示不认同"月光族",这一比例相比 2017 年上升了 3 成。而近 8 成的受访者表示只会购买经常使用的商品,而不是毫无计划地进行购物。在消费者决策过程中,品质因素越来越重要。调查数据显示,62% 的受访者在购买商品或服务时,将品质作为首要考虑因素。此外,57% 的消费者表示愿意为高品质的产品支付更高的价格。这表明消费者对品质的重视程度不断提高,不再单纯追求低价。除了品质因素外,实用性和性价比也成为消费者关注的重点。调查数据显示,53% 的消费者在购买商品或服务时,更关注实用性和使用体验。同时,50% 的消费者表示在购买商品时,性价比是关键因素。这表明消

---

① 国家统计局:消费结构不断优化升级[EB/OL].(2022-10-31)[2023-09-24].https://www.ndrc.gov.cn/fggz/jyysr/jysrsbxf/202210/t20221031_1340497.html.

费者在购买商品时,不仅关注品质和实用性,也越来越注重产品的性价比,即选择价格更为合理的产品。消费者在购买商品时更加理性成熟,对品质和性价比的要求更高,这将促使企业更加注重创新和效率提升,推动市场向更加健康和可持续的方向发展。

(四)消费崛起阶段的政策特点

首先,中国政府进一步完善了消费体制机制建设。2018 年 9 月,中共中央和国务院发布了《关于完善促进消费体制机制 进一步激发居民消费潜力的若干意见》,提出了激发居民消费潜力的若干重要意见。这个意见主要围绕完善促进消费体制机制,实现以促使消费生产更加顺畅、优化消费结构、提升消费环境为核心的一系列全面性的制度安排。

其次,政府积极创新消费场景,大力发展夜间经济。自 2019 年以来,中国政府在流通领域出台了《关于加快发展流通促进商业消费的意见》,要求"活跃夜间商业和市场",为发展夜间经济提供了政策指引。随着居民消费水平和需求的逐渐升级,中国夜间消费近年来不断创新模式,释放出新的动力。

同时,中国政府在扩大消费和改善人民生活品质方面也取得了积极进展。2022 年 4 月,中共中央、国务院发布了《关于加快建设全国统一大市场的意见》,提出要全面提升消费服务质量,在住房、教育培训、医疗卫生、养老托育等重点民生领域,强化消费者权益保护。改善人民生活品质成为消费提质政策的出发点及落脚点,从而开拓了扩大居民消费的有效路径。

最后,中国政府还推出了一揽子促消费扩内需的政策。2021 年 11 月,国务院常务会议确定了促进消费的五项新政策,包括提振大宗消费、重点消费和促进释放农村消费潜力等措施。2023 年 7 月,国家发展改革委印发了《关于恢复和扩大消费的措施》,围绕稳定大宗消费、扩大服务消费、促进农村消费、拓展新型消费、完善消费设施、优化消费环境等六大方面,提出了二十条政策举措。这些政策举措旨在恢复和扩大消费,为经济增长注入新的动力。

第三节　中国式现代化消费发展展望

进入 21 世纪以来,中国消费的发展环境发生了较大的转变。全球新冠疫情、国内经济转型升级等一系列挑战都将对中国式现代化消费发展产生深远的影响。

一、消费发展环境的变化

（一）国际贸易逆全球化势头正盛

近年来，虽然全球贸易仍然在增长，但增速有所放缓。根据 WTO 的数据，2019 年全球商品贸易增长率为 0.9%，远低于历史平均水平。这在一定程度上反映出国际贸易逆全球化有抬头之势[①]。

2018 年爆发的中美贸易战是国际贸易逆全球化趋势发端的突出标志性事件。数据显示，中美贸易战的升级导致多个商品价格上涨，影响了消费者和企业。例如，2018 年底，美国对大约 2000 亿美元的中国商品征收了 10% 的额外关税，这一政策引发了贸易紧张局势。随着中美关系日趋紧张，一些企业开始重新评估其供应链，寻找更稳定的供应来源，以减少对特定国家或地区的依赖。而中国作为"世界工厂"，在全球供应链中的地位虽然短期内可能难以撼动，但是近期大量在华外资企业转战东南亚的事实在一定程度上表明中国市场对外资的吸引力正在减弱。

随着中美贸易战升级，美国开始全面打压中国崛起：对一些中国科技企业实施出口管制，限制中国获取美国技术和零部件；对华为、中兴、腾讯等科技型企业和哈尔滨工业大学等 38 所大学及研究机构进行制裁，阻挠中国科技进步；对在华投资设置壁垒，限制中国科技产业的发展；等等。国际形势的变化不仅影响中美两国，也必将对全球经济和国际秩序产生影响。全球供应链、国际贸易规则和国际合作方式将发生何种变化尚不得而知，但是中国经济乃至全球经济发展的不确定性陡增已成事实。

如果说 1978 年十一届三中全会确立的改革开放政策为中国打开了走向世界的窗口，2001 年加入 WTO 让中国搭上了网络科技发展的快车，那么当前中国面临的则是"下车"甚至"关窗"的风险。改革开放 40 多年以来中国经济发展的良好外部环境正在发生深刻的变化。中国经济一直以来依仗的投资加出口的增长模式亟须改变。新形势下，如何提振内需，发掘 14 亿人口大国的市场潜力以弥补外需缩减可能带来的不良影响已然成为中国经济发展面临的严峻挑战。然而，新兴产业的发展需要强大的内需市场来支撑。传统的、以出口为主的增长模式已经不再适应中国的经济现实。因此，促进消费

---

① 关利欣.消费发展升级之路：40 年改革开放大潮下的中国消费[M].北京：中国商务出版社，2018.

升级成为推动经济结构转型的必要举措。中国需要鼓励更多的高技术和高附加值产业，这将有助于提高国内产业的竞争力，推动经济升级，提高劳动生产率。与此同时，新兴产业和创新型企业需要一个强大的内部市场，以验证和推广其产品和服务。消费升级将成为支撑这一过程的重要引擎。

（二）新冠疫情冲击全球

新冠疫情对全球经济产生了广泛的冲击，对中国经济发展产生了深远的影响。新冠疫情暴发初期，中国实施了广泛的封锁和隔离措施，以控制疫情的传播。这导致了许多企业的停工和生产中断。根据国家统计局的数据，2022 年中国的 GDP 增长率为 2.8％，较 2019 年的 6.1％明显下降。疫情还导致了全球供应链中断和需求下降。根据海关总署的数据，2020 年中国的出口额下降了 3.6％，进口额下降了 1.1％。特别是在疫情早期，出口额大幅下降，这对中国的制造业产生了直接冲击。随着疫情的蔓延，中国实施了严格的封城和社交隔离政策，许多人被迫居家隔离，消费下降明显。零售销售、餐饮和旅游等行业也因此受到严重影响。根据国家统计局的数据，2020 年全年社会消费品零售总额下降了 3.9％。这是自 2002 年以来的首次下降，反映了疫情对中国内需的压制。随着一些企业的停工和裁员，新冠疫情还导致了就业压力的增加。根据国家统计局的数据，2020 年末城镇调查失业率为 5.2％，较年初上升了 0.9 个百分点。这意味着数百万人失去了工作，增加了社会不稳定因素。

面对新冠疫情的冲击，中国政府采取了积极的财政和货币政策来刺激经济。政府还出台了一系列减税降费政策，加大基础设施建设投资，提供信贷支持，以稳定市场和促进经济复苏。从数据上看，2021 年和 2022 年的社会消费品零售数据已经基本恢复到了疫情前的水平，但是经济增长失速、失业导致收入锐减的影响亦不容忽视。

（三）转型升级面临一系列难题

在面临外部发展环境巨变的同时，作为全球第二大经济体的中国也面临着国内经济转型的巨大压力。长期以来，中国经济主要依赖于低成本制造业，这在一定程度上导致了产能过剩、资源浪费和环境破坏等问题。为了实现可持续发展，中国需要进行产业升级和结构调整，将重点从传统制造业转向高科技、高附加值产业，以提高生产效率和产品质量。然而亟须发展高科技产业的中国却仍然面临来自发达国家的竞争和知识产权问题，"卡脖子"现象较为突出。要在全球创新竞争中脱颖而出，中国需要进一步加大研发投入和知识产权保护。

近年来中国的人口老龄化问题日益突出。伴随人口老龄化进程的加快，出生率持续走低(图2-9)，劳动力供应逐渐减少，给经济带来了压力。而用工成本却不断上升，过去中国经济增长长期依赖的所谓"人口红利"不再。当前，我国经济面临持续下行压力，投资、出口拉动增长和带动就业的能力下降。而外部经济环境挑战增多，劳动力供需的结构性矛盾随着经济结构调整和产业转型升级日渐凸显：一方面，东南沿海地区苦于"招工难""用工荒"和技术工人短缺；另一方面，大学毕业生人数不断创新高、城镇就业难越发成为一个棘手的社会问题。

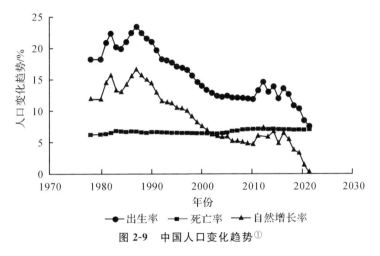

图2-9　中国人口变化趋势[①]

除此之外，中国经济转型升级面临的难题还有金融系统风险、环境污染、贫富差距扩大等诸多问题。这一系列现实的挑战都需要采取切实可行的措施予以应对，只有这样，中国经济才可能向可持续和高质量的增长模式顺利转型。这个过程需要时间和努力，但中国的坚定决心和改革动力使其有望成功应对这些压力，实现经济的长期繁荣。

二、消费发展的新特点

虽然受外部环境变化的影响，但中国消费市场依然呈现出一些显著的积极特点。这些特点反映了社会、经济和文化等多方面的变化，也在一定程度上预示着中国消费将来的发展趋势。这些新的特点包括：

[①]　国家统计局.中国统计年鉴:2022[M].北京:中国统计出版社,2022.

(一)消费发展韧性犹存

受疫情影响,2020年我国居民消费有所收缩。随着疫情防控态势明显好转,我国居民消费在世界主要经济体中率先恢复增长。在居民收入与经济增长基本同步的情况下,人均消费支出水平持续提高。国家统计局的数据显示,2022年我国居民人均消费支出达到24538元,与2019年相比,3年平均名义增长5.8%,实际增长4%。我国稳居世界第二大消费国。按支出法核算GDP,2022年我国最终消费支出为64.16万亿元,其中居民消费支出为44.79万亿元,较2019年增长14%。2021年我国最终消费占世界的比重约为14%,较2019年提高约1个百分点。我国是世界第二大消费品市场。2022年,社会消费品零售总额为43.97万亿元,比上年降低0.2%,比2019年增长7.7%。①

2020年以来,虽然我国居民消费结构短期出现波动,但从生存型消费向发展型、品质型消费优化升级的趋势并未改变。高品质、多样化、多元化消费需求特征更加明显,无论是在住、行、用等大宗商品消费领域,还是在文化、健康、娱乐等新兴服务消费领域,居民都有较大的潜在需求。恩格尔系数重回下降路径,但2022年全国居民恩格尔系数为30.5%,较2021年回升0.7个百分点;服务性消费比重回升,人均服务性消费支出占居民消费支出的比重为43.2%,较2020年回升0.6个百分点。

(二)网络消费一枝独秀

疫情暴发以来,以网络购物、"互联网＋服务"、平台共享、线上线下融合等新业态、新模式为主要形式的新型消费逆势增长、蓬勃发展,保障了民生,释放了消费潜力,促进了经济稳定增长,已经成为拉动内需的新动力。

截至2022年,我国已连续9年保持全球最大网络零售市场地位,特别是在疫情冲击下,线上消费有效带动消费恢复性增长。网络零售已经成为消费者的主要消费模式。2022年,我国网民规模达到10.67亿人,互联网普及率为75.6%,其中网络购物用户占比超过80%。2012—2022年,我国网上零售额增长9倍,在社会消费品零售总额中的占比提高至31.3%。2022年,全国网上零售额约为13.79万亿元,同比增长4%。其中,实物商品网上零售额约为10.8万亿元,增长6.4%,占社会消费品零售总额的比重为27.1%。近年

---

① 王蕴.当前我国居民消费变化的新特征与新趋势[J].人民论坛,2022(2):30-35.

来,"直播带货""社交电商""短视频电商""兴趣电商"等电商新模式快速发展,在一定程度上既满足了人们购买商品和服务的消费需要,也满足了休闲娱乐的需要。"边看直播边消费""边刷短视频边消费"已经成为更多人的消费习惯。电商新模式在消费者群体中具有较高渗透率,截至 2022 年,我国网络直播用户、即时通信用户和短视频用户规模分别达 7.16 亿人、10.27 亿人和 9.62 亿人,分别占网民整体的 68.1%、97.7%和 91.5%。①

"互联网＋服务"等线上服务消费正在成为消费恢复性增长的新空间。线上服务消费在一定程度上弥补了接触性消费受疫情限制的不足。全国已有 1700 余家互联网医院,远程医疗服务县(市、区)覆盖率达到 90%以上。截至 2022 年 6 月,我国在线医疗用户规模达到 3 亿人,占网民整体的 28.5%。"云旅游""云赏剧""云看展"等成为休闲娱乐消费新时尚。数据显示,2021 年微博旅游累计开播人数较 2020 年增长 110%;借助多种视听技术打造的"云演出""云影院"等满足了消费者的互动性、沉浸式体验需求。2022 年上半年,以信息服务为主的企业(包括新闻资讯、搜索、社交、游戏、音乐视频等)互联网业务收入同比增长 8.5%;我国信息消费规模达到 3.24 万亿元,同比增长 6%。

(三)绿色消费深入人心

受疫情影响,人们对绿色健康生活的要求不断提高。消费者关注产品和服务的品质,更关注产品和服务是否节能环保,注重消费与环保一体化发展,绿色消费呈现出快速普及化发展的趋势。

绿色消费理念日益转变为绿色生活方式。生态环境部环境与经济政策研究中心向社会公开发布的《公民生态环境行为调查报告 2020》显示,与 2019 年相比,公众绿色生活方式总体有所提升,93.3%的受访者表示践行绿色消费对保护生态环境很重要。围绕吃、穿、住、行、用等消费领域,居民分层次、多样性的绿色消费需求正在逐步形成。如更倾向于选择环境友好型产品,减少购买过度包装的产品;线上点外卖更多选择"不需餐具"服务,这减少了一次性餐具的使用。一些地方纷纷出台鼓励绿色消费的政策,如提供节能家电价格补贴、发放绿色节能消费券等,一些实体零售企业和电商平台也通过提

① 《经济研究》智库经济形势分析课题组.在再平衡中重拾增长动能:2022 年中国经济回顾与 2023 年经济展望[EB/OL].(2023-01-28)[2023-09-24].http://ie.cass.cn/academics/economic_trends/202301/t20230128_5584374.html.

供价格折扣等来促进节能家电消费。电商平台为绿色消费搭建平台，如 2021 年"双 11"期间，天猫搭建"绿色会场"，覆盖食品、家装、消电、母婴四大行业，有 50 万款商品、2000 余户商家共同参与。2022 年 7 月普华永道发布的报告《可持续城市发展助力消费升级》显示，在吃、穿、住、行、用、游等消费领域，绿色消费方式已得到普遍认可，绿色消费市场规模在快速扩大。同时，绿色消费市场下沉特征更为明显。随着绿色消费理念快速普及和网络购物渗透率提高，近年来，绿色商品在二、三线城市及以下市场的销量保持较快增长，下沉市场的绿色消费渗透率也得以快速提高。

（四）居民消费信心仍未恢复

虽然居民消费规模和结构呈现出积极一面，但受中美贸易争端和新冠疫情冲击的影响，中国当前的经济增长率逐渐放缓，消费者信心仍显不足。自 2010 年以来，中国的年度经济增长率逐渐下降，从 2010 年的 10.6％下降到 2020 年的 2.3％。尽管这一增长率在全球范围内仍然是高水平，但相对于中国过去的增长水平，人们可能感到不安，担心未来的就业和经济前景。而近年来中国的就业市场的确面临着严峻的挑战，虽然中国政府采取了一系列措施来保障就业，但在一些行业，特别是服务业，就业机会受到了冲击。据国家统计局的数据，2022 年中国城镇登记失业率为 5.6％，较 2019 年上升 0.2 个百分点。尽管这一水平相对较低，但失业问题依然对消费信心产生了负面影响。

人们对未来的担忧不仅仅来源于失业、收入下降和健康问题，股市与房市低迷，以及为遏制疫情蔓延而采取的措施，都给消费前景增添了不确定性。加之中国素来有着较浓厚的储蓄文化，人们倾向于储蓄而非消费。这种倾向在近几年表现得尤为突出。2023 年麦肯锡的中国消费者调研报告显示：有 58％的受访城镇家庭希望"存点钱以备不时之需"，创下 2014 年以来的最高水平，较 2019 年的调研结果高出 9 个百分点。2013 年我国住户存款为 461370 亿元，而到了 2022 年，这一数字已经达到 1212110 亿元，增长了近 2 倍。仅 2022 年前 9 个月，中国居民存款金额就增加了 14 万亿元人民币。国家统计局发布的中国消费者信心指数显示，消费者信心指数在 2022 年 4 月跌破 90，达到历史低位（图 2-10），目前虽有所回暖，但仍有待恢复。

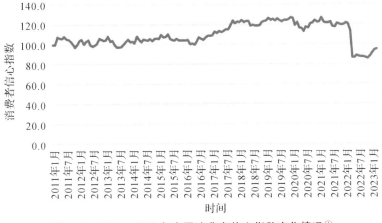

图 2-10　2011—2023 年中国消费者信心指数变化情况①

三、中国式现代化消费发展趋势展望

当前中国经济发展的外部环境正发生着剧烈的变动,包括人口结构变化和新冠疫情的影响等,这些变动给中国的经济和社会发展带来了新的挑战和机遇,同时也给中国式现代化消费发展提出了新的要求。

(一)依托"内需"打造"内循环"

全球贸易保护主义抬头、中美贸易摩擦升级、全球供应链变革等因素对中国经济构成了潜在威胁。在这种情况下,中国需要降低对外部市场的依赖,培育内部市场的增长潜力,积极打造经济发展的"内循环"。

中国拥有超过 14 亿人口,其中越来越多的人跻身中等收入群体,内需提振的潜力巨大。这一庞大的中等收入群体对各类产品和服务的需求将会持续增长,成为内需的主要推动力。首先,政府可以通过政策引导,鼓励企业满足不同层次消费者的需求,培育新兴产业,创造更多就业机会,从而提升内需。其次,中国市场的多样性和差异性也为提振内需创造了机会。由于中国地域广阔,各地消费习惯和需求存在差异,这为企业提供了在不同地区开展定制化生产和服务的机会。政府可以支持企业加强研发和创新,以满足各地不同的市场需求,促进内需的多元化发展。

---

① 国家统计局.中国统计年鉴:2022[M].北京:中国统计出版社,2022.

（二）实现共同富裕的现代化消费发展

实现全体人民共同富裕的消费发展是中国社会经济政策的核心目标之一，需要确保每个公民都能享受到经济繁荣带来的好处，现代化消费发展需要兼顾农村、中西部地区以及低收入人群的利益。

为达成这一目标，社会保障体系的建设是实现全体人民共同富裕的关键。完善健康保险、养老金、失业保险等社会保障制度可以减轻个体和家庭的财务压力，增加城乡居民的可支配收入，从而促进更多的消费。首先，政府需要不断改善和扩大这些福利计划，确保它们覆盖到更广泛的人群。其次，政府可以采取积极的措施来促进中西部地区的经济发展，缩小地区之间的贫富差距。这包括引导投资、支持产业升级、完善基础设施建设等。促进地区均衡发展，可以使更多的人享受到经济增长的红利。另外，减轻低收入家庭的负担也是关键。减轻低收入家庭的税收负担，为他们提供低息贷款和住房补贴等方式，可以帮助他们更好地参与消费。这不仅可以提高他们的生活水平，还可以刺激内需的增长。

（三）推进物质消费和精神消费的融合发展

推进物质消费和精神消费的融合是实现全面小康幸福生活和可持续发展的关键一环。融合不仅有助于个体的幸福，也有助于社会的繁荣和进步。物质消费提供了满足基本需求和提高生活舒适度的途径，但精神消费关注个人的心理健康和幸福感。融合意味着在追求物质享受的同时，人们也应重视精神层面的需求。首先，政府可以通过税收政策、文化资助、教育改革等手段，鼓励人们更多地参与精神消费活动。政府还可以倡导可持续消费，鼓励人们更加理性地对待物质消费，减少资源浪费和环境破坏。其次，企业可以提供符合社会价值观和精神需求的产品和服务，也可以倡导员工的工作与生活平衡，鼓励他们追求精神满足感。企业的社会责任也包括对社区文化和精神生活的贡献。实现物质消费和精神消费的融合发展需要个体、教育体系、政府和企业的共同努力，以创造一个更加充实的生活环境。

（四）大力发展绿色经济，促进现代化消费发展

多年来粗放型的经济增长方式导致中国正面临着严峻的环境挑战，包括空气污染、水资源短缺和生态系统破坏等问题。这不仅威胁着公民的健康和生活质量，还可能对社会稳定和经济可持续发展构成重大威胁。鼓励绿色消费有助于推动产业升级和经济转型，推动中国走向更可持续的发展道路。中

国经济正逐渐从重工业和出口导向型经济模式向更具创新性和可持续性的经济模式转变。发展绿色消费可以激励企业提供更环保的产品和服务,同时创造更多的就业机会,推动技术创新和高附加值产业的发展。这将有助于中国在全球竞争中保持竞争力,并实现经济的可持续增长。政府、企业和公众应共同努力,推动绿色消费理念的普及,鼓励绿色创新,从而实现绿色消费在中国的普及,为未来的可持续发展创造更加清洁、健康、可持续的社会和经济环境。

(五)推进双循环深度融合的消费发展

通过打造内循环,中国可以降低对国际市场的依赖程度,减少外部冲击,增加自主性。这有助于中国更加自信地应对国际市场的波动和不确定性。然而中国作为全球最大的制造业国家和出口导向型国家之一,外循环仍然是其经济增长的关键。内循环和外循环并非两个孤立的体系,而是一个有机整体。打通二者的联系对中国经济的可持续发展和国际竞争力的提高至关重要。政府需要在政策、金融支持和国际合作方面采取积极的措施,以确保双循环的融合,促进中国经济的繁荣和全球地位的提升。这将有助于中国在不断变化的国际经济环境中保持稳定性和竞争力。

改革开放至今,消费在中国经济中的地位逐渐上升,已成为经济增长的关键引擎。展望未来,中国消费发展有望继续保持强劲势头。习近平总书记曾多次强调要发展新兴消费模式,推动数字化、智能化、绿色消费的发展,培育新的增长点。这体现了中国式现代化消费发展的战略定位和未来走向。中国将致力于扩大内需,提升消费对经济增长的贡献。而政府也将通过深化改革、加强监管、提供支持等多种手段,引导消费朝着绿色、可持续、高质量的方向发展。中国的消费市场将继续为国内外企业提供广阔机遇,也将为全球经济增长注入新的动力。

第三章

中国式现代化消费与经济发展动力转型

中国式现代化消费中的消费发展不仅是消费需求的发展,更是消费作为经济发展动力的地位的变化。在需求视角下,随着经济发展和消费发展,经济发展主要约束从供给约束转向需求约束,需求结构变化引起经济发展动力转化,消费逐渐成为经济发展的主导动力。本章重点从经济发展需求动力演化的经济学视角,阐释消费动力地位的转变,总结消费主导型经济的典型特征,揭示消费主导型经济的形成机制,并探索中国推进经济发展的动力由投资主导向消费主导转型的政策取向。

第一节 中国式现代化进程中的经济发展动力理论脉络

随着需求结构的变化,经济发展的主要约束从供给侧转向需求侧,经济发展动力发生转化,消费对经济发展的动力作用逐渐增强。改革开放以来,中国的投资、消费和出口三大需求结构发生了巨大变化,进而引起经济发展动力的演变。从经济发展演化理论来看,经济发展动力的变化是经济发展演化的结果。

一、中国三大需求的结构与动力变化

面对复杂的国际经济形势和当前中国经济发展实际,党的二十大报告指出,推动经济高质量发展,需要着力扩大内需,增强消费对经济发展的基础性作用。消费是保持经济平稳运行的"压舱石"和"稳定器"。推动中国式现代化建设需要促进中国式现代化消费发展,以中国式现代化消费支撑中国式现

代化建设。中国式现代化消费,既是作为国民经济需求的消费,也是驱动经济增长的动力。生产、分配、交换、消费是社会再生产的四个环节,消费作为社会再生产过程的终点和下一个再生产过程的起点,决定了社会再生产的良性循环。生产与消费的协调发展离不开消费需求的导向作用[①]。经济需求结构影响经济增长动力。投资、消费、出口三大需求是拉动国民经济增长的"三驾马车",面对国际经贸摩擦和中国经济发展条件的变化,需要强调消费驱动经济增长的内生动力[②]。

长期以来,有效需求不足是制约中国经济发展的结构性问题。"萨伊逆否命题"表明,有效需求长期不足会导致永久性的供给能力的削弱。消费作为国民经济的最终需求,对拉动经济具有持久作用。当前我国消费水平仍然偏低。2022 年我国居民人均消费支出约为 3648 美元,低于世界平均水平的 6222 美元;2022 年我国居民消费率为 37.2%,远低于世界主要国家平均水平的 55%[③]。

依据国家统计局的数据,图 3-1 和图 3-2 分别展示了我国需求结构的演进及三大需求对 GDP 增长的贡献率。从需求结构来看,1978—2003 年居民消费率占据了主导地位,但自 2000 年起,居民消费率开始走低,并一直保持偏低水平,于 2004 年开始低于资本形成率,其主要原因包括我国发展长期倚重投资、居民储蓄动机较高、人民美好生活需要和发展不平衡不充分之间的矛盾突出等。从三大需求对 GDP 增长的贡献率来看,消费支出对经济增长的贡献率具有稳定性和基础性。消费支出贡献率始终保持了较高水平,1978—2022 年最终消费支出贡献率平均值为 57.2%,远高于 38.2% 的资本形成总额贡献率及 4.6% 的货物和服务净出口贡献率。从三大需求对 GDP 增长的贡献率的稳定性来看,最终消费支出贡献率的波动(标准差为 17.78)最小,小于资本形成总额贡献率的波动(标准差为 25.79)及货物和服务净出口贡献率的波动(标准差为 20.99)。因此,消费支出对经济增长的贡献率最稳定,这充分体现了消费的基础性作用。中国式现代化消费发展需要提升经济内生增

---

① 龚志民,李子轩. 消费与经济同步增长的机理分析与国际比较[J]. 湖南大学学报(社会科学版),2020(6):58-65.

② KIM Y K,SETTERFIELD M,MEI Y. A Theory of Aggregate Consumption[J]. European Journal of Economics and Economic Policies:Intervention,2014,11(1):31-49.

③ 数据来源于世界银行数据库(https://data.worldbank.org.cn/)和 CEIC 全球经济数据库(https://www.ceicdata.com.cn/zh-hans)。

长的稳定性和促进经济高质量发展，需要扩大消费需求特别是扩大居民消费需求，充分发挥消费对经济增长的基础性作用。

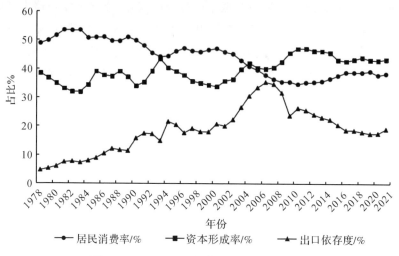

图 3-1　1978—2021 年我国需求结构的演进

资料来源：笔者根据国家统计局数据库（http：//www. stats. gov. cn/）的数据整理并绘制。

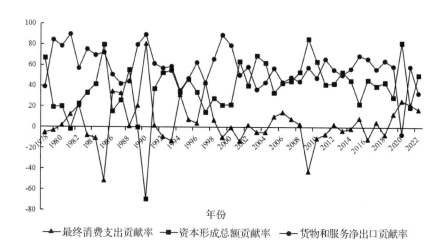

图 3-2　1978—2022 年中国三大需求对 GDP 增长的贡献率

资料来源：笔者根据国家统计局数据库（http：//www. stats. gov. cn/）的数据整理并绘制。

随着我国经济发展步入新常态，投资、出口对经济增长的拉动作用逐渐减缓，消费对经济发展的基础性作用不断突显。根据罗斯托的经济发展阶段理论，当前我国正处于起飞阶段向成熟阶段过渡的时期。结合我国社会主要矛盾已经转化为人民日益增长的美好生活需要和不平衡不充分的发展之间的矛盾这一客观现实,经济增长动力发生转变,即从投资驱动经济增长转向消费驱动经济增长①,消费逐渐成为中国式现代化经济发展和社会生活的主导和目标。

推动中国式现代化消费的建设,需要增强消费的动力作用。近年来,中国政府致力于增强消费对经济发展的基础性作用。《中华人民共和国国民经济和社会发展第十四个五年规划和2035年远景目标纲要》提出:"培育建设国际消费中心城市,打造一批区域消费中心。"2021年7月,北京、上海、天津、重庆、广州五个城市率先开展国际消费中心城市培育建设,以更好地发挥城市消费对区域经济发展的辐射带动作用。2022年4月,国务院办公厅印发《关于进一步释放消费潜力促进消费持续恢复的意见》,确定了大力发展绿色消费、充分挖掘县乡消费潜力、加快推进国际消费中心城市培育建设等方向,促进消费提质升级,优化消费环境,促进消费恢复和释放消费潜力。党的二十大报告提出:"着力扩大内需,增强消费对经济发展的基础性作用和投资对优化供给结构的关键作用。"2022年底,中共中央、国务院印发的《扩大内需战略规划纲要(2022—2035年)》在消费投资、分配格局、供给质量、市场体系、经济循环等方面提出了发展目标,要求重点加快培育完整内需体系,促进形成强大国内市场,支撑畅通国内经济循环。扩大内需和促进消费已成为我国当下以及未来长期发展的重要战略。

二、经济发展动力转型的理论脉络

西方经济学的现代经济增长思想起源于17世纪的威廉·配第,后经亚当·斯密、李嘉图等人发展形成古典经济增长理论,他们将经济增长动力归结到供给领域。哈罗德-多马的增长模型最早将需求因素引入经济增长,强调资本积累对经济增长的作用。随着工业化的发展和社会生产能力的提升,马歇尔、凯恩斯、凡勃伦等开始重视消费在经济发展中的作用,把消费作为塑造社会形态和推动工业化进程的动力②。后工业化时期,罗斯托提出的经济增长阶段理论认为,随着国家经济发展进入高额群众消费阶段,经济增长由投

---

① 洪银兴.消费需求、消费力、消费经济和经济增长[J].中国经济问题,2013(1):3-8.

② VEBLEN T. The Theory of the Leisure Class[M]. Harmondsworth: Penguin Books, 1994.

资主导驱动逐渐转变为国内消费需求主导驱动①，并在追求生活质量阶段由国内消费需求主导驱动①。此后，经济增长点转向由消费主导这一观点成为共识②。在马克思政治经济学中，马克思将消费置于社会再生产过程中，生产、分配、交换、消费四个环节相互依存和相互作用，缺一不可③。其中，生产决定消费，消费反作用于生产。生产决定了人们的消费水平、消费方式，即生产什么、消费什么，生产多少、消费多少。反之，消费又决定了生产的实现，并创造出新的生产需要，没有需要，就没有生产。生产直接也是消费，消费直接也是生产。生产和消费具有同一性，是互为因果的关系，这决定了消费需求与经济增长的关系。

在马克思政治经济学的理论基础上，国内大量文献研究了消费需求与经济增长的关系。居民消费和经济增长存在长期稳定的关系，进一步表现为消费对经济增长具有长期、稳定的促进作用④。孙海涛、宋荣兴⑤根据我国经济发展和消费需求的现实数据，验证了消费需求和经济增长之间存在互为因果的关系。匡贤明⑥认为消费释放可通过人力资本、需求结构、社会公平的渠道拉动经济增长。消费主导型经济增长是经济发展的客观趋势和必然结果⑦。在经济发展的不同阶段，投资率随资本积累呈现倒"U"形变化，表明经济发展到一定阶段，投资驱动模式必将转向高质量发展⑧。随着工业化进程的推进，经济增长的约束将由供给约束转变为需求约束。需求结构均衡变动促进稳定、持续的经济增长，而需求结构非均衡变动则会使经济增长受到明显的需求约束⑨。目前在我国促进投资扩大要比促进消费扩大更加容易，且投资的

---

① 罗斯托.经济增长的阶段[M].北京:中国社会科学出版社,2001:23.

② COLM G. Discussion of Denison[J]. American Economic Review，1962(2):57-89.

③ 尹世杰.消费经济学[M].北京:高等教育出版社,2003:36-60.

④ 徐凤,金克琴.中国居民消费与经济增长关系的实证研究[J].北京工商大学学报(社会科学版),2009(2):109-113.

⑤ 孙海涛,宋荣兴.消费需求与经济增长关系的计量经济分析[J].技术经济与管理研究,2012(1):121-124.

⑥ 匡贤明.消费能否拉动经济增长?:基于消费—增长路径的分析[J].经济体制改革,2015(1):189-194.

⑦ 杜焱,柳思维.国家规模、经济增长阶段与需求动力机制结构演变[J].经济与管理研究,2012(6):5-12.

⑧ 冷成英.从投资驱动模式到高质量发展:转换逻辑与动力机制[J].财经科学,2021(9):96-109.

⑨ 纪明.经济增长的需求启动、需求约束及再启动[J].社会科学,2011(5):73-81.

扩大不依赖于消费①,因此,相比投资,促进消费扩大是当前的主要任务。马克思指出:"世界市场不仅是同存在于国内市场以外的一切外国市场相联系的国内市场,而且同时也是作为本国市场的构成部分的一切外国市场的国内市场。"②消费主导型经济是形成国内大循环为主体、国内国际双循环相互促进的新发展格局的必然要求。通过形成消费主导型经济,充分发挥和利用国内国际两个市场、两种资源发展本国经济的可能性③,能有效推动新发展阶段我国经济发展和结构转型④。培育消费主导型经济对我国增强国际力量、促进经济高质量发展和推动共同富裕具有重要作用⑤。

消费主导型经济需要优化投资结构,提高服务消费需求,改善收入分配结构,促进产业升级与消费升级,完善社会保障体系等⑥。在高质量发展阶段,消费主导型经济具有从"投资主导"转向"消费主导"、从"中低端消费"转向"中高端消费"、从"出口导向"转向"全方位开放型经济"的特征⑦。中国处于从工业社会向消费社会转型的时期,城市硬件设施与柔性人文的自由搭配体现出从生产型城市向消费型城市演进的城市更新趋势。城市作为各阶层日常消费的首要集聚地,其舒适物的消费属性和消费资本综合质量对城市发展具有重要作用⑧。新兴的数字经济对消费主导型经济增长模式产生先抑制后促进的正"U"型影响⑨。交通基础设施影响居民消费习惯,进而影响消费对经济发展的作用。对城市街区特征的研究表明,更高密度的路网和更强连通性的道路通过增加人流量和提升道路步行友好程度来促进居民消费增长⑩,建设

---

① 郭克莎.需求约束与效率约束:我国经济中、长期稳定增长面临的问题及出路[J].财贸经济,1999(9):3-11.

② 马克思恩格斯全集:第30卷[M].北京:人民出版社,1995.

③ 裴长洪,刘洪愧.构建新发展格局科学内涵研究[J].中国工业经济,2021(6):5-22.

④ 陆铭,彭冲.再辩大城市:消费中心城市的视角[J].中山大学学报(社会科学版),2022(1):175-181.

⑤ 依绍华.新发展格局下我国居民消费发展态势与促进策略[J].改革,2021(12):94-105.

⑥ 陈丽芬.新发展格局下应加快构建消费主导型经济体系[J].重庆理工大学学报(社会科学),2022(6):12-23.

⑦ 高波.创新驱动消费主导型经济增长的机制和路径[J].河北学刊,2020(1):142-153.

⑧ 刘凯强.由"生产型资本"迈向"消费型资本":中国城市舒适物的属性升级与功能定位[J].云南社会科学,2022(6):168-177.

⑨ 黄志,程翔,邓翔.数字经济如何影响我国消费型经济增长水平[J].山西财经大学学报,2022(4):69-83.

⑩ 彭冲,金培振.消费型街道:道路密度与消费活力的微观证据[J].经济学(季刊),2022(4):1361-1382.

消费型街区是提升城市消费功能的有效方式。

依据消费主导型经济的内涵特征，学界开展了一些测度研究。在国家层面，孙豪根据消费主导型大国特征，从需求结构、消费水平、消费结构和消费环境四个维度进行了测度，认为消费主导型是经济增长方式的最终趋势，而中国尚未成为消费主导型大国①。在省域层面，毛中根和孙豪通过构建包含经济自主、需求结构、消费水平、消费结构和消费环境等指标的消费主导型指标体系，评价了中国省域经济增长模式②。以上的测度结果均表明，当前我国居民消费潜力并未完全释放，应不断扩大居民消费需求，增强居民消费对经济增长的拉动作用。

已有研究论证了经济发展模式由要素驱动型向消费主导型转变的理论逻辑和客观规律。本章基于马克思政治经济学的社会再生产循环过程，探究消费主导型经济的形成逻辑和典型特征。推动经济发展动力转型需要循序渐进、因势利导，在投资主导型经济向消费主导型经济转型进程中选择与经济发展阶段相匹配的经济发展动力。

消费主导型经济增长模式是各国经济社会发展的共同方向③。近年来，中国政府致力于增强消费对经济发展的基础性作用。对中国而言，在当前发展阶段，扩大内需和培育消费主导型经济是推动经济高质量发展的重要途径。由此引出本章的研究问题：中国式现代化的消费主导型经济的演进逻辑是什么？中国式现代化的消费主导型经济具有哪些典型特征？中国式现代化背景下推进消费主导型经济需要哪些政策考量？本章基于马克思社会再生产理论正面回应了上述问题。本章的边际贡献主要体现在以下几方面：第一，从经济发展重心、经济发展阶段、经济发展战略、经济发展模式等多个维度阐释消费主导型经济的演进逻辑。第二，在循环视角下从社会再生产四个环节阐释消费主导型经济的典型特征。第三，为中国推动消费主导型经济转型发展提供理论基础和政策参考。

---

① 孙豪.消费主导型大国：特征、测度及政策[J].社会科学，2015(10)：36-46.
② 毛中根，孙豪.中国省域经济增长模式评价：基于消费主导型指标体系的分析[J].统计研究，2015(9)：68-75.
③ 郭其友，芦丽静.经济持续增长动力的转变：消费主导型增长的国际经验与借鉴[J].中山大学学报(社会科学版)，2009(2)：190-197.

第二节　经济发展需求动力演进逻辑：从投资主导到消费主导

基于中国经济结构的变化实际和经济发展动力转型的理论脉络，经济发展重心转移、经济发展阶段转变、经济发展战略调整和经济发展模式变迁，是推动经济发展动力从投资主导向消费主导转型的基本逻辑。

一、经济发展动力从投资主导向消费主导转型的分析框架

在经济发展演进过程中，发展重心、发展战略、增长模式、发展阶段、发展理念、发展格局等各方面都会发生阶段性的转变，进而推动经济向更高阶段发展。在中国式现代化背景下，随着技术进步、城镇化推进和市场化改革，中国社会生产效率大幅提升，经济发展从供给短缺过渡到有效需求不足，推动社会主要矛盾发生根本性转变。开展提高供给质量的供给侧结构性改革，以及做好促进消费升级的需求侧管理，更好地统筹了供给侧结构性改革和扩大内需，成为新时代推动经济高质量均衡发展的重要途径。整体上，经济发展动力转型的分析框架如下：在供需均衡的视角下，生产力的发展促使经济发展的主要制约因素从供给侧转向需求侧，即经济发展重心从生产转向消费，经济发展阶段从供给约束转向需求约束；相应地，需要经济发展战略和经济发展模式进行适应性转型，具体到中国实践，即经济发展战略需要从出口导向型转向双循环新格局，经济发展模式需要从粗放型增长转向高质量发展。经济发展阶段演进和经济结构转型，有力地推动了经济发展动力从投资主导转向消费主导（图3-3）。而消费主导型经济是中国式现代化消费发展的目标，消费既是需求，也是动力：在这种经济发展条件下，消费既是经济发展的目的，又是驱动经济增长的动力。

二、经济发展重心：从生产转向消费

生产、分配、交换、消费是社会再生产循环的四个环节。在不同的经济发展阶段，每一个环节发挥的作用以及重要程度不同，经济重心也会在不同的环节之间发生变动。技术进步、劳动分工和专业化生产等大幅提升了社会生产效率，全社会的经济供给能力大幅提升，使经济发展的主要制约因素从供给转向需求。此后，抑制社会再生产循环的主要环节，从生产转向消费。当

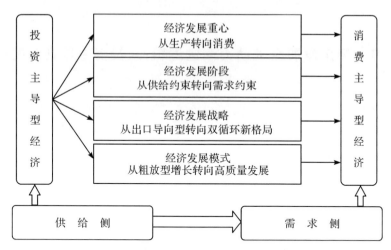

图 3-3 从投资主导型经济到消费主导型经济

经济重心发生转移时，城市主要功能也发生相应转变，从生产型城市转向消费型城市：人们向城市集聚的主要动力，从为在城市开展生产而流向城市，转向为享受城市消费而流向城市；城市功能从供给场域和生产中心，转向需求场域和消费中心。经济重心从生产向消费转变是一个渐进的过程，依赖于生产能力的逐步提升，并且这种经济重心的转移在经济社会发展较为成熟的阶段才会发生。

就中国实际情况而言，中国生产能力提升和居民消费结构升级，共同推动了经济重心从生产向消费的转移。一方面，中国生产能力和生产效率大幅提升。中国拥有全球产业门类最齐全、产业体系最完整的制造业，全球价值链不断攀升，在应对公共危机和外部冲击时具有强大的韧性和潜力。近些年，中国持续通过"三去一降一补"推进供给侧结构性改革，并重点围绕"巩固、增强、提升、畅通"八字方针推动经济体制改革，利用市场化、法治化手段实现了生产能力和供给质量的大幅提升。目前，中国已建成了世界上最为完整的产业体系，是世界上唯一拥有联合国产业分类中全部工业门类的国家，货物贸易总量居世界第一，是120多个国家和地区的最大贸易伙伴。另一方面，中国居民消费需求规模的持续扩大，居民消费结构持续升级。随着消费需求规模的持续扩大，国内市场的超大规模性优势成为新的比较优势[1][2]。在

① 干春晖,刘亮.超大规模经济体优势研究[J].社会科学,2021(9):3-12.
② 马建堂,张军扩.充分发挥"超大规模性"优势 推动我国经济实现从"超大"到"超强"的转变[J].管理世界,2020(1):1-7.

市场规模上,全国社会消费品零售总额从 2012 年的 205517 亿元扩大到 2022 年的 439733 亿元;在居民消费结构上,全国居民恩格尔系数从 2012 年的 33.0% 下降到 2022 年的 30.5%①。随着经济发展重心转变和城市主要功能转型,国家高度重视促进形成强大国内市场,以及培育和建设国际消费中心城市。为顺应居民消费升级趋势,国家相继出台了相关促消费政策。如,2020 年 2 月,国家发展改革委等部门联合印发《关于促进消费扩容提质加快形成强大国内市场的实施意见》,提出加快完善促进消费体制机制,进一步改善消费环境,增强消费对经济发展的基础性作用。

三、经济发展阶段:从供给约束转向需求约束

社会生产力的提升改变了经济的供求关系,也改变了经济增长的主要制约因素。总体上,随着社会生产力的提升,经济增长的主要制约因素从供给约束转向需求约束。从经济发展阶段可以清晰地看到经济制约因素的转变。根据罗斯托的经济发展阶段理论,经济发展可以分为六个阶段,即传统社会阶段、为起飞准备阶段、起飞阶段、成熟阶段、高额群众消费阶段、追求生活质量阶段。从这六个阶段可以看出,前面三个阶段的经济发展重点和目标在于扩大生产和经济增长,后面三个阶段的经济发展重点和目标在于提升经济发展质量和居民消费质量,即经济增长的主要制约因素从供给约束逐渐转向需求约束。当经济制约因素处于生产领域时,投资是驱动经济增长的关键因素。在罗斯托提出的起飞阶段,生产性投资率一般要求达到 10% 以上。当经济制约因素处于需求领域时,消费是拉动经济增长的关键因素,居民消费率提升,消费对经济增长的贡献率提高。

具体到中国实践,中国经济发展阶段的变化也体现了经济增长的制约因素从供给约束向需求约束的转换。改革开放以来,中国经济保持了较长时期的起飞状态,在世界上创造了经济发展的中国奇迹。在中国共产党成立一百周年的重要时刻,我国脱贫攻坚战取得了全面胜利,并全面建成了小康社会,物质短缺时代成为历史。当前,中国经济正在走向成熟阶段,经济发展更加重视发展效益、自主创新和共享程度。中国特色社会主义进入新时代,社会主要矛盾发生转化,标志着社会主要矛盾的主要方面由供给侧的社会生产力转向需求侧的人民美好生活需要,进而决定经济增长的主要制约因素由供给

---

① 数据来源:国家统计局数据库,https://data.stats.gov.cn/index.htm。

侧转向需求侧。

中国供给能力大幅提升，正在从生产大国向生产强国迈进，从制造大国向制造强国迈进。中国拥有全球最为完整的工业体系，现有的工业体系能够完全覆盖联合国现代工业体系分类的 39 个大类、191 个中类和 525 个小类。中国品牌稳定处于世界第二梯队，能够有效发挥供给优势，提升产业链韧性和安全水平，国内供给能够较好地满足人民消费需要。同时，中国也在从生产大国向消费大国迈进[①]。收入水平逐渐提高、社会保障不断完善、金融服务水平提升、城镇化进程推进等，有力地推动了生产大国向消费大国的转型发展。但中国消费领域仍面临消费率偏低、消费升级相对滞后和消费差距较大等问题[②]。从消费率的国际横向比较和自身纵向发展进程来看，中国消费需求不足的结构性问题一直存在，并成为经济高质量发展的主要制约因素。扩大消费需求，改善需求结构，增强消费对经济发展的基础性作用，放松需求约束，是在新发展阶段推动经济高质量发展的重要途径。

四、经济发展战略：从出口导向型转向双循环新格局

在不同的经济发展阶段，匹配与经济发展实际相适应的发展战略，是推动经济高质量发展的经验规律。长期来看，我国经济发展战略经历了从出口导向型向双循环新格局的转变。在改革开放初期，我国在较多领域存在技术短板和资金短缺问题，出口导向型发展战略是适合我国当时发展实际的战略选择。出口导向型发展战略促进了我国利用发达国家的技术转移、参与国际分工、发挥劳动密集型优势等，对我国增加外汇储备、促进技术进步、增加资金积累、创造新增就业岗位、促进产业结构升级等发挥了良好的促进作用。在出口导向型战略下，我国对外贸易快速发展，出口规模占全球贸易的比重从 1978 年的 0.8％提高至 2009 年的 9.6％，在世界的位次由第 29 位提升至第 1 位[③]。2009 年我国出口总额跃居世界第 1 位，进口总额上升至世界第 2 位，经济发展表现出明显的"两头在外，大进大出"特征。

然而，随着经济发展条件的变化，出口导向型发展战略开始逐渐不适合

① 毛中根，洪涛. 从生产大国到消费大国：现状、机制与政策[J]. 南京大学学报（哲学·人文科学·社会科学），2011(3)：20-30.

② 孙豪，毛中根. 中国居民消费的演进与政策取向[J]. 社会科学，2020(1)：72-84.

③ 数据来源：国家统计局数据库，https://data.stats.gov.cn/index.htm。

我国经济发展实际,并带来一系列问题①。在经济发展条件方面,我国资金实现了原始积累,拥有较充足的外汇储备,在较多领域开始实现技术的独立自主,并在部分技术领域达到世界领先水平,同时劳动力成本逐渐上升,原来对外贸易上的比较优势发生改变。出口导向型战略和快速增长的对外贸易开始引发经济后果,包括加剧贸易摩擦、出口效益降低、抑制国内产业结构高级化等②。在一定时期,内需不足和过度依赖出口是中国经济增长面临的主要困难③。产业链水平较低、创新能力不强、关键核心技术自主创新能力不足等,影响国内供给能力,不利于构建现代化经济体系和推动经济高质量发展。构建以国内大循环为主体、国内国际双循环相互促进的新发展格局,深化供给侧结构性改革,优化投资,扩大内需,特别是扩大消费需求,建设消费主导型经济,成为新的战略选择。

国际贸易摩擦增多,供给侧的产业链、供应链不稳定,需求侧的贸易萎缩和保护主义等,共同推动我国坚持统筹发展和安全的发展路径,构建双循环新格局。双循环新格局既是对经济发展战略的调整,也是经济增长动力的转变。双循环新格局更加重视技术的自主创新和经济增长动力的内生性。消费主导型经济发展模式是世界各国经济发展的共同方向。特别是大国的经济,更需强调经济发展的内生动力,提升经济发展的稳定性和国内循环的主导地位④。我国长期实施扩大内需战略,经济增长的需求动力逐渐从投资主导转向内需主导和消费主导。随着供给质量的提升和居民收入水平的提高,居民消费水平和整体居民消费率提高,消费对经济增长的拉动和贡献率提升,消费对经济发展的基础性作用增强,经济的消费主导型特征逐渐突显,双循环新格局成为推动经济高质量发展的战略选择。

五、经济发展模式:从粗放型增长转向高质量发展

经济增长在不同历史阶段具有不同的特点。改革开放以来的 40 多年,我国经济发展模式经历了从粗放型增长向高质量发展的转换。改革开放初期,

---

① 贾根良.化危为机,中国外向型经济需作战略大转型[J].广东商学院学报,2009(5):2.

② 孔祥敏.从出口导向到内需主导:中国外向型经济发展战略的反思及转变[J].山东大学学报(哲学社会科学版),2007(3):50-56.

③ 王小鲁,樊纲,刘鹏.中国经济增长方式转换和增长可持续性[J].经济研究,2009(1):4-16.

④ 张铭慎,陆江源.大国经济循环:轨迹特征、演进规律与政策启示[J].经济学家,2022(8):24-32.

中国经济增长模式主要是依赖能源、资本、劳动等要素数量的高投入，属于资源利用效率偏低、消耗偏高、效益偏低的粗放型增长。尽管这种增长方式也推动了经济高速增长，但"高污染、高能耗、高排放"的粗放型增长模式引起环境破坏和污染，越来越不适合我国资源禀赋特征，也制约我国技术竞争力的提升。因此，转变经济发展方式，发挥资源禀赋优势，促进要素价格体系改革，重视经济增长效益，成为我国经济发展模式的战略选择[1][2]。"创新、协调、绿色、开放、共享"的新发展理念下的经济高质量发展，是粗放型增长的转型方向。其中，协调投资与消费结构，是促进经济增长模式转型的重要途径。对经济发展动力来源的研究表明，需求不足不仅制约需求侧动力，还限制供给侧动力的作用，导致就业损失。因此，促进经济高质量发展，需要增强消费对经济发展的基础性作用，提升经济发展的内生动力。

高质量发展是坚持以人为本的发展。"民为邦本，本固邦宁。"高质量发展的目的是更好地满足人民美好生活需要，这就需要投资和消费的协调发展，把供给侧结构性改革同扩大内需结合起来，把提升产品供给质量同居民消费结构升级结合起来。通过供需协调，畅通高水平的供需循环，是推动经济发展模式从粗放型增长向高质量发展转型的重要途径。这就要求经济发展要紧紧围绕改善民生，拓展需求，促进消费与投资有效结合，实现供需更高水平的动态平衡。

中国推动经济高质量发展致力于形成供求高水平均衡，在供求均衡中扩张和升级。实现国内市场供求高水平均衡，需要用好超大规模市场优势，把扩大内需战略和创新驱动发展战略有机结合起来。构建消费主导型经济，有助于发挥超大市场规模优势，也是扩大内需战略和创新驱动发展战略的有机结合点。中国人口规模巨大，且居民收入和消费逐年提升，形成巨大的市场需求，这成为超大规模优势中的一部分，即超大市场需求优势。这种超大市场需求优势体现在诸多方面，包括：超大市场需求为产业发展、专业化发展、劳动分工等提供充足的国内市场空间，可同时容纳多条技术路线竞争性成长；通过产业梯度转移和集群化发展，促进产业分工和要素禀赋优势发挥，为企业扩张和专业化发展提供充足的市场空间；等等。推进消费主导型经济发展，可在超大规模优势下发挥消费对经济发展的基础性作用，增强经济发展韧性和内生增长稳定性，促进高质量发展。

---

① 陈诗一.能源消耗、二氧化碳排放与中国工业的可持续发展[J].经济研究,2009(4):41-55.

② 林毅夫,苏剑.论我国经济增长方式的转换[J].管理世界,2007(11):5-13.

第三节　中国式现代化的消费主导型经济特征

消费内嵌于社会再生产循环,因此,可以从社会再生产循环视角理解经济发展动力转型。基于社会再生产循环分析消费主导型经济特征,需要从生产、分配、交换、消费四个环节对消费主导型经济特征进行规定性约束。

一、中国式现代化的消费主导型经济理论基础

马克思政治经济学中的社会再生产理论始终是对社会生产和经济发展的高度概括,无论是投资主导型经济还是消费主导型经济,都未摆脱社会再生产循环过程。马克思认为,社会再生产是由生产、分配、交换、消费四个相互联系的环节构成的有机体系,"一定的生产决定一定的消费、分配、交换和这些不同要素相互间的一定关系。当然,生产就其单方面形式来说也决定于其他要素。……最后,消费的需要决定着生产。不同要素之间存在着相互作用。每一个有机整体都是这样"[1],其中,"生产表现为起点,消费表现为终点,分配和交换表现为中间环节"[2]。生产决定消费的对象、消费的方式和消费的动力,因此,生产是形成消费主导型经济的基础和支撑。分配包括生产要素的分配和劳动产品的分配。生产要素的分配包括生产资料的分配和劳动力的分配。生产要素的分配决定生产,劳动产品的分配影响居民生活和福利水平。促进居民收入差距缩小,对于促进居民消费、形成消费主导型经济具有重要作用。交换是连接生产和消费的桥梁。马克思指出:"流通所以能够打破产品交换的时间、空间和个人的限制,正是因为它把这里存在的换出自己的劳动产品和换进别人的劳动产品这二者之间的直接的同一性,分裂成卖和买这二者之间的对立。"[3]为了维护这种对立,要求完善市场体制和市场规范,扩大流通规模。马克思指出,商品转换成货币是"商品的惊险的跳跃","这个跳跃如果不成功,摔坏的不是商品,但一定是商品占有者"。[4]

明确经济发展动力的转型方向,有助于识别消费主导型经济的典型特

---

① 马克思恩格斯文集:第 8 卷[M]. 北京:人民出版社,2009.
② 马克思恩格斯选集:第 2 卷[M]. 北京:人民出版社,2012.
③ 马克思恩格斯全集:第 44 卷[M]. 北京:人民出版社,2001.
④ 马克思. 资本论:第 1 卷[M]. 北京:人民出版社,2018.

征。经济发展动力转型方向与消费主导型经济特征具有内在逻辑一致性。在经济发展重心方面：以消费为重心，要求消费水平提高，消费在需求结构中的比例优化，消费对经济发展的贡献率提升，以及社会保障完善和消费环境良好等。在经济发展阶段方面：需求约束，意味着社会再生产循环各环节需要为扩大和释放消费需求提供有利条件，包括提升共同富裕水平，促进更加公平和平等的分配，推进以人为本的社会保障水平，以及畅通循环，即建设全国统一大市场和提升基础设施现代流通能力。在经济发展战略方面：双循环新格局，即减少外部经济冲击，增强经济发展内生稳定性。具体表现为：实现更有效的供给，避免出现"卡脖子"技术，提升中国技术自主创新能力，减少国内需求对外部供给的依赖性，以及在全球价值链国际分工中占据主动地位。在经济发展模式方面：高质量发展，包括经济发展转向以消费为主要动力的发展和供给能力的提升，即供求的高水平均衡，把扩大内需战略和创新驱动发展战略有机结合起来。

在经济发展动力演进过程中，与消费主导型经济相对应的是投资主导型经济。在西方经济学传统经济增长理论中，投资是经济增长或经济发展的动力，也是经济增长的主要因素。以投资的方式启动经济运行及增长，投资增长即生产的扩张，投资增长过程中投资结构的变化会引起生产结构的变化及技术进步，进而促进经济运行。投资主导型经济增长模式是指国家发挥投资需求在经济增长中的主导作用，把扩大投资作为促进经济增长的着力点，将政策实施效果集中体现在投资需求的扩大上[1]。投资主导型经济要求维持资本的边际收益，促进资本的快速积累，从而实现经济的快速增长[2]。总体来看，投资主导型经济把投资作为经济增长的主要动力，高投资率是投资主导型经济的典型特征。

从投资主导型经济演进到消费主导型经济，对社会再生产各个环节的侧重和要求在不断改变，要求各环节实现更高水平的动态平衡。消费主导型经济是经济社会演进到一定阶段的发展形态，在此形态下，社会再生产循环畅通，经济发展水平较高，经济增长相对稳定，消费成为拉动经济增长的主要动力。消费主导型经济也不局限于消费一个环节，而是包含生产、分配、交换、消费整个社会再生产循环的有机整体。马克思社会再生产理论认为，为满足

[1] 熊必琳,陈蕊,杨善林.中国内需结构分析及增长模式转变[J].经济与管理研究,2007(7):22-26.
[2] 范进,赵定涛.土地城镇化与人口城镇化协调性测定及其影响因素[J].经济学家,2012(5):61-67.

人们需要的生活消费是社会再生产的根本前提①。因此,消费主导型经济内涵应内嵌于马克思社会再生产理论,包括生产、分配、交换、消费四个维度。

二、消费主导型经济在社会再生产循环各环节的具体特征

基于社会再生产循环的四个环节分析消费主导型经济的特征,可以从生产层面、分配层面、交换层面和消费层面四个维度展开。

(一)生产层面特征

生产为消费创造作为外在对象的材料,生产为消费提供对象,生产力水平决定消费水平。生产是社会再生产过程的起点,生产决定消费的对象、消费的方式和消费的动力。我国社会生产能力显著提升,但科技创新水平、劳动生产率等方面仍与发达国家存在较大差距。近年来,我国不断深化供给侧结构性改革,提高供给结构对需求变化的适应性和灵活性。供给结构优化和供给产品质量提升,有助于更好地满足人民美好生活需要,扩大居民消费需求,促进居民消费结构升级,使消费成为经济增长新动力。因此,生产是形成消费主导型经济的基础和支撑。

(二)分配层面特征

分配是居民实现消费的前提,也是促进社会公平正义和人民群众共享发展成果的重要途径。当前我国居民收入差距较大,高收入群体消费倾向偏低且低收入群体支付能力不足,这抑制了居民消费需求增长。初次分配在整体收入分配体系中占主导地位②。强化初次分配中的市场机制,加大再分配的调节力度,激发三次分配活力,构建初次分配、再分配、三次分配协调配套的基础性制度安排,通过"提低""扩中"形成橄榄型社会收入分配结构,有助于释放居民消费需求。

(三)交换层面特征

交换(流通)是连接生产和消费的桥梁,既是面向生产的"排水渠",又是面向消费的"引水渠"③。完善的流通体系是培育完整内需体系、形成强大国

---

① 许崇正,柳荫成.马克思再生产理论与社会主义市场经济[J].经济学家,2006(4):21-26.

② 孙豪,曹肖烨.收入分配制度协调与促进共同富裕路径[J].数量经济技术经济研究,2022(4):3-24.

③ 王晓东,谢莉娟.社会再生产中的流通职能与劳动价值论[J].中国社会科学,2020(6):72-93.

内市场和加快构建新发展格局的条件之一。2022 年,国家发展改革委印发了《"十四五"现代流通体系建设规划》,统筹推进高质量现代流通体系建设,提高流通效率,降低流通成本,为构建双循环新格局提供有力支撑。建设现代流通体系,畅通供需循环,形成需求牵引供给、供给创造需求的更高水平的动态平衡,是消费主导型经济的重要特征。

(四)消费层面特征

消费是最终需求,既是生产的最终目的和动力,也是人民对美好生活需要的直接体现。一切生产的商品,只有被消费才能实现其价值,才能实现从商品到货币过程的"惊险的跳跃"。在社会再生产循环中,消费是循环的终点,也是再循环的起点。增强消费对经济发展的基础性作用,意味着要更大发挥消费对整个社会再生产循环的引领作用和对资源配置机制的作用,提升消费对经济发展的贡献率,增强经济发展内生稳定性,形成消费主导型经济发展模式。

消费主导型经济是以消费为中心全环节畅通的经济发展模式:消费是拉动经济发展的主要动力(消费),在经济发展中发挥着基础性作用,同时,生产、分配、交换等环节为消费提供有利条件,包括与需求匹配的供给(生产)、全体人民共享的发展(分配)和市场畅通的循环(交换)。

第四节　中国式现代化的消费主导型经济政策取向

消费主导型经济是经济发展动力演进的最终方向,但在具体推动经济发展动力转型过程中,应坚持循序渐进和匹配经济发展阶段进行适应性转型。具体到政策实践,应考虑经济发展动力转型的发展方向、经济发展阶段、消费与投资协调等具体问题。

一、推动形成消费主导型经济的原则遵循

发展经济学理论要切合国情才能解决发展问题[①]。相应地,促进经济高质量发展需要选择适合的经济发展模式以适应经济发展阶段。有鉴于此,本节对体现经济发展阶段、需求结构、经济发展动力的部分指标进行了国际比

---

① 林毅夫.建构中国自主的发展经济学知识体系[N].人民日报,2023-03-20(13).

较（见表 3-1）。在消费维度推动中国式现代化，需要适应经济发展阶段演进，逐渐形成消费主导型的经济发展模式。总体上，中国尚处于消费主导型经济初级阶段，消费主导型经济特征相对较弱。在发展阶段上，中国的人均 GDP 处于高收入国家门槛水平，与发达国家相比仍有较大差距。这种差距也体现在恩格尔系数、城镇化率、高等院校入学率、研发支出占比和人类发展指数等方面。从不同收入阶段国家的资本形成率和消费率变化可以看出，总体上，在从低收入国家向高收入国家迈进过程中，资本形成率呈现先上升后下降的倒"U"型趋势，消费率呈现先下降后上升的"U"型趋势。这种需求结构的变动趋势与罗斯托的经济发展阶段特征相契合。从消费率来看，发达国家消费率更高，更具有消费主导型经济特征。中国的需求结构呈现出鲜明的消费率偏低和投资率偏高特征：消费率低于其他不同收入阶段国家，资本形成率高于其他不同收入阶段国家。消费主导型经济是各国经济演进的最终方向，但处于不同发展阶段的国家对经济发展模式的选择不同，不同类型的国家对经济增长模式的选择也不同。观照发达国家和其他金砖国家的经济结构后发现，中国需改善需求结构，调整经济增长动能，扩大居民消费，增强消费对经济发展的基础性作用，顺应经济发展阶段，适时推进经济发展动力向消费主导型转换。

表 3-1 需求结构与发展阶段的国际比较

国家		人均GDP	消费率	资本形成率	恩格尔系数	城镇化率	高等院校入学率	研发支出占比	人类发展指数
发达国家	美国	70248	81.9	21.1	7.1	82.9	87.6	3.17	0.926
	德国	51203	72.3	22.1	11.7	77.5	73.0	3.17	0.947
	英国	46510	82.4	17.3	9.4	84.2	69.5	1.71	0.932
	日本	39312	74.8	25.4	15.7	91.9	64.6	3.20	0.919
	法国	43659	78.2	23.7	15.0	81.2	69.3	2.35	0.901
金砖国家	中国	12556	54.2	43.4	21.8	62.5	58.4	2.24	0.761
	俄罗斯	12194	71.5	23.4	28.5	74.9	86.4	1.04	0.824
	印度	2256	72.5	27.9	27.9	35.4	29.4	0.66	0.645
	巴西	7507	83.4	15.9	17.3	87.3	54.6	1.21	0.765
	南非	7055	83.2	12.4	21.2	67.8	24.2	0.62	0.709
高收入国家		48225	76.7	22.5	—	81.5	79.6	2.97	—
中高等收入国家		10828	62.7	35.2	—	68.4	58.0	2.00	—

续　表

国家	人均GDP	消费率	资本形成率	恩格尔系数	城镇化率	高等院校入学率	研发支出占比	人类发展指数
中等收入国家	6074	65.8	33.2	—	53.8	38.1	1.86	—
中低等收入国家	2573	75.2	27.0	—	43.0	26.6	0.53	—
低收入国家	784	84.5	25.3	—	34.4	9.3	—	—

注：人均GDP为2021年数据，单位为现价美元；消费率为2020年数据，单位为％；资本形成率为2020年资本形成总额占GDP的比例，单位为％；恩格尔系数为2020年数据，单位为％；城镇化率为2021年数据，单位为％；高等院校入学率为2020年数据，其中，日本和俄罗斯为2019年数据，单位为％；研发支出占比为2020年研发支出占GDP的比例，其中，印度为2019年数据，中低收入国家为2017年数据，单位为％；人类发展指数为2019年数据。

资料来源：美国农业部经济研究局数据(https://www.ers.usda.gov/)、世界银行数据(https://data.worldbank.org.cn/)和联合国开发计划署《2020人类发展报告》。

生产力的演进与发展决定了经济增长动力的演进与发展。当经济增长的主要制约因素从供给约束转向需求约束时，经济增长的需求动力成为决定经济发展的关键因素。对经济发展历史维度的演进分析表明：经济发展重心从生产转向消费，经济发展阶段从供给约束转向需求约束，经济发展战略从出口导向型转向双循环新格局，经济发展模式从粗放型增长转向高质量发展，共同推动经济发展模式从投资主导型转向消费主导型。在社会再生产循环视角下，消费是经济发展的主要动力，对经济发展起着基础性作用，匹配的生产、平等的分配和畅通的交换等环节为消费促进经济发展提供了条件，是消费主导型经济的典型特征。

二、推动形成消费主导型经济的政策取向

经济发展动力需要依据经济发展阶段演变进行适应性转型，这是经济发展的一般性规律，也是制定经济发展战略的基本遵循。在经济发展需求动力视角下，经济发展逐渐从投资主导型转向消费主导型。结合经济发展动力转型规律和中国经济发展模式转型实际，中国推进消费主导型经济需要统筹以下政策取向。

（一）把握经济发展模式的转型方向，积极构建消费主导型经济

对经济发展规律和经济发展动力的分析表明，消费主导型经济是经济发展模式演进的方向。面对国际经济环境和经济发展阶段转变，需要增强消费对经济发展的基础性作用，提升经济内生增长稳定性和促进经济高质量发展。地方政府需要准确把脉自身经济发展阶段和经济发展模式，积极适应经济发展阶段演进和经济发展模式演进，为经济发展模式向消费主导型经济转型提供适应性条件和做出积极性应对。

（二）我国处于消费主导型经济初级阶段，经济高质量发展是促进经济发展模式转型的重要途径

"凡益之道，与时偕行。"制定经济发展战略，需要深入分析经济发展趋势和把握经济发展实际状态。把握经济发展模式的演进方向和演进状态，是推动经济高质量发展的重要议题。党的二十大报告提出："高质量发展是全面建设社会主义现代化国家的首要任务。"中国是世界上最大的发展中国家，中国仍处于社会主义初级阶段，这是我国的基本国情。但随着生产力发展和国内经济环境变化，经济发展约束从供给约束转向需求约束，经济发展模式逐渐从投资主导型转向消费主导型。各地经济发展战略选择应顺应经济发展模式变化趋势，及时调整经济需求结构和经济动力结构。

（三）地方政府推动经济发展模式转型，需要关注经济发展阶段与经济发展模式的匹配

地方政府应根据自身资源禀赋和发展实际，选择与经济发展阶段相契合的经济发展模式，逐步推动经济发展模式从投资主导型向消费主导型转变，增强消费对经济发展的基础性作用，形成稳定和可持续的增长。一方面，在经济发展模式从投资主导型向消费主导型演进的趋势中，地方政府要引领经济发展模式向消费主导型转型，发挥消费的需求引领和资源配置作用，畅通循环和完善社会保障，提升消费的经济增长动力；另一方面，地方政府要量凿正枘，不能急于冒进和转型，要找到适合自身实际发展阶段和禀赋比较优势的发展模式。

（四）在消费主导型经济的初级阶段，需要通过协调投资与消费促进供需高水平均衡

在新发展阶段，促进投资与消费的协调发展是促进经济高质量发展的重要途径。在具体的政策措施上，应创新投资与消费的协调发展机制，适时推

进向消费主导型经济发展模式转型，促进经济高质量发展。例如，在面临"需求收缩、供给冲击、预期转弱"三重压力的条件下，应把恢复和扩大消费摆在优先位置，通过消费的恢复和增长，推动经济的恢复和增长。国家发展改革委印发了《关于规范高效做好基础设施领域不动产投资信托基金（REITs）项目申报推荐工作的通知》，提出支持消费基础设施发行基础设施 REITs，就是协调投资和消费的良好机制。这项工作很好地协调了投资与消费的关系。在投资方面，优先支持百货商场、购物中心、农贸市场等城乡商业网点项目，支持增强消费能力、改善消费条件、创新消费场景，为提升消费提供良好基础条件，对于促进形成消费主导型经济具有良好的借鉴价值。

现状评价篇

第四章

中国式现代化消费评价指标体系构建

　　恢复和扩大消费是推进中国式现代化的应有之义,构建科学、有效的中国式现代化消费评价指标体系是准确研判当前消费形势、明晰未来着力点的必要手段之一。

第一节　我国消费现状的统计分析

　　消费是经济循环系统的终点,也是新一轮循环的起点,更是增强经济发展动力的着力点。立足于中国式现代化消费特征维度的解读以及理论体系的架构,本部分将从数字双循环消费市场、精神文明消费、绿色可持续消费、居民消费与收入差距四个方面展开统计分析。

一、内循环占据经济主导地位,数字消费渐成规模

　　在需求层面上,随着我国经济社会发展水平的不断提升,市场规模持续扩张,国内市场已经成为全球第二大消费市场,并且将会进一步扩容。近年来,我国内需增长对经济增长的贡献率一直保持在 80% 以上,而对外贸易依存度出现较大幅度的下降,2020 年为 32%,较之于 2005 年的 62.4%,下降幅度超过 30 个百分点[1]。在居民收入水平持续提升的大背景下,国内市场驱动经济发展的新格局逐步形成,我国经济增长的内在潜力将持续释放。

　　与此同时,适配于规模巨大的人口发展模式,数字经济的快速崛起为畅

---

　　[1]　宁吉喆.中国式现代化的方向路径和重点任务[J].管理世界,2023(3):1-19.

通国内大循环提供了大量新型就业岗位和消费机会。根据国家信息中心发布的《中国共享经济发展报告（2023）》，2022 年共享经济市场交易规模约38320 亿元，同比增长约 3.9％；共享经济平台企业员工从 2017 年的 556 万人增长至 2020 年的 631 万人，参与人数亦由 7 亿增长至 8.3 亿。随着互联网普及程度的不断提升，电子商务的快速发展，加之物流配套体系的日益完善，我国逐步形成以数字消费为核心的新型消费模式，极大激发了国内市场消费潜力①。相关数据显示，我国网上零售额从 2015 年的 38773 亿元迅速攀升至2022 年的 137853 亿元，年均增速高达 19.87％。2022 年，我国实物商品网上零售额占总的网上零售额的 27.2％，且该零售额相较上一年增长 6.2％，各品类均呈现不同程度的增长②。

二、精神文明消费需求提升，文旅消费潜力巨大

丰富人民精神世界是中国式现代化消费从"富口袋"迈向"富脑袋"的客观需要。以资本为中心逻辑主导下的西方资本主义现代化，强调以物质财富为核心，将经济发展作为核心目标，对人的全面发展重视不足，在精神文明建设方面相对滞后③，进而造成整个社会陷入撕裂，最终对社会价值造成严重负面影响，并演变成社会秩序的崩塌④。根据国家统计局数据，2022 年全国居民人均教育文化娱乐支出为 2469 元，较 2013 年增长 76.61％，年均增长 6.52％⑤。在一定程度上，近年来我国各类文化市场主体不断发展壮大，为居民的文化消费提供了充足保障。2022 年，文化办公用品类零售额增长了 4.4％，限额以上单位书报杂志类销售额增长了 6.4％，两者增速均显著提升。同年，文化产业实现营业收入为 165502 亿元，比上年增加 1698 亿元。其中，文化批发和零售业的营业收入为 29169 亿元，较上年增长 3.0％；文化服务业的营业收入为84401 亿元，较上年增长 1.7％⑥。

---

① 国家信息中心. 中国共享经济发展报告（2023）[EB/OL]. (2023-02-23)[2023-09-15]. http://www.sic.gov.cn/News/557/11823.htm.

② 2022 年 12 月社会消费品零售总额下降 1.8％[EB/OL]. (2023-01-17)[2023-09-15]. http://www.stats.gov.cn/sj/zxfb/202302/t20230203_1901713.html.

③ 罗红杰. 中国式现代化的百年实践、超越逻辑及其世界意义[J]. 经济学家，2021(12)：5-13.

④ 韩保江，李志斌. 中国式现代化：特征、挑战与路径[J]. 管理世界，2022(11)：29-43.

⑤ 国家统计局. 国家数据[EB/OL]. (2023-07-15)[2023-09-15]. https://data.stats.cn/easyquery.htm? cn＝C01&zb＝A0A04&sj＝2022.

⑥ 2022 年全国文化及相关产业发展情况报告[EB/OL]. (2023-06-29)[2023-09-15]. http://www.stats.gov.cn/sj/zxfb/202306/t20230629_1940907.html.

旅游业发展与人口规模和经济水平紧密相关,当前中国旅游业已经形成较大规模,成为居民精神文明消费的重要构成内容。随着全球经济环境消极影响的逐步减弱,各地文旅市场呈现复苏态势。根据世界旅游城市联合会与中国社会科学院旅游研究中心联合发布的《世界旅游经济趋势报告(2022)》,2021年发达经济体旅游人次恢复至2019年的55.70%,中国恢复至54.05%;2021年发达经济体旅游收入恢复至2019年的58.90%,中国恢复至50.99%。然而,2022年中国国内旅游总人次为25.30亿,同比下降22.1%;国内旅游收入(旅游总消费)为2.04万亿元,同比下降30.0%[①]。这在一定程度上表明,文旅市场的复苏无法一蹴而就,居民文旅消费潜力尚需进一步激发。

三、绿色需求显著提升,政府绿色支出保障有力

将人与自然和谐共生纳入中国式现代化消费视野,不仅标志着我国对西方发展模式的深刻反思,也凸显出我国对可持续发展的前瞻思考[②]。近年来,我国政府高度重视生态文明建设和环境保护工作,同时提出"双碳"目标,经济生产方式和居民消费模式的绿色转型势在必行。2022年,新能源汽车销售呈高速增长态势,据汽车流通协会统计,2022年新能源乘用车零售量约567万辆,比上年增长90%[③]。2023年上半年,新能源乘用车零售额同比增幅达到37.4%,共计309万辆[④],能源消费同比增长2.9%,非化石能源消费占比提升0.8%,而其他化石能源消费均呈现不同程度的下降,反映出我国在绿色发展方面取得积极进展[⑤]。

此外,我国政府节能环保公共预算支出大幅增长,自2007年的995亿元提高至2022年的5396亿元,年均增长11.93%[⑥]。既有研究表明,诸多发达

---

① 国家统计局.国家数据[EB/OL].(2023-07-15)[2023-09-15].https://data.stats.gov.cn/easyquery.htm? cn=C01&zb=A0K01&sj=2022.

② 王茹.人与自然和谐共生的现代化:历史成就、矛盾挑战与实现路径[J].管理世界,2023(3):19-30.

③ 2022年中国市场新能源乘用车零售567.4万辆 同比增长90%[EB/OL].(2023-01-10)[2023-09-15].https://news.cnstock.com/news,bwkx-202301-5003800.htm.

④ 董礼华.上半年消费市场较快恢复[EB/OL].(2023-07-18)[2023-09-15].http://www.stats.gov.cn/xxgk/jd/sjjd2020/202307/t20230718_1941341.html.

⑤ 国家统计局.中华人民共和国2022年国民经济和社会发展统计公报[EB/OL].(2023-07-18)[2023-09-15].https://www.gov.cn/xinwen/2023-02/28/content_5743623.htm.

⑥ 财政部.2022年财政收支情况[EB/OL].(2023-01-31)[2023-09-15].https://www.gov.cn/xinwen/2023-01/31/content_5739311.htm.

国家通过政府采购的方式强化政府在绿色消费中的主体地位，如日本政府每年的绿色采购消费支出约占国内总消费的 20％，形成绿色消费核心驱动力量，对经济可持续发展产生积极影响①②。

四、城乡居民消费差距逐步缩小，但收入差距依旧显著

从广义理解，消费是共同富裕的内在要求之一，是解决生活需求的实际手段和增强人民群众获得感、幸福感、安全感的有效方法③。近年来，我国居民消费水平逐步提升：城镇居民消费水平由 2000 年的 6972 元提升至 2022 年的 38289 元，净增 31317 元；农村居民消费水平由 2000 年的 1917 元提升至 2022 年的 19530 元，净增 17613 元。城乡消费差距整体呈现出缩小趋势，自 2000 年的 3.64 倍缩小至 2022 年的 1.96 倍④。

消费具有"富"经济、实现"富裕"、再创"富裕"、共同"富裕"等共同富裕内涵⑤。2021 年，中央经济工作会议强调我国当前经济面临需求收缩、供给冲击、预期转弱三重压力，亟待发挥消费的基础性作用，促进经济发展。2022 年，我国最终消费支出对 GDP 增长的贡献率为 32.8％，对 GDP 增长的拉动为 1.0 个百分点，分别较上年下降 25.5 个百分点、3.9 个百分点。从收入差距来看，中国居民人均可支配收入基尼系数近 20 年以来均保持在 0.460 以上，2022 年为 0.466，一直高于 0.4 的国际警戒线⑥。此外，财富差距也较为明显，应引起足够的重视。根据瑞信研究院发布的《2023 年全球财富报告》(Global Wealth Report 2023)，截至 2022 年，居民之间财富分配基尼系数已达到 0.71，虽然低于美国 (0.83)，但高于日本(0.65)、澳大利亚(0.66)、韩国(0.68)、西班牙(0.68)等国⑦。

---

① 高辉清，钱敏泽，郝彦菲.建立促进绿色消费的政策体系：日、德经验与中国借鉴[J].中国改革，2006(8)：44-46.

② 王宽，秦书生.发达国家发展绿色消费的经验及其对中国的启示[J].徐州工程学院学报(社会科学版)，2013(5)：19-23.

③ 许光建，黎珍羽.打通社会再生产各个环节 多途径促进共同富裕[J].价格理论与实践，2021(9)：9-12.

④ 国家统计局.国家数据[EB/OL].(2023-07-15)[2023-09-15].https://data.stats.gov.cn/easyquery.htm? cn=C01&zb=A020B&sj=2022.

⑤ 周勇.发挥消费对共同富裕的基础性作用[J].湖南社会科学，2023(2)：48-57.

⑥ 国家统计局.国家数据[EB/OL].(2023-07-15)[2023-09-15].https://data.stats.gov.cn/easyquery.htm? cn=C01&zb=A0A0G&sj=2022.

⑦ Credit Suisse Research Institute. Global Wealth Report 2023[EB/OL].(2023-06-15)[2023-09-15].https://www.ubs.com/global/en/family-office-uhnw/reports/global-wealth-report-2023.html.

第二节　不同消费评价指标体系的比较分析

如何客观、合理、科学地评估消费发展现状逐渐成为学者们的关注焦点。虽然消费率、消费倾向、消费能力等统计指标能够在一定程度上高度概括消费形势，但难以呈现消费的多维度信息，难以对当前的某一类型消费、某一主题消费做出适当的评估。相较之下，围绕消费展开的综合评价指标体系则可以很好地弥补单一指标的缺陷。鉴于消费类型多样、重点各异，本节将分别从综合型消费评价指标体系、领域型消费评价指标体系出发，对现有消费主题的评价指标体系进行系统性的梳理与比较。

一、综合型消费评价指标体系的比较

概括而言，综合型消费评价主要从以下两个主题出发：一是将消费与评价对象有机融合，最为典型的是消费城市的评价；二是围绕消费内涵，将评估内容从消费数量拓展到质量层面，即消费质量的评价。

（一）消费城市的评价指标体系

关于消费城市的评价，衍生于后工业时代城市功能的转变①。现代城市不仅仅是生产场所，更是文化和消费的场所②③。相关研究探讨了消费城市的功能定位与演变机制。例如，美国新城市主义经济学家格莱赛（Glaeser）和社会学家克拉克（Clark）等人于 21 世纪初提出了现代消费城市理论，指出消费城市的功能从"服务生产"向"服务消费"转变，消费通过集聚人力资本，逐渐成为经济发展的主要动力。从历史经验来看，城市消费舒适程度会吸引高素质或高收入人群流向城市，城市人力资本集聚将进一步推进城市发展④。另

---

① GLAESER E L，KOLKO J，SAIZ A. Consumer City[J]. Journal of Economic Geography，2001，1(1)：27-50.

② LLOYD R，CLARK T N. The City as An Entertainment Machine[J]. Critical Perspectives on Urban Redevelopment，2001，6(3)：357-378.

③ ZUKIN S. Urban Lifestyles：Diversity and Standardisation in Spaces of Consumption [J]. Urban Studies，1998，35(5-6)：825-839.

④ GLAESER E L，GOTTLIEB J D. Urban Resurgence and the Consumer City[J]. Urban Studies，2006，43(8)：1275-1299.

外,场景理论将城市视作一个娱乐消费机器,不同的娱乐设施构成了不同的消费场景,可以吸引不同类型的群体向城市集聚①,城市的主导功能越来越多地转向消费功能(中心)。与此同时,消费也为空间集聚带来了正外部性,如服务业资源聚拢②、教育资源外溢③。

相较之下,国内研究更强调消费水平与能力,如:吴军分析了消费城市发展的核心驱动力量以及影响因素,并进一步探讨了其建设路径④;汪婧明确了国际消费城市的形成路径以及影响机制⑤;陶希东探讨了国内具有代表性的消费城市及其参与全球消费城市竞争的有效策略和思路⑥。同时,也有学者基于不同视角对消费城市展开评价研究。如:毛中根和孙豪在阐释消费主导型经济增长模式内涵的基础上,构建了包含经济自主、需求结构、消费水平、消费结构和消费环境指标在内的消费主导型指标体系⑦;钟陆文基于消费者剩余视角,分别从城市消费需求、供给水平、环境保障、消费维权四个维度构建了适宜消费城市的指标体系,并将其应用于珠三角城市群的消费适宜性评价⑧;汪婧基于国际消费中心城市的内涵特征,从城市规模、消费吸引物、消费设施、消费服务、消费实现五个维度,构建了含有十八个指标的国际消费中心城市多层次评价指标体系⑨;钟诗梦和李平基于区域一体化视角,从消费规模、消费潜力及消费便利性三方面评价了十个代表性城市群的消费发展水平⑩;叶胥等从消费规模、消费能力及消费丰度三个层次对消费的基本特征进行涵盖,从区域的消费聚集性、消费的实现功能、消费商品及服务的丰富性等

---

① NICHOLS C T. Introduction:Taking Entertainment Seriously[M]//The City as An Entertainment Machine. Leeds:Emerald Group Publishing Limited,2003:1-17.

② WALDFOGEL J. The Median Voter and the Median Consumer:Local Private Goods and Population Composition[J]. Journal of Urban Economics,2008,63(2):567-582.

③ LUCAS D,POLIDORO B. Urban Recreational Fisheries:Implications for Public Health in Metro-Phoenix[J]. Chemosphere,2019(225):451-459.

④ 吴军.大城市发展的新行动战略:消费城市[J].学术界,2014(2):82-90.

⑤ 汪婧.国际消费中心城市:内涵和形成机制[J].经济论坛,2019(5):17-23.

⑥ 陶希东.上海建设国际消费中心城市的成效、问题与对策[J].科学发展,2020(11):39-46.

⑦ 毛中根,孙豪.中国省域经济增长模式评价:基于消费主导型指标体系的分析[J].统计研究,2015(9):68-75.

⑧ 钟陆文.珠三角适宜消费城市评价研究[J].经济地理,2018(6):126-132.

⑨ 汪婧.基于熵权法的国际消费中心城市竞争力评价[J].商业经济研究,2020(21):189-192.

⑩ 钟诗梦,李平.我国消费中心城市发展水平测度与消费支点效应:基于区域一体化视角[J].商业经济研究,2021(1):167-170.

方面对长三角城市群进行综合评价①；吴娟等在厘清消费中心城市内涵后，从消费能力、消费潜力及消费现状三个维度八项指标测算长江经济区域城市的消费水平②；杨亚萍在考虑地理特色的基础上，分别从城市消费规模、消费能力及消费环境三方面综合评价了中原城市群的消费水平③。

(二)消费质量的评价指标体系

何昀指出，我国的消费质量评价研究主要蕴含于小康水平、现代化等综合性研究中，缺少专门的评价体系，并将消费质量评价划分为消费主体、消费客体及消费环境三个层次，从客观内容和主观心理两方面选取了13个指标构建了综合评价指标体系，但未进行实证分析④；朱玲基于消费质量三个层次的解读，运用居民消费能力及文化水平来衡量消费主体质量，运用消费水平及消费结构来测度消费客体质量，运用内部消费环境及外部市场环境来反映消费环境质量，并选取了22个指标对我国省域消费质量展开综合评价⑤；周奕翀和李春风进一步考虑到电子商务的兴起与发展及数字金融广泛普及给消费带来的冲击，在消费环境质量的测度中融入了虚拟环境因素，构建了26个指标，更加全面地评价了我国31个省(区、市)的消费质量⑥。

二、领域型消费评价指标体系的比较

概括而言，领域型消费评价主要从以下三个主题出发：一是绿色消费；二是文旅消费；三是以数字消费为典型的新兴领域消费。

(一)绿色消费评价指标体系

绿色消费是一个广义消费概念，与之类似的表达还有可持续消费、生态消费、低碳消费、能源消费等与环境相关的消费类型，本书对此不做具体区分。对绿色消费的评价，可以追溯至绿色经济或者环境方面的评价。其中，

①　叶胥，龙燕妮，毛中根.多层级消费城市的空间格局及驱动因素：以长三角地区41个城市为例[J].经济地理，2022(5)：75-85.

②　吴娟，曹卫东，张宇，等.长江经济带消费中心城市时空特征及驱动因素[J].长江流域资源与环境，2022(4)：759-769.

③　杨亚萍.中原城市群消费水平空间演化特征及影响机制研究[J].商业经济研究，2023(12)：189-192.

④　何昀.全面小康社会的居民消费质量评价研究[J].消费经济，2003(3)：16-20.

⑤　朱玲.我国居民消费质量评价体系构建与测度[J].商业经济研究，2018(5)：35-38.

⑥　周奕翀，李春风.我国居民消费质量评价体系构建与测度研究[J].生产力研究，2023(4)：27-31.

较具代表性的指标体系为经济合作与发展组织（OECD）的绿色增长指标体系（Green Growth Indicators），该指标体系综合考察了包括绿色生活环境在内的多种维度，广泛应用于 OECD 成员国及诸多非成员国的绿色消费评价。耶鲁大学环境法律与政策中心、哥伦比亚大学国际地球科学信息网络中心还联合编制了环境绩效指数（Environmental Performance Index，EPI）。2022 年度最新的全球环境绩效指数的指标体系由 11 个维度共 40 个指标构成，涉及领域涵盖了气候变化、环境健康和生态系统等。此外，联合国环境规划署（UNEP）将绿色经济概念界定为有利于确保社会公平正义、提升人类福祉，而且有利于保护环境和生态稳定的经济类型，从环境主题、政策干预、政策的福祉与公平效应三个方面构建了绿色经济指标体系（Green Economy Indicators），共包含 14 个二级指标、40 个三级指标，用以衡量各国绿色经济转型情况，真实且灵活地满足各国的绿色评价需求。

近年来，随着消费模式的转变与消费活动的多样化，绿色评价逐步拓展至消费领域（表 4-1）。我国商务部消费促进司发布的《2022 年中国消费市场发展报告》指出，绿色消费的蓬勃发展是当前中国消费市场最显著特征之一，是促进绿色经济发展的重要方向。对如上所述的现有的绿色消费评价指标体系进行梳理后可以发现，无论是基于全国还是基于省域范围的评价，多数研究均认为绿色消费的关键评价维度在于经济的绿色发展和社会消费的绿色化表现[1][2]。此外，也有研究指出，消费环境是绿色消费评价的必要维度，主要涉及环境污染程度、污染治理程度以及资源利用程度等，它们与经济和社会因素共同构成了绿色消费的广义内涵[3][4]。当然，也有部分研究认为消费环境不仅包含生态环境，基础设施建设、城市化水平等方面也应该包含在内[5]。值得注意的是，还有学者关注了科技进步对绿色消费的推动作用，将科技类

---

[1] 肖军，文启湘，王贵森.陕西省生态消费模式发展状况评价与对策研究[J].消费经济，2012(3):12-15.

[2] 杜延军.可持续性消费评价指标体系及综合评价模型[J].生态经济，2013(8):73-76.

[3] 于淑波，王露.我国城镇居民可持续消费行为评价[J].东岳论丛，2015(3):142-147.

[4] 张建平，季剑军，晋晶.中国可持续消费模式的战略选择与政策建议[J].宏观经济研究，2015(8):65-75.

[5] 倪琳，成金华，李小帆，等.中国生态消费发展指数测度研究[J].中国人口·资源与环境，2015(3):1-11.

指标纳入评价指标体系当中①。与此同时，"低碳"在绿色发展中的地位也逐渐凸显，学者们将绿色消费的研究视角聚焦于低碳消费，考察了低碳发展背景之下的消费理念、偏好和水平等维度②。

表 4-1　绿色消费主题综合评价指标体系比较

评价对象	评价维度	评价方法	来源
可持续性消费水平	经济可持续性消费水平、社会可持续发展水平、资源可持续利用水平、生态环境可持续发展水平	层次分析法	杜延军(2013)③
中国城镇居民可持续消费	消费经济、消费社会、消费环境	熵权法	于淑波、王露(2015)④
农村可持续消费增长潜力	农村消费经济系统、农村消费社会系统、农村消费环境系统	标准离差法	蓝震森、冉光和(2017)⑤
中国可持续消费	人口和资源、生态环境和环境保护、物质基础和精神生活、社会环境和科技进步	层次分析法	刘子兰、肖峰(2022)⑥
陕西省生态消费模式	消费可持续性、社会发展和科技进步、资源环境、环境保护与生态平衡	熵权法	肖军、文启湘、王贵森(2012)⑦
生态消费发展状况	可持续性消费、经济发展与社会和谐、资源能源节约、生态安全与环境友好	熵权法	倪琳、成金华、李小帆等(2015)⑧
生态消费发展指数	消费水平适度、消费结构合理、消费方式健康、消费规模增长、消费环境和谐	主成分分析法	倪琳、李梦琴、游雪梅(2015)⑨

①　刘子兰,肖峰.中国可持续消费水平测度及时空特征分析[J].统计与决策,2022(19):40-44.

②　辛玲.低碳消费方式的评价指标体系与综合评价模型[J].统计与决策,2011(11):31-34.

③　杜延军.可持续性消费评价指标体系及综合评价模型[J].生态经济,2013(8):73-76.

④　于淑波,王露.我国城镇居民可持续消费行为评价[J].东岳论丛,2015(3):142-147.

⑤　蓝震森,冉光和.农村可持续消费增长潜力问题及对策研究[J].农业经济问题,2017(3):45-54.

⑥　刘子兰,肖峰.中国可持续消费水平测度及时空特征分析[J].统计与决策,2022(19):40-44.

⑦　肖军,文启湘,王贵森.陕西省生态消费模式发展状况评价与对策研究[J].消费经济,2012(3):12-15.

⑧　倪琳,成金华,李小帆,等.中国生态消费发展指数测度研究[J].中国人口·资源与环境,2015(3):1-11.

⑨　倪琳,李梦琴,游雪梅.基于熵权法的我国生态消费发展状况研究[J].生态经济,2015(9):80-84.

续　表

评价对象	评价维度	评价方法	来源
消费低碳度	消费理念低碳度、消费偏好低碳度、消费水平低碳度、消费结构低碳度	层次分析法，F积分综合评价模型	辛玲（2011）[①]
能源消费	经济增长水平、能源自然禀赋、产业结构	突变级数法	孟凡生、李美莹（2012）[②]
能源消费总量	经济水平、能耗水平、社会生活、产业结构、区域特点	熵权法	刘红琴、丁哲、王泳璇等（2014）[③]

资料来源：笔者根据相关资料整理。

（二）文旅消费评价指标体系

随着人们生活水平的提高，居民消费模式逐渐由"追求数量"向"追求质量"转变，文化与旅游消费逐渐成为消费的热点。文化消费内涵丰富，涵盖了使用文化产品或服务以满足精神需求的一切消费，而在文旅融合发展的背景下，文旅消费市场与扩大内需之间的协同发展也是当前促进经济回暖的重要途径[④]。

关于旅游消费，现有研究关注了我国居民的旅游消费能力及其潜力的发展（表4-2）。对比现有指标体系可以看出，消费水平是进行旅游消费评价的基础维度，其典型量化指标为游客数量和游客停留天数；与旅游消费体验相关的消费质量亦不可忽视，主要以景区数量、旅行社数量、星级酒店数量等指标呈现，从而将旅游与住宿、餐饮等消费内容相融合。当然，部分学者在此基础上，通过劳动生产率和技术市场成交额等指标分别表征旅游产品和创新能力，从而对旅游消费质量进行了更为全面的测度[⑤][⑥]。

[①] 辛玲. 低碳消费方式的评价指标体系与综合评价模型[J]. 统计与决策，2011（11）：31-34.

[②] 孟凡生，李美莹. 我国能源消费影响因素评价研究：基于突变级数法和改进熵值法的分析[J]. 系统工程，2012（8）：10-15.

[③] 刘红琴，丁哲，王泳璇，等. 基于信息熵的省域内能源消费总量分配研究[J]. 长江流域资源与环境，2014（4）：482-489.

[④] MATO D. All Industries Are Cultural：A Critique of the Idea of "Cultural Industries" and New Possibilities for Research[J]. Cultural Studies，2009，23（1）：70-87.

[⑤] 李莹莹. 旅游消费增长的综合测度与空间效应研究：基于沿海地区的实证分析[J]. 海洋开发与管理，2021（7）：16-24.

[⑥] 刘佳，张洪香. 中国沿海地区旅游消费潜力测度与评价[J]. 地理与地理信息科学，2018（2）：94-100.

关于文化消费,多数研究将文化消费水平视为文化消费现状的直观反映和基础评价维度,然而在其评价指标选取上尚未形成一致结论(表4-2)。部分研究考察了文化消费环境、文化消费意愿与文化消费满意度等维度,如:何昀和贺辉(2017)按照文化消费的不同种类对文化消费满意度进行评价[①];曾咏梅(2008)建立了文化消费环境的综合评价指标体系,指出文化消费环境涵盖自然环境、市场环境、政策环境、基础设施环境及文化环境等多个维度[②]。此外,有少数研究将文化消费时间作为评价单位,认为消费时间是文化消费状况的直观与公正衡量[③]。由于文化消费种类的多样性,学者在指标的选取上存在较大差异,其中教育消费、艺术消费和娱乐消费是多数研究的关注焦点,也有部分研究将文化消费群体考虑在内,从群体年龄、群体职业结构和学历结构等方面综合考察文化群体在文化消费中的作用[④]。此外,部分学者考察了体育消费,主要从体育消费类型着手予以综合评价[⑤][⑥]。

表 4-2　文旅消费主题综合评价指标体系比较

评价对象	评价维度	评价方法	来源
国内旅游消费	消费潜力、消费规模、消费水平	TOPSIS 法	王新越、伍烨轩(2018)[⑦]
旅游消费潜力	旅游消费水平、旅游消费结构、旅游消费质量、旅游消费环境	灰色关联法	刘佳、张洪香(2018)[⑧]
旅游消费综合指数	旅游消费水平、旅游消费结构、旅游消费质量、旅游消费环境	熵权法	李莹莹(2021)[⑨]

---

① 何昀,贺辉.我国城镇居民文化消费满意度评价研究[J].消费经济,2017(2):9-16.

② 曾咏梅.文化消费环境模糊综合评价:以湖南文化消费环境为例[J].统计与决策,2008(2):66-68.

③ 郭熙保,储晓腾,王艺.文化消费指标体系的设计与比较:基于时间利用的新视角[J].消费经济,2015(6):44-50.

④ 国凤兰,刘庆志.文化消费统计指标体系的设计[J].统计与决策,2015(8):36-40.

⑤ 杨涛,蔡军,权德庆.我国城市居民体育消费统计指标体系的构建及优化研究[J].体育科研,2014(3):75-78.

⑥ 杨靖.我国体育消费统计指标体系构建与设计[J].中国统计,2014(8):19-20.

⑦ 王新越,伍烨轩.中国东部地区国内旅游消费与城镇化协调关系研究[J].地理科学,2018(7):1139-1147.

⑧ 刘佳,张洪香.中国沿海地区旅游消费潜力测度与评价[J].地理与地理信息科学,2018(2):94-100.

⑨ 李莹莹.旅游消费增长的综合测度与空间效应研究:基于沿海地区的实证分析[J].海洋开发与管理,2021(7):16-24.

续　表

评价对象	评价维度	评价方法	来源
生态旅游发展综合潜力	资源潜力、市场潜力、支撑潜力	层次分析法	何方永(2015)①
文化旅游消费发展水平	文化旅游消费市场、文化旅游消费产业、文化旅游消费业务	熵权法	刘军(2021)②
文化消费	文化消费环境、文化消费时间、文化消费水平、文化消费支出、文化消费群体、文化消费品、文化消费服务	层次分析法	国凤兰、刘庆志(2015)③
文化消费水平	教育培训时间、社会活动与志愿服务时间、娱乐休闲与社交活动时间、其他活动时间	德尔菲法	郭熙保、储晓腾、王艺(2015)④
文化消费水平	文化消费环境、文化消费意愿、文化消费满意度	熵权法	朱媛媛、甘依霖、李星明等(2020)⑤
文化消费环境	文化环境、自然环境、市场环境、政策环境、基础设施环境	模糊综合评价法	曾咏梅(2008)⑥
文化消费质量	文化消费水平、文化消费与收入的匹配度、文化消费的内部结构、文化消费的差异、文化消费的成本与消费效果	层次分析法	何昀、谢迟、毛中根(2016)⑦
文化消费满意度	教育消费满意度、文化艺术消费满意度、娱乐消费满意度、体育消费满意度	SEM模型	何昀、贺辉(2017)⑧
体育消费	参与类体育消费、辅助类体育消费	熵权法	李文杰(2008)⑨
体育消费	体育服务消费统计、体育信息消费统计	层次分析法	杨靖(2014)⑩

资料来源：笔者根据相关资料整理。

① 何方永.中国西部省域生态旅游发展潜力评价[J].干旱区资源与环境,2015(4):189-194.
② 刘军.空间经济学视域下文化旅游消费发展水平测量[J].商业经济研究,2021(3):50-54.
③ 国凤兰,刘庆志.文化消费统计指标体系的设计[J].统计与决策,2015(8):36-40.
④ 郭熙保,储晓腾,王艺.文化消费指标体系的设计与比较:基于时间利用的新视角[J].消费经济,2015(6):44-50.
⑤ 朱媛媛,甘依霖,李星明,等.中国文化消费水平的地域分异及影响因素[J].经济地理,2020(3):110-118.
⑥ 曾咏梅.文化消费环境模糊综合评价:以湖南文化消费环境为例[J].统计与决策,2008(2):66-68.
⑦ 何昀,谢迟,毛中根.文化消费质量:内涵刻画、描述性评价与现状测度[J].财经理论与实践,2016(5):115-120.
⑧ 何昀,贺辉.我国城镇居民文化消费满意度评价研究[J].消费经济,2017(2):9-16.
⑨ 李文杰.我国体育消费统计指标体系设计[J].统计与决策,2008(13):151-152.
⑩ 杨靖.我国体育消费统计指标体系构建与设计[J].中国统计,2014(8):19-20.

(三)数字消费评价指标体系

在当前技术创新水平不断提高的数字经济时代,消费市场的各个领域同大数据及人工智能等数字技术深度融合,数字消费受到了越来越广泛的关注。既有研究基于数字产业、数字化基础设施、数字经济活动效益等视角深入探究数字经济的内涵,并关注了数字软件、数字化产品的消费以及信息技术行业商品的消费[1][2]。

综观现有研究成果,尽管当前尚未形成针对数字消费的评价指标体系,但已有众多学者指出数字消费是数字经济的重要指向,并围绕数字经济、数字消费、线上消费满意度等主题构建了相应的指标体系,如表4-3所示。OECD对数字经济的研究起步较早,其研究报告《衡量数字经济:一个新的视角》(Measuring the Digital Economy:A New Perspective)[3]在数字经济指标体系的构建上选择了具有国际可比性的评价维度与评价指标,对数字经济的研究进程具有鲜明的指导意义。马玥(2021)围绕生产和消费的时空特征、居民消费理念和消费习惯的改变探讨了数字经济对消费市场的影响机制[4]。腾讯研究院(2019)虽然未明确指向"消费",但其提出的数字经济评价指标体系正是基于以网络购物、视频直播和在线医疗为代表的数字消费新业态及新模式而构建的[5]。部分研究基于供需视角构建数字经济评价指标体系,在需求端重点考察了数字消费与投资需求以及政务、企业数字应用需求,其中数字消费的评价指标涵盖了网络用户数、网络零售额、电子商务销售额等指标[6]。

① DENEGRI-KNOTT J,MOLESWORTH M. Concepts and Practices of Digital Virtual Consumption[J]. Consumption,Markets and Culture,2010,13(2):109-132.

② TAYIBNAPIS A Z,WURYANINGSIH L E,GORA R. The Development of Digital Economy in Indonesia[J]. IJMBS International Journal of Management and Business Studies,2018,8(3):14-18.

③ OECD. Measuring the Digital Economy:A New Perspective[EB/OL]. (2023-09-15)[2023-09-15]. https://www.oecd-ilibrary.org/sites/1443d3d7-en/index.html?itemId=/content/component/1443d3d7-en.

④ 马玥.数字经济对消费市场的影响:机制、表现、问题及对策[J].宏观经济研究,2021(5):81-91.

⑤ 腾讯研究院.《数字中国指数报告2019》:产业互联网步入黄金期[EB/OL]. (2019-05-28)[2023-09-15]. https://www.tisi.org/15098.

⑥ 高燕,徐政.供需视角下我国数字经济评价体系构建及测度[J].商业经济研究,2021(16):180-183.

此外，在消费者体验与消费环境等领域中，部分研究围绕网络管理、网站价值和网络创新能力等维度对网络消费展开综合评价①。

表 4-3　数字消费主题综合评价指标体系比较

评价对象	评价维度	评价方法	来源
数字经济	数字产业、数字文化、数字生活、数字政务	综合指数法	腾讯研究院（2019）
数字经济	数字经济需求端、数字经济供给端	熵权法	高燕、徐政（2021）②
电子商务顾客体验	信誉体验、安全保护体验、功能体验、网站设计体验、交易体验、完成体验	因子分析法	曹园园、张建同、潘永刚（2014）③
网络消费者购买意愿	网站价值、店铺价值、产品价值、服务价值	层次分析法	鲁成、朱怡怡、赵转叶等（2018）④
线上消费行为选择偏好	社会活力、经济活力、空间活力	综合指数法	马璐、孙弘（2020）⑤
网络零售消费环境	网络经营环境、网络品质管理、网络诚信管理、引领创新能力	模糊综合评价法	朱婕、施琴（2021）⑥

资料来源：笔者根据相关资料整理。

三、不同消费评价指标体系的简要述评

综观已有研究所关注的各种消费评价指标体系，关于消费主题的综合评价研究维度不一，但其评价客体多围绕行政区划展开，从全国到省域，再到城市，研究尺度也逐步细化。概括而言，不同消费主题的评价指标体系呈现出

① 朱婕，施琴.在线经济消费环境评价指标研究：基于网络零售视角[J].中国质量与标准导报，2021(4)：48-51.
② 高燕，徐政.供需视角下我国数字经济评价体系构建及测度[J].商业经济研究，2021(16)：180-183.
③ 曹园园，张建同，潘永刚.电子商务顾客体验评价指标体系研究[J].统计与决策，2014(3)：73-75.
④ 鲁成，朱怡怡，赵转叶，等.网络购物指标体系构建及其对消费者购买意愿的影响[J].丝绸，2018(6)：45-51.
⑤ 马璐，孙弘.基于大众点评网数据的商业空间线上消费行为选择偏好评价研究：以昆明市主城区为例[J].现代城市研究，2020(6)：48-55.
⑥ 朱婕，施琴.在线经济消费环境评价指标研究：基于网络零售视角[J].中国质量与标准导报，2021(4)：48-51.

如下主要特征：

一是综合型消费评价指标体系研究多以空间展开，领域型消费评价指标体系研究多以内容切入。综合型消费评价指标体系逐步从规模结构分析向消费质量转变，其评价客体多围绕"城市"和"区域"等空间格局展开。例如，随着打造国际消费中心城市理念的提出，更多研究倾向于梳理阐释国际消费中心城市的概念内涵、发展机制以及对消费城市的相关综合评价，也衍生出了适宜性消费城市评价体系、国际消费中心城市竞争力综合评价体系及消费城市发展水平综合评价体系等。比较而言，领域型消费评价指标体系则围绕绿色、文旅、数字等主题，以消费内容为切入点展开评价指标体系的探讨，且指标设计聚焦于某一内容，更为细化且深入，对数据的全面性与可得性亦提出了更高的要求。

二是消费指标维度设计多样，但量化指标设置具有较高的一致性。综观已有的与消费主题相关的指标体系设计，差异更多的是基于解读维度的创新，指标间呈现较强的通用性、交叉性及核心指标的同一性。其中，指标的通用性表明同一指标可被设置于不同维度并指征不同的维度内容。例如，汽车拥有量这一指标，在消费城市的不同研究中，分别归属于消费潜力和消费现状两个不同维度[1][2]。指标的交叉性表明不同评价指标体系中的不同指标内涵具有重叠性。例如，电商消费占比和电商企业占比均可以用于衡量居民消费便利性。核心指标的同一性则表明不同指标体系均选取了消费主题的核心指标，如居民消费支出、居民可支配收入等。

三是消费评价主题因时而变，但评价方法较为单一且传统。消费评价主题通常都具有较高的现实背景意义，如绿色消费契合我国近年来绿色转型的发展理念，数字消费响应我国当前数字经济的蓬勃发展。但关于消费综合评价方法的相关研究大多采用层次分析法、熵权法或改进的熵权法等较为传统的客观赋权法。尽管熵权法的应用较为广泛，但不可忽略其存在的局限性。对于面板数据的综合评价，要同时考虑时间和空间两个维度，通过指标数据的离散程度反映其信息，模糊了横向和纵向间的关系，如何在满足"保类、保序、保距"的综合评价原则下，采用更加合理的评价方法使评价结果在横向和

---

① 吴娟，曹卫东，张宇，等.长江经济带消费中心城市时空特征及驱动因素[J].长江流域资源与环境，2022(4)：759-769.

② 叶胥，龙燕妮，毛中根.多层级消费城市的空间格局及驱动因素：以长三角地区 41 个城市为例[J].经济地理，2022(5)：75-85.

纵向上都能够进行排序、比较、分析仍有待完善。

　　基于此，中国式现代化消费评价将在以下三个方面做出改进与优化：一是指标体系的设计兼有"空间研究"与"内容契合"两个层次。中国式现代化消费评价指标体系是开展评价的基础，在设计时既需满足多个空间主体（省份、城市……）评价分析的需求，维度设计应具有普适性而非针对性，又需紧贴"中国式现代化消费"这一主题，维度设计应全面且系统。二是细化指标的选取兼容"传统通用"与"更新具体"两个方面。在具体指标的选取上，不仅需参考大量已有研究，将消费领域的核心指标纳入评价体系，还需深度解读中国式现代化消费的内涵，将其引申至统计层面的可量化指标，设计出能够体现内涵的"新"评价指标，如基于文本挖掘的居民环境关注度。三是评价方法的选择兼顾"横向可比"与"纵向一致"两个角度。传统的评价方法通常会忽略"横向"与"纵向"的某一维度，其评价结果往往"顾此失彼"。因此，笔者将采用"逐层纵横向"拉开档次评价法，既能做到横向省份之间可比，又可实现纵向不同年份可比，提升评价结果的可应用性与可推广性。

第三节　中国式现代化消费评价指标体系构建

　　中国式现代化消费评价指标体系，一方面要立足于中国式现代化消费的理论体系，紧扣中国式现代化消费的四个维度特征，另一方面要充分借鉴消费主题的评价指标体系，从而提升评价指标体系的针对性、适用性与科学性。本节将从统计内涵解析、指标选取原则、具体指标设置三个方面完成中国式现代化消费评价指标体系的构建。

一、中国式现代化消费的统计内涵解析

　　基于中国式现代化消费的内涵，中国式现代化消费的特征维度包括四个方面，分别是：中国式现代化消费是立足于数字经济时代双循环新格局的消费；中国式现代化消费是物质消费和精神消费相协调的消费；中国式现代化消费是绿色消费需求充分激发和释放的消费；中国式现代化消费是服务全体人民共同富裕的消费。

　　可以发现，中国式现代化消费的四个特征维度环环相扣，形成了评价体系的全景。其中，数字经济时代双循环新格局为居民奠定物质基础，是物质

消费水平的核心体现；物质消费与精神消费相协调，强调消费环节应该有丰富人民精神世界的精神熏陶和精神消费。此二者构成了中国式现代化消费的两大核心消费内容——物质消费和精神消费。绿色消费需求充分激发和释放，投射到消费环节就是应该有可持续的生态文明，将当期的物质精神消费延展至关注后代福祉的可持续消费。服务全体人民共同富裕，是指消费环节应有全体人民的"富有"与"富用"，强调消费不仅是生产循环体系的最后一环，亦是再生产环节的开端。

因此，遵循消费由物质到精神、由当期到可持续、由循环末尾到再生产起始端的逻辑，本书将中国式现代化消费的统计内涵归纳为以下四个主要方面，其维度构成如图 4-1 所示。

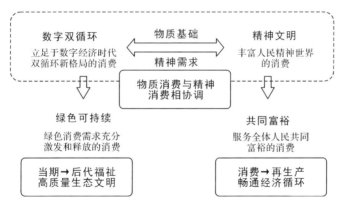

图 4-1　中国式现代化消费评价体系维度构成

资料来源：笔者根据相关资料绘制。

(一)中国式现代化消费维度之一：数字双循环

中国式现代化消费应该有高质量的物质基础，并呈现出以国内大循环为主体、国内国际双循环相互促进的新发展格局，是立足于数字经济时代的双循环新格局的消费。一方面，以消费视角切入的高质量双循环，不仅意味着国内循环注重消费环节的稳定并有效关联生产、分配、流通等环节，而且要深入参与国际商品、资本、技术和新要素循环，以高水平国际循环来促进国内循环，实现国内外高效联动，打造高质量发展的新格局，与此同时，作为我国经济发展活跃度最高的领域，数字经济在我国经济发展中的重要性日益凸显，成为驱动我国现代化的核心力量之一；另一方面，数字经济也在将自身的优势渗透进双循环的建设之中，如消费环节有利于促进经济主体交互模式转型,对于培育新型消费形态具有积极影响,可以加速实现消费扩大与升级。

因此,中国式现代化消费维度之一为"数字双循环",下设"内循环""外循环""数字消费"三个二级指标。这一维度刻画了在数字经济蓬勃发展的大环境之下,我国消费市场利用数字技术赋能并统筹国内和国际两个大局,充分释放内需潜力的程度。其中,"内循环"刻画了我国内需现状与居民消费意愿;"外循环"刻画了通过参与国际贸易实现的消费行为;"数字消费"则刻画了居民通过使用数字技术进行购物与支付的行为。

(二)中国式现代化消费维度之二:精神文明

一般而言,消费力可以分为物质消费力和精神消费力:前者是消费者为了满足自己的物质需要而消费物质消费品的能力;后者是消费者为了满足自己的精神文化需要而消费精神文化消费品的能力[1]。随着居民收入水平的提高,人们在满足物质需求的基础上对精神生活的日益丰盈和富裕形成向往,消费结构亦会由低层次逐步向高层次调整。一方面,精神文化需要是享受资料的需要,由此而衍生的享受型消费是居民为满足舒适、享受和快乐方面的需求而产生的消费,最为典型的就是文化娱乐消费;另一方面,精神文化需要是发展资料的需要,由此而衍生的发展型消费是为了自身未来更好地发展而进行的消费,最为典型的就是教育消费。

因此,中国式现代化消费维度之二为"精神文明",下设"文化娱乐""教育资源"两个二级指标。这一维度刻画了居民在文娱与教育方面的消费情况。其中,"文化娱乐"刻画了居民在精神层面的相关消费需求满足情况;"教育资源"刻画了居民的教育水平以及教育资源的整体布局水平。

(三)中国式现代化消费维度之三:绿色可持续

中国式现代化是人口规模巨大的现代化,亦是人与自然和谐共生的现代化,意味着居民生活、生态环境、资源利用等各方面取得积极进展,这必然具有高度的复杂性和综合性。在发展过程中,要探索低碳、绿色、集约等新型化的模式,一方面要立足社会核心矛盾,与时俱进地推出绿色产品,满足绿色发展需求,形成有效的绿色产品供给;另一方面,要厚植日常消费的生态底色,倡导简约生活模式,倡导理性消费,抵制消费主义[2]。

---

① 尹世杰.论精神消费力[J].经济研究,1994(10):71-76.
② 王茹.人与自然和谐共生的现代化:历史成就、矛盾挑战与实现路径[J].管理世界,2023(3):19-30.

因此,中国式现代化消费维度之三为"绿色可持续",下设"绿色供给""绿色生活"两个二级指标。这一维度刻画了日常绿色产品的供给以及居民生活的能源消耗水平。其中,"绿色供给"刻画了绿色产品和服务的供给水平;"绿色生活"则刻画了居民日常的能源消耗强度与环境关注度。

(四)中国式现代化消费维度之四:共同富裕

党的二十大召开之后,扩大内需成为经济发展的重中之重。消费的这种基础性作用也包括对共同富裕的基础性作用。富裕不仅仅是收入水平提高,更是由收入而达成需求的更多满足,当然离不开高质量消费。一方面,应充分发挥消费"共享"效应。社会消费更多是群体性的,也是通过消费项目多样化、内容综合化,在特色和多元中带动消费者群体性消费的。也就是说,个别有钱人购买、使用商品,并不能达成群体消费那样的消费功能、消费满足感。消费有着共享内涵,消费尤其是群体消费有助于共享型富裕的实现。另一方面,还需充分发挥消费"造富"作用。人类需求的满足需要消费,所以将收入运用于消费,且能够将足量收入运用于所需求的消费,得到充分的消费满足,才是更完整的富裕内涵。

因此,中国式现代化消费维度之四为"共同富裕",下设"成果共享""生活富裕"两个二级指标。这一维度从"共同"和"富裕"两个方面对居民消费及其生活水平进行评价。其中,"共同"体现为"成果共享"二级指标,刻画了总体、城乡的发展和消费差距;"富裕"体现为"生活富裕"二级指标,刻画了人民的物质富裕程度以及生活质量水平。

二、中国式现代化消费评价指标选取原则

(一)指标内涵方面:清晰且准确,指标间信息不重叠

中国式现代化消费具备以数字消费为动力、培养绿色可持续理念、注重精神文明以及推动共同富裕的基本特征。在设置评价指标时,所选择的指标应能准确度量居民消费的真实水平,具有明确的指征含义和充分的选取依据,如考察消费水平的同时,须将居民的收入水平以及价格因素同时纳入评价指标体系。同时也应突出指标体系的代表性,尽可能保证指标之间的信息不具有重叠性,如居民可支配收入的基尼系数与居民可支配收入的泰尔指数,二者均可指征收入差距水平,选择其一即可。

（二）指标量化方面：数据易于获取，口径上纵横向可比

中国式现代化消费评价指标体系既需要用于长时期的追踪刻画，又需要用于截面空间省域之间的比较分析。在具体指标的选取过程中，应充分考虑指标数据的可获得性，尤其需要关注指标数据的纵向可比与横向可比。例如：用于刻画城乡居民收入差距的指标"城乡可支配收入倍差"，在计算时需先获取"农村居民可支配收入"数据，2015 年及以前，国家统计局发布的是"农村居民纯收入"，与"农村居民可支配收入"口径有所差异，纵向上不具有可比性，因此需要对 2015 年及以前的数据口径进行调整；用于刻画贸易升级的指标"高技术产品进出口占比"仅在全国层面上可以获取数据，无法满足横向可比的要求，因此需要进行替换。在此原则之下，中国式现代化消费评价指标体系的指标应保持纵向口径一致，兼顾横向口径一致，使得指标数据具有连贯性、一致性。

（三）指标功能方面：简洁刻画现状，政策上具有指导性

构建中国式现代化消费评价指标体系的初衷是全面评价中国式现代化消费水平现状，并为扩大内需、提升消费质量、推进中国式现代化进程等相关政策的制定提供参考与指导。因此，选取指标时应注重指标的现实意义，如指征绿色食品的"有效使用绿色食品标志的产品数"这一指标，是对绿色食品供给程度的直接刻画，通过纵向或横向的比较分析可以清晰地呈现出绿色食品供给情况。此外，若无法通过统计指标直接予以呈现，指标的测度方法不应过于复杂与烦琐，如社会安定指数，以失业率和 CPI 的倒数形式予以呈现，计算简单且含义明确。

三、中国式现代化消费评价指标设置

（一）数字双循环

在数字双循环维度的指标设置方面，构建内循环、外循环、数字消费三个二级指标，如表 4-4 所示。内循环主要表现为激发和扩大内需，包括消费保障、消费规模、消费贡献、消费倾向等，具体指标设置为居民可支配收入、居民消费支出、消费贡献率、居民平均消费倾向。外循环主要表现为参与国际贸易促进需求形成，包括对外开放、入境消费、外商投资、外贸升级等，具体指标设置为对外开放度、国际旅游收入、外国直接投资占比、出口技术复杂度。数字消费主要表现为使用数字技术进行购物、支付等行为，包括互联网、数字消

费、数字基建、普惠程度、电商交易等,具体指标包括互联网综合发展指数、网上零售额、光缆线路长度、中国数字普惠金融指数、电子商务交易活动的企业数量。

表 4-4　数字双循环维度指标构成

维度指标	二级指标	三级指标	具体指标设置
数字双循环	内循环	消费保障	居民可支配收入
		消费规模	居民消费支出
		消费贡献	消费贡献率
		消费倾向	居民平均消费倾向
	外循环	对外开放	对外开放度
		入境消费	国际旅游收入
		外商投资	外国直接投资占比
		外贸升级	出口技术复杂度
	数字消费	互联网	互联网综合发展指数
		数字消费	网上零售额
		数字基建	光缆线路长度
		普惠程度	中国数字普惠金融指数
		电商交易	电子商务交易活动的企业数量

资料来源:笔者根据中国式现代化消费的统计内涵设计。

具体指标内涵及其主要计算方法如下。

居民可支配收入:居民可用于最终消费支出和储蓄的收入的总和,即居民可用于自由支配的收入,既包括现金收入,也包括实物收入。

居民消费支出:居民用于满足家庭日常生活消费需要的全部支出,既包括现金消费支出,也包括实物消费支出。

消费贡献率:常住单位为满足物质、文化和精神生活的需要,从本国经济领土和国外购买的货物与服务的支出占国内生产总值的比重。具体计算公式为:消费贡献率=最终消费/GDP。

居民平均消费倾向:居民对商品需求的趋向性,定量表现为消费支出占收入的比重。具体计算公式为:居民平均消费倾向=居民消费支出/居民可支配收入。

对外开放度：一个国家或区域通过有形贸易方式与世界经济相关联的深度，定量表现为进出口贸易总额与国内生产总值的比值。具体计算公式为：对外开放度＝进出口贸易总额/国内生产总值。

国际旅游收入：入境游客在中国旅行、游览过程中，用于交通、参观游览、住宿、餐饮、购物、娱乐等方面的全部花费。

外商直接投资占比：外国投资者在我国境内通过设立外商投资企业、合伙企业、与中方投资者共同进行石油资源的合作勘探开发以及设立外国公司分支机构等方式进行投资，其投资金额与 GDP 之比。

出口技术复杂度：衡量出口产品中包含的技术和知识产权的价值以及这些技术和知识产权在国际市场上的竞争力。具体计算请参阅本书第五章第一节。

互联网综合发展指数：基于互联网应用和产出角度，由互联网普及率、互联网相关从业人员、互联网相关产出和移动互联网用户数四个指标，具体通过主成分分析法综合而成。

网上零售额：通过公共网络交易平台（包括自建网站和第三方平台）实现的商品和服务零售额之和。

光缆线路长度：光缆线路总长度。

中国数字普惠金融指数：由北京大学研究团队开发，从数字金融覆盖广度、数字金融使用深度和普惠金融数字化程度等三个维度来构建数字普惠金融指数。

电子商务交易活动的企业数量：具有电子商务交易活动的企业数量总和。

（二）精神文明

在精神文明维度的指标设置方面，构建文化娱乐、教育资源两个二级指标，如表 4-5 所示。文化娱乐主要表现为满足居民精神层面需求的消费，包括文娱消费、文旅经费、文娱价格、场馆阅读等，具体指标包括居民文教娱乐服务消费支出占比、人均文化和旅游事业费、教育文化娱乐价格指数、公共图书馆总流通人次。教育资源主要用于满足居民文化学习需求，包括教育年限、义务教育、非义务教育、教育经费等，具体指标包括平均受教育年限、义务教育生师比、非义务教育生师比、人均教育经费。

表 4-5　精神文明维度指标构成

维度指标	二级指标	三级指标	具体指标设置
精神文明	文化娱乐	文娱消费	居民文教娱乐服务消费支出占比
		文旅经费	人均文化和旅游事业费
		文娱价格	教育文化娱乐价格指数
		场馆阅读	公共图书馆总流通人次
	教育资源	教育年限	平均受教育年限
		义务教育	义务教育生师比
		非义务教育	非义务教育生师比
		教育经费	人均教育经费

资料来源:笔者根据中国式现代化消费的统计内涵设计。

具体指标内涵及其主要计算方法如下:

居民文教娱乐服务消费支出占比:居民用于教育、文化和娱乐方面的支出占总支出的比重。计算公式为:居民文教娱乐服务消费支出占比＝教育文化娱乐支出/居民消费支出。

人均文化和旅游事业费:各级财政对文化和旅游系统主办单位的经费投入与常住人口之比。

教育文化娱乐价格指数:反映一定时期内城乡居民所购买的教育文化娱乐消费品和服务项目价格变动趋势与程度的相对数。

公共图书馆总流通人次:向社会公众免费开放,收集、整理、保存文献信息并提供查询、借阅及相关服务,开展社会教育的公共文化设施在一定时期内的流通人次总和。

平均受教育年限:一定时期、一定区域某一人口群体接受学历教育(包括成人学历教育,不包括各种学历培训)的年数总和的平均数。

义务教育生师比:在册学生数与义务教育中在编教师数之比。

非义务教育生师比:在册学生数与非义务教育中在编教师数之比。

人均教育经费:各级财政对教育的经费投入与常住人口之比。

(三)绿色可持续

在绿色可持续维度的指标设置方面,构建绿色供给与绿色生活两个二级指标,如表 4-6 所示。绿色供给主要表现为绿色产品的有效供给,包括绿色生产、绿色食品、公共交通、公园绿地等，具体指标包括绿色食品原料标准化生产基地平均面积、有效使用绿色食品标志的产品数、每万人拥有公共汽电车量、人均公园绿地面积。绿色生活主要表现为居民生活的基本资源消耗，包括低碳消费、居民电耗、居民水耗、居民能耗、环境关注等，具体指标包括居民碳排放强度、居民用电量强度、居民用水量强度、居民能耗强度、百度环境指数。

表 4-6　绿色可持续维度指标构成

维度指标	二级指标	三级指标	具体指标设置
绿色可持续	绿色供给	绿色生产	绿色食品原料标准化生产基地平均面积
		绿色食品	有效使用绿色食品标志的产品数
		公共交通	每万人拥有公共汽电车量
		公园绿地	人均公园绿地面积
	绿色生活	低碳消费	居民碳排放强度
		居民电耗	居民用电量强度
		居民水耗	居民用水量强度
		居民能耗	居民能耗强度
		环境关注	百度环境指数

资料来源：笔者根据中国式现代化消费的统计内涵设计。

具体指标内涵及其主要计算方法如下。

绿色食品原料标准化生产基地平均面积：符合绿色食品产地环境质量标准，按照绿色食品技术标准、全程质量控制体系等要求实施生产与管理，建立健全并有效运行基地管理体系，具有一定规模，并经中国绿色食品发展中心审核批准的种植区域或养殖场所的平均面积。

有效使用绿色食品标志的产品数：在一定行政区域内，有效使用绿色食品标志的产品数。

每万人拥有公共汽电车量：在一定行政区划内，每万人平均拥有公共汽电车的数量。

人均公园绿地面积：城镇公园绿地面积的人均占有量。

居民碳排放强度：居民碳足迹与居民消费支出之比。碳足迹计算详见第五章第一节。

居民用电量强度:居民生活用电量与居民消费支出之比。

居民用水量强度:居民生活用水量与居民消费支出之比。

居民能耗强度:居民生活能源消耗量与居民消费支出之比。

百度环境指数:反映公众对环境的关注度,通过爬取与环境相关的词汇并进行指数测算得出,包含低碳、二氧化硫、二氧化碳、环境保护、环境污染、减排、节水、可持续、空气质量、绿地、绿化、绿色、排污、清洁能源、去污、全球变暖、生态、酸雨、温室效应、污染、污水、雾霾、循环、$PM_{2.5}$等在内。

(四)共同富裕

在共同富裕维度的指标设置方面,构建成果共享和生活富裕两个二级指标,如表 4-7 所示。成果共享主要表现为总体、地区和城乡的发展/消费差异系数不断缩小。当然,这并不意味着没有任何差距,而是差距保持在合理范围之内。生活富裕主要考察人民的物质富裕情况和生活质量水平,其中用富裕强度、居民消费水平考察居民物质富裕状况,用居民车辆情况、社会稳定状况考察居民的生活质量水平。

表 4-7 共同富裕维度指标构成

维度指标	二级指标	三级指标	具体指标设置
共同富裕	成果共享	城乡发展差异	城乡可支配收入倍差
		城乡消费差异	城乡消费倍差
		地区发展差异	地区可支配收入基尼系数
	生活富裕	富裕强度	富裕强度指数
		居民消费水平	恩格尔系数
		居民车辆情况	居民车辆拥有量
		社会稳定状况	社会安定指数

资料来源:笔者根据中国式现代化消费的统计内涵设计。

具体指标内涵及其主要计算方法如下。

城乡可支配收入倍差:城镇居民可支配收入与农村居民可支配收入之比。

城乡消费倍差:城镇居民消费支出与农村居民消费支出之比。

地区可支配收入基尼系数:具体请参阅本书第五章第一节。

富裕强度指数:个人富裕程度与国家富裕程度之积,具体请参阅本书第五章第一节。

恩格尔系数：居民食品支出与居民消费支出之比。

居民车辆拥有量：每百户年末家用汽车拥有量。

社会安定指数：城镇登记失业率或居民消费价格指数 CPI 的倒数。城镇登记失业率或 CPI 越高，表明社会不安定程度越高，社会安定指数得分越低。

第五章

中国式现代化消费指数测算与分析

在梳理现有研究成果与厘析统计内涵的基础上,本章将运用综合评价法对中国式现代化消费指数进行实际测算与评价分析。

第一节　中国式现代化消费指数测算

本节从评价方法、具体指标统计以及指数综合测算三个方面完成中国式现代化消费指数的测算。

一、"逐层纵横向"拉开档次评价法

中国式现代化消费指数,既需要做到横向省份之间可比,又需要做到纵向不同年份之间可比。目前,综合指数的测算方法主要有熵值法、TOPSIS法、因子分析法、主成分分析法等,这些综合评价方法虽然在应用层面已经较为成熟,但需要对数据进行截面切割,即将面板数据视作静态截面数据,对时序立体数据的评价存在局限性。相较之下,"逐层纵横向"拉开档次评价法——基于时序立体数据构建多层级指标体系,分别从纵向和横向上使得评价结果可以最大限度地差异化,进而拉开评价对象间的档次,使得评价结果更加合理、直观且容易区分[①]。基于此,本研究将选取"逐层纵横向"拉开档次评价法对中国式现代化消费指数进行测算。具体来看,操作步骤主要分为四个环节:

---

① 董军,国方媛.多层次系统的动态评价研究[J].运筹与管理,2011(5):176-184.

第一步,收集并整理原始数据,构造原始矩阵。收集 30 个省份(不含西藏、港澳台地区)在 2012—2021 年间各项具体指标的数值,在此基础上构造原始数据的矩阵 $\boldsymbol{X}=(X_{i,j,t})$,其中 $X_{i,j,t}$ 表示 t 年第 i 个省份的第 j 个中国式现代化消费的评价指标数值。

第二步,指标的标准化处理。由于中国式现代化消费评价指标体系中的指标性质不同,存在数值量级差异以及量纲差异,不具有可比性,因此首先要对数据进行规范化处理。在无量纲化处理过程中,采用不同的无量纲化方法会得到不同的评价结果,即无量纲化方法的选取决定了评价结果的可靠性[①]。因此采用分时极值标准化处理,公式如下:

$$\text{正指标:} \quad X_{i,j,t}^{*} = \frac{X_{i,j,t} - X_j^{\min}}{X_j^{\max} - X_j^{\min}} \tag{5-1}$$

$$\text{负指标:} \quad X_{i,j,t}^{*} = \frac{X_j^{\max} - X_{i,j,t}}{X_j^{\max} - X_j^{\min}} \tag{5-2}$$

其中,$X_j^{\max}$、$X_j^{\min}$ 分别是第 j 个指标在所有时刻的最大值和最小值。由此得到标准化后的数据矩阵 $\boldsymbol{X}^{*}=(X_{i,j,t}{}^{*})$。

第三步,逐层确定各指标层权重。根据处理后的标准化矩阵计算综合对称矩阵,具体公式如下:

$$\boldsymbol{H}^{S} = \sum_{t} \boldsymbol{H}_{t}^{S} = \sum_{t} \boldsymbol{X}^{*\mathrm{T}} \boldsymbol{X}^{*} \tag{5-3}$$

进而求得综合对称矩阵的最大特征值及其所对应的最大特征向量,对特征向量进行归一化处理得到权重系数向量,记作 $\boldsymbol{\omega}^{S}=(\omega_1,\omega_1,\cdots,\omega_{n_S})$,其中 S 为中国式现代化消费指标体系的某一指标层,n_S 表示第 S 指标层内的指标数量。

第四步,计算中国式现代化消费综合指数。根据综合评价函数求得 S 层各指标综合评价值,并将其作为 $S-1$ 指标层中指标数值,进行新一轮权重计算,这样指标层由内到外,通过以上步骤层层迭代,便可求得各层级指标权重。最终通过综合评价函数求得中国式现代化消费指数。综合评价函数具体如下:

$$y_{t}^{S} = \sum_{j=1}^{n_S} \omega_j X_{i,j,t}^{*} \tag{5-4}$$

---

① 李玲玉,郭亚军,易平涛.无量纲化方法的选取原则[J].系统管理学报,2016(6):1040-1045.

二、中国式现代化消费评价指标的测度

(一)主要数据来源

本研究各主要指标的数据来源于历年的《中国统计年鉴》、各省份的综合统计年鉴与国民经济统计公报,以及具体领域的《中国能源统计年鉴》《绿色食品统计年报》等公开资源。评价时间区间为 2012—2021 年。

(二)部分指标测度

1. 出口技术复杂度

借鉴豪斯曼等(Hausmann et al., 2007)、代中强(2014)的处理[1][2],基于 30 个省份 27 个行业的出口数据计算产品出口技术复杂度(PRODY),进而计算得到各个省份的出口技术复杂度(EXPY),测算公式如下:

$$EXPY_i = \sum_k \left(\frac{a_{ik}}{A_i}\right) PRODY_k \tag{5-5}$$

$$PRODY_k = \sum_i \frac{a_{ik}/A_i}{\sum_i (a_{ik}/A_i)} Y_i \tag{5-6}$$

式中,$EXPY_i$ 表示第 i 个省份的出口复杂度,$PRODY_k$ 表示产品 k 的出口技术复杂度,a_{ik}/A_i 代表第 i 个省份产品 k 占第 i 个省份总出口的比重,Y_i 代表第 i 个省份实际人均 GDP,$\frac{a_{ik}}{A_i}$ 代表第 i 个省份产品 k 出口占其总出口比重。

2. 居民碳排放强度

居民碳排放包括两个基本组成部分[3]:其一,居民消费产生的直接碳排放,例如做饭、交通、取暖等一系列日常生活消耗能源形成的碳排放。其二,居民通过消费活动而产生的间接碳排放,例如生活消费中的非能源商品的生产活动产生的碳排放。居民碳排放强度的测算公式为:

居民消费直接碳排放:$E_{i1} = \sum_j H_{ij} Q_{ij}$ $\qquad$ (5-7)

居民消费间接碳排放:$E_{i2} = \boldsymbol{F} \cdot (\boldsymbol{I} - \boldsymbol{A})^{-1} \cdot \boldsymbol{Y}$ $\qquad$ (5-8)

① HAUSMANN R, HWANG J, RODRIK D. What You Export Matters[J]. Journal of economic growth, 2007(12):1-25.

② 代中强. 知识产权保护提高了出口技术复杂度吗?:来自中国省际层面的经验研究[J]. 科学学研究,2014(12):1846-1858.

③ 徐丽笑,王亚菲. 我国城市碳排放核算:国际统计标准测度与方法构建[J]. 统计研究,2022,39(7):12-30.

居民消费总的碳排放：$E_i = E_{i1} + E_{i2}$ (5-9)

式中，E_{i1} 表示 i 省居民消费直接碳排放；E_{i2} 表示 i 省居民消费间接碳排放；H_{ij} 代表 i 省 j 种能源的温室气体排放因子；Q_{ij} 代表 i 省 j 种能源的直接消耗量；F 为 i 省投入产出表中 n 个部门的直接碳排放强度向量，即该省各行业各种能源消耗产生的碳排放在其行业总产出中的占比；$(I-A)^{-1}$ 为列昂惕夫逆矩阵；Y 代表 i 省各部门最终消费对角阵；E_i 代表 i 省居民消费碳排放强度，是 i 省居民消费直接及间接碳排放的加总。

3. 地区可支配收入基尼系数

借鉴达格姆（Dagum,1998）、吕承超和崔悦（2020）的测算思路[1][2]，本研究按照子群方法将地区可支配收入基尼系数分解为地区内差距、地区间差距和超变密度。遵循国家统计局对我国经济区域的划分，将各省份按照东、中、西、东北四个地区分别计算基尼系数，计算公式为：

$$G = \frac{\sum_{i=1}^{l} \sum_{j=1}^{l} \sum_{k=1}^{n_i} \sum_{h=1}^{n_j} |D_{ik} - D_{jh}|}{2n^2 \overline{D}}$$ (5-10)

$$G_{ii} = \frac{\frac{1}{2\overline{D_i}} \sum_{j=1}^{n_i} \sum_{h=1}^{n_i} |D_{ik} - D_{ih}|}{n_i^2}$$ (5-11)

$$G_{ij} = \frac{\sum_{k=1}^{n_i} \sum_{h=1}^{n_j} |D_{ik} - D_{jh}|}{n_i n_j (\overline{D_i} + \overline{D_j})}$$ (5-12)

式中，l 代表地区划分个数，n 代表所有省份数，D_{ik}、D_{jh} 分别表示 i、j 地区内 k、h 省可支配收入水平，n_i、n_j 分别代表 i、j 地区中省份的个数，$\overline{D}$ 代表所有省份可支配收入水平的均值；G_{ii}、G_{ij} 分别表示 i 地区的基尼系数以及 i、j 地区之间的基尼系数，$\overline{D_i}$、$\overline{D_j}$ 则分别表示 i 地区与 j 地区可支配收入均值。进一步地，对基尼系数进行分解，公式如下：

$$P_i = \frac{n_i}{n}$$ (5-13)

---

[1]　DAGUM C. A New Approach to the Decomposition of the Gini Income Inequality Ratio [M]. Berlin：Springer, 1998.

[2]　吕承超,崔悦.中国高质量发展地区差距及时空收敛性研究[J].数量经济技术经济研究,2020(9)：62-79.

$$Q_i = \frac{n_i \overline{D_i}}{n\overline{D}} \tag{5-14}$$

$$L_{ij} = \int_0^\infty \mathrm{d}F_i(D) \int_0^C (D-x)\mathrm{d}F_j(x) \tag{5-15}$$

$$M_{ij} = \int_0^\infty \mathrm{d}F_j(D) \int_0^C (D-x)\mathrm{d}F_i(x) \tag{5-16}$$

$$N_{ij} = \frac{L_{ij} - M_{ij}}{L_{ij} + M_{ij}} \tag{5-17}$$

式中,L_{ij} 代表地区间可支配收入水平的差值,M_{ij} 为超变一阶矩,为所有 $D_{jh} - D_{ik} > 0$ 样本的数学期望,函数 F_i、F_j 表示 i 地区与 j 地区的累计密度分布函数;N_{ij} 则代表 i 地区与 j 地区之间可支配收入水平的相对影响。基于上述定义,基尼系数的分解可表示为:

$$G_w = \sum_{i=1}^l G_{ii} P_i Q_i \tag{5-18}$$

$$G_b = \sum_{i=2}^l \sum_{j=1}^{i-1} G_{ij} N_{ij} (P_i Q_j + P_j Q_i) \tag{5-19}$$

$$G_t = \sum_{i=2}^l \sum_{j=1}^{i-1} G_{ij} (P_i Q_j + P_j Q_i)(1 - N_{ij}) \tag{5-20}$$

式中,G_w 代表地区内差距,G_b 代表地区间差距,G_t 代表超变密度。

4. 富裕强度指数

借鉴李金昌和余卫(2022)的测算思路[①],将富裕强度指数细分为国家富裕强度与个人富裕强度两个部分,测算公式如下:

$$A_i = \frac{d_i}{p_i} \times \frac{r_i}{g_i} \tag{5-21}$$

式中,d_i、p_i 分别表示 i 地区的人均可支配收入和人均 GDP,其比值代表个人富裕强度;r_i、g_i 分别代表 i 地区的财政收入和地区 GDP,其比值代表国家富裕强度;以二者乘积代表总体富裕强度。需要指出的是,衡量国家富裕强度的一个计算方式是求地区 GDP 与总产出的比值,即以 GDP 的有效度表征国家富裕强度,但由于总产出数据随投入产出表公布,时效性难以保证,因此本书以地区财政收入与地区 GDP 的比值测度国家富裕强度。

---

① 李金昌,余卫. 共同富裕统计监测评价探讨[J]. 统计研究,2022(2):3-17.

三、中国式现代化消费指数的综合测算

（一）指标体系的权重测算结果

本研究利用"逐层纵横向"拉开档次评价法，首先对面板评价指标数据进行矩阵化处理；其次对基础指标数据进行一致化处理与无量纲处理；再次利用矩阵的最大特征值与最大特征向量求解非线性规划问题，得到某一层内权重系数向量；最后逐层迭代求得各层级指标权重。权重计算具体结果详见表5-1所示。

根据测算，四个维度指标的权重呈现"一高三平"的特征："一高"为共同富裕维度，为唯一一个权重超过0.25的维度；"三平"为其余三个维度，分别是绿色可持续（0.2453）、数字双循环（0.2333）、精神文明（0.2317）。其中，共同富裕不仅仅是收入水平提高和分配均衡，更是由收入而达成居民美好需求的更多满足，是"富有"向"富用"的进阶升级，从而成为中国式现代化消费的核心体现，亦是有别于以往消费评价指标体系的特色所在。细化至三级指标，排名前四的指标分别位于四个维度之内，依次是隶属于共同富裕维度的居民消费水平（0.0409）、精神文明维度的非义务教育（0.0406）、绿色可持续维度的低碳消费（0.0388）、数字双循环维度的电商交易（0.0366），在一定程度上表明四个维度的三级指标选取具有较高的代表性与科学性。

表5-1　中国式现代化消费指数评价指标权重系数

维度指标	二级指标	三级指标	权重
中国式现代化消费指数	数字双循环（0.2333）			
	内循环（0.1161）	消费保障	0.0284
		消费规模	0.0285
		消费贡献	0.0343
		消费倾向	0.0297
	外循环（0.0990）	对外开放	0.0216
		入境消费	0.0304
		外商投资	0.0126
		外贸升级	0.0305
	数字消费（0.1052）	互联网	0.0216
		数字消费	0.0018
		数字基建	0.0297

续　表

	维度指标	二级指标	三级指标	权重
中国式现代化消费指数	数字双循环 (0.2333)	数字消费 (0.1052)	普惠程度	0.0322
			电商交易	0.0366
	精神文明 (0.2317)	文化娱乐 (0.0953)	文娱消费	0.0326
			文旅经费	0.0323
			文娱价格	0.0272
			场馆阅读	0.0092
		教育资源 (0.1121)	教育年限	0.0276
			义务教育	0.0139
			非义务教育	0.0406
			教育经费	0.0273
	绿色可持续 (0.2453)	绿色供给 (0.0813)	绿色生产	0.0212
			绿色食品	0.0193
			公共交通	0.0250
			公园绿地	0.0275
		绿色生活 (0.1202)	低碳消费	0.0388
			居民电耗	0.0301
			居民水耗	0.0307
			居民能耗	0.0308
			环境关注	0.0315
	共同富裕 (0.2898)	成果共享 (0.1388)	城乡发展差异	0.0278
			城乡消费差异	0.0292
			地区发展差异	0.0277
		生活富裕 (0.1338)	富裕强度	0.0229
			居民消费水平	0.0409
			居民车辆情况	0.0275
			社会稳定状况	0.0208

资料来源：笔者根据相关公式测算整理。

（二）中国式现代化消费指数的趋势分析

总体而言，中国式现代化消费指数走势呈现出显著的阶段性特征：2012—2015 年为迅猛增长阶段、2016—2019 年为平稳增长阶段、2020—2021 年为波动增长阶段，如图 5-1 所示。

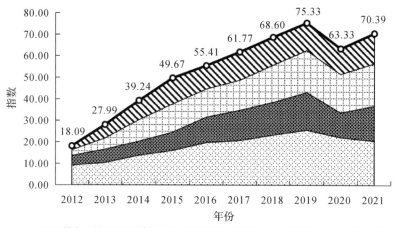

图 5-1　中国式现代化消费指数及分维度指数走势

资料来源：笔者根据相关公式测算绘制。

1. 2012—2015 年：迅猛增长

党的十八大提出了高质量发展的重要战略目标，要求积极推动产业转型升级，突出内需对经济发展的重要性，以顶层设计为切入点，加速实现消费升级。在此背景下，中国式现代化消费指数得分从 2012 年的 18.09 增长到 2015 年的 49.67，年均增速达到 40.04%，这是近 10 年以来增速最大的一个阶段。

2. 2016—2019 年：平稳增长

随着部分消费潜力的迅速释放，中国式现代化消费指数的基数增大，指数的得分增长趋势开始有所放缓。中国式现代化消费指数的得分自 2016 年以来，以 10.77% 的年均增速增长至 2019 年的 75.33，并于 2019 年达到近年来的峰值。

3. 2020—2021 年：波动增长

2020 年全球经济环境遭遇冲击使得内需严重受损，以 15.93% 的降幅体现于中国式现代化消费指数的得分之中，2020 年的指数得分回落至与 2017 年相当的水平。而后，国内一系列刺激消费、促进内需的政策协同发力，力挽消费颓势之狂澜,终将 2021 年的指数得分拉回至 70.39。虽然这一得分依然稍低于 2019 年,但其差距已然缩小至 4.94,释放出了积极信号。

(三)中国式现代化消费指数的维度分析

在剖析完总指数的基础上,进一步细分维度进行考察,从而更为清晰地看出总指数为何呈现如此走向。

1. 数字双循环维度奠定中国式现代化消费基础,贡献占比领先于其他维度

2012 年,数字双循环维度指数得分为 9.19,占综合指数的 50.80%,是构成中国式现代化消费指数的最核心维度,亦为其他消费维度奠定良好的物质基础。而后,随着精神文明、绿色可持续、共同富裕维度的奋起直追,2013 年该维度的贡献占比直接下降至 36.97%,至 2021 年,这一贡献占比虽然降为 29.13%,较2012 年下降了 21.67 个百分点,但其贡献水平仍然高于其他三个维度。

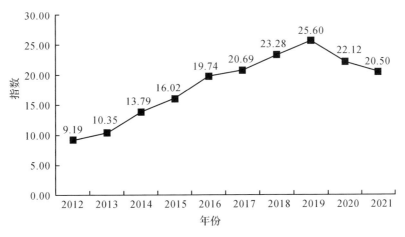

图 5-2　数字双循环维度指数走势

资料来源:笔者根据相关公式测算绘制。

2. 精神文明维度稳步提升,协同趋势向好

2012 年,精神文明维度指数得分为 4.45,占综合指数的 24.59%,与表征物质基础的数字双循环维度指数得分之比为 0.4842。而后,精神文明维度指数得分以年均 15.51% 的增速提升至 2021 年的 16.29,虽然占综合指数的比重稍有下降,但与数字双循环维度指数得分之比提升至 0.7946,在一定程度上表明精神文明消费与物质消费的协同度有所提升。此外,精神文明维度呈现出脆弱性,在四个维度中受到全球经济环境冲击最为严重,其 2020 年的指数得分较2019 年直接下降了 34.42%,与数字双循环维度指数得分之比亦回落至 0.5194。

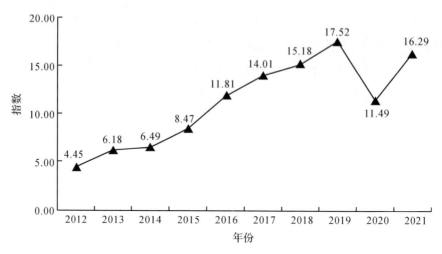

图 5-3 精神文明维度指数走势

资料来源:笔者根据相关公式测算绘制。

3. 绿色可持续维度快速扩张,仅次于数字双循环维度

2012年,绿色可持续维度指数得分占综合指数的比重为14.39%,比数字双循环维度指数得分占比少了36.41个百分点。得益于近年来我国"绿色转型""双碳目标""可持续发展"等一系列顶层部署,绿色可持续维度增长迅速,年均增速达25.19%。从2012年以来,绿色可持续维度指数与数字双循环维度指数的得分差距共缩小了34.48个百分点。

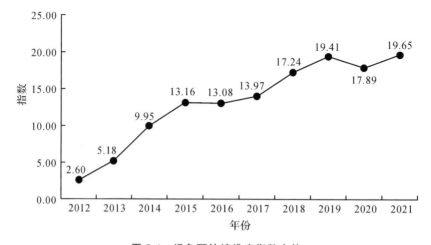

图 5-4 绿色可持续维度指数走势

资料来源:笔者根据相关公式测算绘制。

4. 共同富裕维度受外部冲击最小,但该维度的消费潜力仍需进一步激活

2012 年,共同富裕维度指数得分为 1.85,逐步增长至 2019 年的 12.80,年均增速达到 31.87%。2020 年,全球经济环境的负向冲击使得该维度指数得分下降至 11.84。然而,无论是绝对下降还是相对下降,共同富裕维度受到的外部环境的负向冲击最小,具有较强的稳定性。与此同时,值得注意的是,共同富裕维度的权重为 0.2898(表 5-1),高于其他三个维度,但这一优势并未在维度指数的得分中予以体现,在一定程度上表明中国式现代化消费推进共同富裕的潜力还未完全显现,尚需进一步激活。

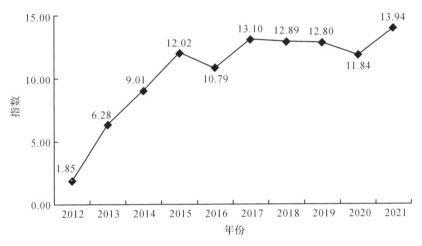

图 5-5　共同富裕维度指数走势

资料来源:笔者根据相关公式测算绘制。

第二节　中国式现代化消费指数的省份分析

基于对中国式现代化消费指数全景式的把握,本节将更为具体地从省份层面对比分析中国式现代化消费指数发展的趋势及差异性,从而进一步全面把握中国式现代化消费发展状况。

一、中国式现代化消费总指数的省份分析

通过逐层横向拉开档次法算得 2012—2021 年各省份的中国式现代化消费指数得分,得分总体递增,但各省份消费得分发展基数不同,增速各异,展

现不同维度优势,2021 年的结果详见表 5-2。可以根据各个省份的中国式现代化消费指数综合得分,划分为 5 档。第一档:>75 分,包含北京、上海、浙江和江苏 4 个省份;第二档:65—75 分,包含山东、黑龙江、广东、天津、河南、重庆、内蒙古、吉林和安徽 9 个省份;第三档:60—65 分,包含辽宁、湖南、海南、湖北、陕西、河北、江西、山西和四川 9 个省份;第四档:55—60 分,包含福建、广西、宁夏和甘肃 4 个省份;第五档:<55 分,包含青海、新疆、贵州和云南 4 个省份。综合来看,中国式现代化消费指数综合得分排在第一档的省份均属于经济发达地区,2012 年以来的消费指数平均增速分别为北京 3.40%、上海 3.11%、浙江 5.04% 和江苏 3.76%,增势稳定;综合得分排在第五档的地区均隶属于西部地区,虽然综合得分不及其他省份,但增速显著高于发达地区,分别为青海 10.33%、新疆 4.22%、贵州 16.79%、云南 6.96%,在一定程度上表明这些地区具有较大的消费增长潜力。

表 5-2　2021 年中国式现代化消费指数综合得分

省份	综合得分	排名	维度一 数字双循环	维度二 精神文明	维度三 绿色可持续	维度四 共同富裕
北京	86.91	1	26.98	18.40	21.40	20.13
上海	83.51	2	24.62	17.03	20.37	21.49
浙江	79.07	3	22.43	16.88	19.66	20.10
江苏	78.03	4	21.35	16.67	20.87	19.16
山东	71.36	5	18.01	15.24	21.91	16.20
黑龙江	70.78	6	17.39	15.68	18.70	18.58
广东	68.80	7	21.14	14.42	14.27	18.97
天津	68.80	8	20.01	13.72	18.86	16.21
河南	68.09	9	19.29	12.34	18.60	17.86
重庆	66.86	10	16.36	12.95	20.55	17.00
内蒙古	66.42	11	14.23	17.49	18.40	16.30
吉林	65.90	12	12.15	17.63	20.31	15.81
安徽	65.01	13	19.38	12.24	18.45	14.93
辽宁	64.83	14	19.79	14.25	17.50	13.28
湖南	63.70	15	17.63	15.28	14.96	15.83

续　表

省份	综合得分	排名	维度一 数字双循环	维度二 精神文明	维度三 绿色可持续	维度四 共同富裕
海南	63.41	16	20.41	13.03	16.72	13.26
湖北	62.63	17	14.81	13.69	15.02	18.85
陕西	62.38	18	16.73	13.24	16.71	15.71
河北	62.31	19	16.00	12.26	16.50	17.55
江西	61.25	20	19.30	11.90	14.34	15.70
山西	60.42	21	17.11	15.19	15.36	12.76
四川	60.09	22	17.95	10.90	14.93	16.32
福建	59.91	23	15.93	11.24	16.98	15.76
广西	58.75	24	18.20	11.70	15.25	13.60
宁夏	57.64	25	13.51	14.25	13.60	16.29
甘肃	55.96	26	16.98	13.67	13.26	12.05
青海	54.72	27	17.80	10.67	11.04	15.21
新疆	52.49	28	17.03	12.35	9.56	13.55
贵州	47.20	29	13.53	12.58	9.10	11.99
云南	46.21	30	15.78	11.18	5.92	13.32

资料来源：笔者根据相关公式测算整理。

二、数字双循环维度的省份分析

（一）数字双循环维度得分与增速协同度低，形成"剪刀差"格局

根据测算，2021 年中国式现代化消费指数的数字双循环维度得分区间为 [12.15, 26.98]，变异系数为 0.1775；2012—2021 年间年均增速区间为 [4.72%，27.40%]，详见表 5-3。其中，数字双循环维度得分排名前十位的省份为北京、上海、浙江、江苏、广东、海南、辽宁、安徽、江西和河南；数字双循环维度得分年均增速排名前十位的省份为内蒙古、贵州、吉林、河北、宁夏、广西、山西、青海、海南和云南。其中，仅有海南一省的维度得分排名与年均增速排名均在前十位，其余省份的数字双循环维度得分与平均增速呈现"一高一低"特征，得分高则增速低、增速高则得分低，形成"剪刀差"格局，如图 5-6 所示。

表 5-3　2021 年数字双循环维度得分及年均增速情况

省份	维度得分	排名	年均增速/%	排名	省份	维度得分	排名	年均增速/%	排名
北京	26.98	1	8.62	26	内蒙古	14.63	27	27.40	1
上海	24.62	2	4.72	30	贵州	13.53	28	26.73	2
浙江	22.43	3	9.00	25	吉林	12.15	30	25.14	3
江苏	21.35	4	7.17	28	河北	16.00	23	23.30	4
广东	21.14	5	4.94	29	宁夏	13.51	29	22.73	5
海南	20.41	6	17.09	9	广西	18.20	11	20.91	6
辽宁	19.79	7	8.25	27	山西	17.11	18	20.63	7
安徽	19.38	8	13.40	19	青海	17.80	15	18.70	8
江西	19.30	9	13.02	22	海南	20.41	6	17.09	9
河南	19.29	10	14.81	16	云南	15.78	25	16.98	10

资料来源:笔者根据相关公式测算整理。

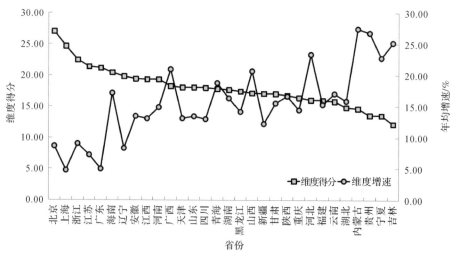

图 5-6　2021 年数字双循环维度得分(左轴)与年均增速(右轴)

资料来源:笔者根据相关公式测算绘制。

(二)数字消费渐成主导,内、外循环表现相对稳定

进一步考察数字双循环维度下的二级指标——内循环、外循环、数字消费,其表现详见表 5-4。整体而言,数字消费的得分贡献在 40% 以上,江苏、广

东、浙江三省的数字消费贡献更是达到了 55% 左右的水平。可以发现,得分排名靠前省份的数字双循环增长主要由数字消费这个二级指标驱动,如北京、上海、浙江、江苏和广东的数字消费年均增幅均在 10% 以上,且均高于内、外循环的年均增幅。对于得分排名靠后的省份而言,除了数字消费,内循环或者外循环亦是不可忽视的重要驱动力,如:内蒙古的数字双循环增长呈现出"数字消费＋内循环"协同模式,其年均增幅分别为 26.82% 和 26.93%;贵州则为"数字消费＋外循环"协同模式,其年均增幅分别为 38.98% 和 36.75%。虽然得分排名靠后的省份增速显著高于得分排名靠前的省份,但由于得分排名靠后的省份的内、外双循环以及数字消费基础较为薄弱,与北京、上海、浙江等省份存有较大差距,以至于如此高的增速尚未带来得分排名的实际攀升。

表 5-4　部分省份数字双循环维度二级指标层

省份	2012 年					2021 年					
	得分	排名	内循环	外循环	数字消费	得分	排名	年均增速/%	内循环	外循环	数字消费
北京	12.82	2	5.02	3.61	4.19	26.98	1	8.62	6.90	8.39	11.69
上海	13.07	1	4.90	4.58	3.59	24.62	2	4.72	6.86	6.78	10.98
浙江	8.93	6	2.18	2.49	4.26	22.43	3	9.00	4.56	5.54	12.33
江苏	10.61	4	1.28	4.27	5.06	21.35	4	7.17	3.56	5.65	12.13
广东	11.09	3	2.45	4.41	4.22	21.14	5	4.94	3.76	5.68	11.70
甘肃	4.78	24	2.93	1.21	0.63	17.09	26	15.21	5.29	4.60	7.20
内蒙古	2.31	28	0.40	1.00	0.90	14.63	27	27.40	3.42	3.55	7.66
贵州	1.94	30	1.38	0.22	0.35	13.53	28	26.73	3.09	3.68	6.77
宁夏	2.14	29	1.36	0.31	0.47	13.51	29	22.73	3.98	3.07	6.46
吉林	2.66	27	0.60	1.21	0.85	12.15	30	25.14	1.11	4.27	6.78

资料来源:笔者根据相关公式测算整理。

三、精神文明维度的省份分析

(一)精神文明维度得分省份间差距较小,教育资源占据核心

根据测算,2021 年中国式现代化消费指数的精神文明维度得分区间为 [10.67,18.40],变异系数为 0.1556,如图 5-7 所示。其中,精神文明得分最高的省份是北京,紧随其后的是吉林、内蒙古、上海、浙江、江苏,得分均高于

16.50;超过 7 成的省份得分为 11—16 分,分数较为集中;四川和青海分别以
10.90 和 10.67 分排在末位。从二级指标来看,教育资源的得分显著高于文
化娱乐,尤其是北京、上海 2 个地区,教育资源的贡献占比分别达到 76.78%
和 73.39%。不难发现,居民高质量的精神文明消费提升离不开良好且扎实
的教育基础。

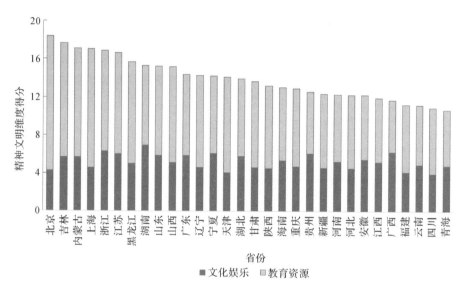

图 5-7　2021 年各省份精神文明维度得分

资料来源:笔者根据相关公式测算绘制。

(二)精神文明维度易受冲击,文化娱乐消费具有脆弱性

中国式现代化消费的精神文明维度的一个典型特征是容易受到外部的
冲击,对消费行为具有快传导性,这亦是导致中国式现代化消费总指数于
2020 年下降的核心原因之一。以全球性的经济负向冲击为例,2020 年 30 个
省份的精神文明维度得分无一例外地呈现负增长态势,尤以文化娱乐消费较
为明显,如图 5-8 所示。作为人们享受文化娱乐商品获得精神愉悦的一类
消费,文化娱乐消费的前提是整体生活环境的安定以及物质需求的基本满
足,这些实现后人们才会对感官享受和精神愉悦形成需求。相较之下,教育
资源消费是学习获得或发展知识和技能的主要途径之一,已逐渐成为人们
日常衣食住行之外的新型刚需,其稳定性高于文娱消费。2020 年,除青海
之外,所有省份文化娱乐消费的降幅显著大于教育资源消费。其中,相较于
2019 年,上海、黑龙江、北京、天津的文化娱乐消费降幅分别为 38.83%、

35.05%、34.36%和34.01%,相应的教育资源降幅分别为13.32%、10.90%、13.76%和16.15%。

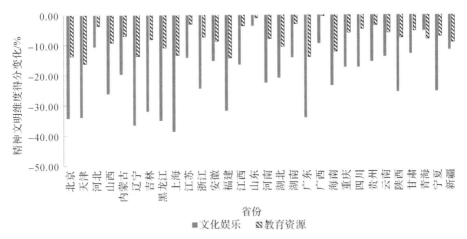

图 5-8 **2020 年各省份精神文明维度得分变化(与 2019 年相比)**

资料来源:笔者根据相关公式测算绘制。

四、绿色可持续维度的省份分析

绿色可持续维度得分省份间差距较大,绿色生活模式为关键。根据测算,2021 年中国式现代化消费指数的绿色可持续维度得分区间为[5.92,21.91],变异系数为 0.2383,如图 5-9 所示。其中,山东、北京、江苏、重庆、上海和吉林 6 个省份的得分均高于 20 分;浙江、天津、黑龙江紧随其后,得分在19—20 之间;而云南、贵州、新疆 3 个省份的得分不及 10 分。中国式现代化绿色消费短板凸显。从细分的二级指标来看,绿色供给的平均占比为9.96%,而绿色生活的平均占比则达到了 90.04%,表明实现绿色可持续的关键在于居民日常生活向低碳化、低能耗转变。目前,虽然日常生活的各类能耗强度逐步走低,但其基数偏高使得整体的能耗强度下降有限,尤其是云南、贵州、新疆等省份。此外,这些省份的居民对于环境的关注程度较为稳定,亦未有显著提升。这说明,中国式现代化消费中的绿色可持续要求依旧任重道远。

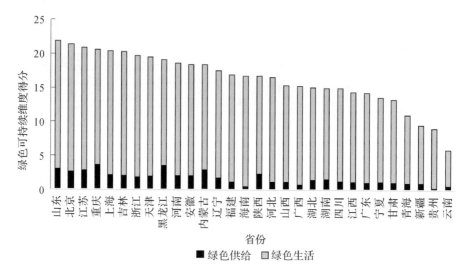

图 5-9   2021 年各省份绿色可持续维度得分

资料来源:笔者根据相关公式测算绘制。

五、共同富裕维度的省份分析

(一)东部地区的共同富裕维度基础好且相对稳定,中部地区增长迅猛

根据测算,2012 年中国式现代化消费指数的共同富裕维度得分区间为 [4.80,17.26],变异系数为 0.3089;2021 年共同富裕维度得分区间为[12.05, 21.49],变异系数缩小至 0.1557,如图 5-10 所示。从细分省份来看,2021 年, 共同富裕维度得分排名前三的省份集中于东部沿海地区,分别为上海(21.49)、 北京(20.13)、浙江(20.10),较 2012 年分别增长 31.09%、16.58%和 45.85%,其 增幅排名为第 25 名、第 28 名和第 20 名。共同富裕维度增幅最大的省份集中 于中部地区,如:重庆从 2012 年的 6.00 提升至 2021 年的 17.00,增幅达到 183.33%,为增幅最大的省份;贵州和四川则分别从 4.80、6.67 提升至 11.99、 16.32,增幅达到 149.79%、144.68%,亦遥遥领先于东部地区。

(二)共同富裕维度得分主要靠"生活富裕"推动,共享效益有待进一步释放

2021 年,共同富裕维度下生活富裕指标的平均贡献为 57.93%、成果共享 指标的平均贡献为 42.07%。共同富裕维度排名前三的上海、北京、浙江,生 活富裕指标贡献分别为 58.14%、58.86%和 60.61%,均高于平均贡献水平。 细究 3 个省份的三级指标,隶属于成果共享二级指标下的城乡可支配收入倍 差、城乡消费倍差以及地区可支配收入基尼系数在全国均处于较高水平,如 北京城乡可支配收入倍差达到 1.98、浙江地区可支配收入基尼系数达到

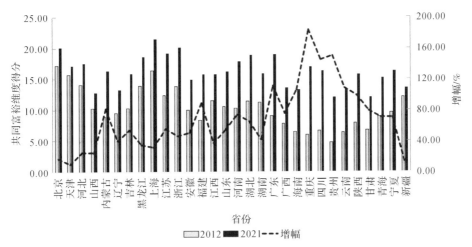

图 5-10 2012 年和 2021 年各省份共同富裕维度得分(左轴)及其增幅(右轴)

资料来源:笔者根据相关公式测算绘制。

0.48,均显著高于全国平均水平。然而,这些省份由于出色的经济表现,在"生活富裕"这个二级指标上得到较高分数,有效地弥补了成果共享程度的不足,其共享效益有待进一步释放。

相较之下,生活富裕与成果共享指标贡献相当的省份,共同富裕维度的得分排名并不十分理想,如海南的生活富裕与成果共享指标贡献分别为49.47%和50.53%,但其共同富裕综合得分仅13.26,排在第27名。在下一阶段,落后省份应先以中国式现代化消费推进生活富裕,缩小与先进省份的差距,后共享发展成果,实现真正的共同富裕。

第三节 中国式现代化消费水平的空间关联分析

为进一步探析中国式现代化消费水平的关联模式与时序衍化特征,本节将引入修正的引力模型与社会网络分析法,以各省份为节点构建中国式现代化消费水平的空间关联网络,考察其关联方向、关联程度及结构特征。

一、修正的引力模型与社会网络分析法

(一)修正的引力模型

引力模型是物理学理论和经济学理论有机结合的产物,该模型将牛顿万有引力定律应用于经济学领域,从而探究了经济社会在空间层面上互相作用

的机制和逻辑[1]。鉴于各省份中国式现代化消费水平的空间关联会受到自身发展水平的影响而呈现出非对称特征，本书在研究过程中参考了刘华军等（2015）的策略[2]，以各省份中国式现代化消费水平对空间关联的贡献率修正引力常量，构建引力矩阵以刻画中国式现代化消费在省份之间的联系强度。修正的引力模型为：

$$Y_{ij} = k\frac{C_iC_j}{D_{ij}^2} \tag{5-22}$$

$$k = \frac{C_i}{C_i + C_j} \tag{5-23}$$

式中，Y_{ij} 表示省份 i 与省份 j 之间中国式现代化消费水平的引力强度；k 为修正后的引力常量，以省份 i 在两省中国式现代化消费水平关联中的贡献率表示；C_i、C_j 分别表示省份 i 与省份 j 的中国式现代化消费水平；D_{ij} 表示省份 i 与省份 j 之间的省会（或直辖市）距离，由 ArcGIS 计算得出。根据上式计算出省份中国式现代化消费水平之间的引力矩阵 $(Y_{ij})_{30\times30}$，用于刻画省份间中国式现代化消费水平的关联程度。

（二）社会网络分析法

在确定中国式现代化消费水平的引力矩阵后，需要通过社会网络分析法（Social Network Analysis，SNA）构建区域空间关联网络[3][4]，并选用系列特征指标刻画不同省份在中国式现代化消费网络中的地位和作用，详见表5-5。

表5-5　SNA指标及其含义

指标	计算公式	变量含义
网络密度	$D = \frac{\sum_{i=1}^{n}\sum_{j=1}^{n}T_{ij}}{N(N-1)}, i\neq j$	D 为网络密度；T_{ij} 为节点 i 与节点 j 之间的关联强度；N 为节点数

① 白俊红,王钺,蒋伏心,等.研发要素流动、空间知识溢出与经济增长[J].经济研究,2017(7):109-123.
② 刘华军,刘传明,孙亚男.中国能源消费的空间关联网络结构特征及其效应研究[J].中国工业经济,2015(5):83-95.
③ 朱庆华,李亮.社会网络分析法及其在情报学中的应用[J].情报理论与实践,2008(2):179-183,174.
④ 马述忠,任婉婉,吴国杰.一国农产品贸易网络特征及其对全球价值链分工的影响——基于社会网络分析视角[J].管理世界,2016(3):60-72.

续　表

指标	计算公式	变量含义
点度中心度	$C_1(i) = \dfrac{\sum\limits_{i=1}^{n} T_{ij}}{N-1}, C_0(i) = \dfrac{\sum\limits_{j=1}^{n} T_{ij}}{N-1}$	$C_1(i)$ 为节点 i 标准化点入度；$C_0(i)$ 为节点 i 标准化点出度
中间中心度	$C_B(i) = \sum\limits_{j=1}^{n} \sum\limits_{k=1}^{n} \dfrac{g_{jk}(i)}{g_{jk}}, j \neq k \neq i$	$C_B(i)$ 为节点 i 的中间中心度；g_{jk} 和 $g_{jk}(i)$ 分别为节点 j 与节点 k 之间的捷径数、节点 j 与节点 k 之间经过节点 i 存在的捷径数

资料来源:笔者根据相关资料整理。

1. 整体网络形态

中国式现代化消费的整体网络形态可以通过网络密度、网络关联度、网络等级度等指标予以刻画[1][2]。其中,中国式现代化消费网络密度越大,表明省份间的消费紧密程度越高;网络关联度越高,表明省份间的消费形态稳健性越强;网络等级度越高,表明消费网络等级结构越森严、边缘节点越多。

2. 节点关联分析

中国式现代化消费的网络节点关联特征可以通过点度中心度和中间中心度等指标予以刻画。其中,点度中心度是网络中其他节点与某一节点的直接关联,其数值与节点的网络地位呈正比;中间中心度则反映了某一节点在网络中的中介功能或"中间"连接程度,其数值与该节点对其他相连节点的中介作用呈正比,通常以某节点处于其他节点之间捷径的频率来计算。

3. 凝聚子群分析

中国式现代化消费的小团体聚集现象可以采用凝聚子群分析方法进行聚类,将消费水平联系紧密且具有相似结构的省份划分到同一凝聚子群。这一方法可以表征空间关联网络的聚类特征,同时能够对比子群间的联系程度和变化趋势,有助于进一步分析各凝聚子群在关联网络中的作用[3]。

① 刘传明,马青山.黄河流域高质量发展的空间关联网络及驱动因素[J].经济地理,2020(10):91-99.

② 刘华军,刘传明,孙亚男.中国能源消费的空间关联网络结构特征及其效应研究[J].中国工业经济,2015(5):83-95.

③ 周良君,丘庆达,陈强.粤港澳大湾区体育产业空间关联网络特征研究:基于引力模型和社会网络分析[J].广东社会科学,2021(2):100-108.

二、中国式现代化消费的整体网络形态

本书基于中国式现代化消费引力矩阵 $(G_{ij})_{30 \times 30}$，通过 Ucinet 软件的可视化工具 Netdraw 绘制了 2012—2021 年全国中国式现代化消费网络结构图，其中 2012 年与 2021 年中国式现代化消费网络结构如图 5-11 和图 5-12 所示。

观察图 5-11 和图 5-12，各个省份的中国式现代化消费呈现出较为典型的网络结构形态。但比较两图，2012 年和 2021 年的中国式现代化消费网络未有显著变化，省份之间的消费关联未得到显著增强，这一网络结构形态保持相对稳定。从数据来看，省份之间的空间关联数从 2012 年的 128 条上升至 2021 年的 154 条，9 年间仅增加了 26 条，整体网络密度从 0.147 上升至 0.177，提升了 20.41%。虽然省份间中国式现代化消费联系有所加强，集聚以及扩散能力均出现一定程度的强化，但需引起关注的是，联通可达、关联紧密的中国式现代化消费网络格局尚未形成。

进一步考察不同省份的关联情况，可以发现，中国式现代化消费网络结构存在明显的地区分异。东部发达省份的核心地位突出，如上海、江苏、浙江、北京、山东等省份与其他省份的关联程度显著高于其他省份。中部地区呈现出的省份之间的关联程度虽不及东部省份，但其关联省份既有东部省份，也有西部省份，如湖南、山西等省份，表现出桥梁作用。西部地区省份的地理位置相对偏远，消费水平受到限制，与其他省份互动不足，存在明显的地域

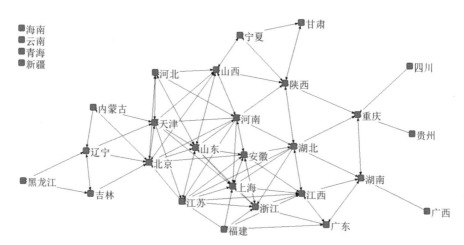

图 5-11　2012 年中国式现代化消费网络

资料来源：笔者根据相关公式测算绘制。

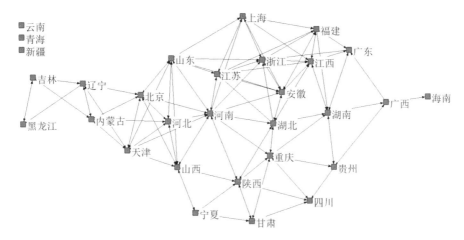

图 5-12　2021 年中国式现代化消费网络

资料来源:笔者根据相关公式测算绘制。

分割现象。其中,云南、青海与新疆在中国式现代化消费网络中始终处于孤立状态,在近 10 年内未有变化。

三、中国式现代化消费水平的节点关联分析

为了揭示各省份在中国式现代化消费关联网络中的地位与作用,本研究测度了全国 30 个省份的点度中心度和中间中心度,详见表 5-6 和表 5-7。

就点度中心度来看,这一指标刻画了中国式现代化消费网络中其他省份与某一省份的直接关联数量,用以衡量该省份在中国式现代化消费网络中的地位,可以根据关联方向细分为入度中心度和出度中心度。其中,前者为某一省份被其他省份所关联的情况,后者为某一省份关联其他省份的情况。入度中心度各省份均值从 2012 年的 4.27 提升至 2021 年的 5.13,表明 2012 年以来,中国式现代化消费的资源要素流动速度有所加快,双向效应具有一定幅度的强化,但是要素流动活跃程度十分有限。具体而言,2012 年以浙江、上海、江苏为代表的省份出度中心度小于入度中心度,表明这些省份会被其他省份所关注并关联,往往会通过溢出效应辐射带动周边省份推进中国式现代化消费水平的提升;2015 年以辽宁、河南、湖北为代表的省份出度中心度大于入度中心度,属于受益省份,此类地区需要承接核心区域的外溢资源以推动本省份的中国式现代化消费水平提升;2015 年以重庆、天津、河北为代表的省份出度中心度和入度中心度水平并不存在较大差异,辐射效应、吸收效应相当,整体呈现出均衡状态。与此同时,青海、新疆和云南的入度中心度和出度

中心度均为 0,再次印证了这些区域的中国式现代化消费水平相对较低且远离关联网络。

就中间中心度来看,这一指标区别于仅局限于两个省份的关联的点度中心度,它可以刻画三个以上省份之间的联系,主要衡量省份的中介作用,数据越大,表明该省份控制并配置消费资源的能力越强。各省份均值从 2012 年的 28.67 增长至 2021 年的 38.67,表明节点省份的中国式现代化消费中介关联程度较之前有所提升。其中,北京、天津、重庆、河南、山东等省份的中国式现代化消费中间中心度高于全国均值,在中国式现代化消费网络中发挥桥梁作用,和其他省份之间形成紧密的链接关系,从而形成消费共同体。与之相比,黑龙江、海南、云南、青海和新疆的中间中心度为 0,在中国式现代化消费网络中难以对其他省份形成影响,处于整个网络的边缘或被孤立于网络之外。

表 5-6　2012、2015 年中国式现代化消费水平的关联节点

省份	2012 年			2015 年		
	入度	出度	中间	入度	出度	中间
北京	10	6	101.29	8	7	94.00
天津	7	8	63.44	7	7	52.00
河北	5	5	3.11	6	6	12.67
山西	7	7	65.64	7	7	59.92
内蒙古	2	3	0.00	4	4	1.33
辽宁	5	4	63.48	4	5	48.00
吉林	2	3	4.31	2	3	24.00
黑龙江	2	2	0.00	2	1	0.00
上海	9	5	20.43	7	5	12.90
江苏	9	6	44.43	8	7	29.71
浙江	8	5	20.07	9	6	24.81
安徽	7	8	36.00	7	8	26.08
福建	3	5	3.52	7	6	15.36
江西	8	8	56.04	7	8	21.95
山东	8	9	49.08	8	9	66.78
河南	6	10	56.38	9	11	159.44

省份	2012 年			2015 年		
	入度	出度	中间	入度	出度	中间
湖北	6	9	89.96	6	8	96.15
湖南	5	4	37.17	7	6	74.74
广东	3	4	3.25	4	4	2.13
广西	0	1	0.00	2	2	2.79
海南	0	0	0.00	0	0	0.00
重庆	5	3	51.77	5	5	57.60
四川	0	1	0.00	3	3	4.17
贵州	0	1	0.00	2	3	4.63
云南	0	0	0.00	0	0	0.00
陕西	6	6	82.90	7	7	110.34
甘肃	2	2	0.00	3	3	1.00
青海	0	0	0.00	0	0	0.00
宁夏	3	3	7.75	3	3	6.50
新疆	0	0	0.00	0	0	0.00
均值	4.27	4.27	28.67	4.80	4.80	33.63

资料来源：笔者根据相关公式测算整理。

表 5-7　2018、2021 年中国式现代化消费水平的关联节点

省份	2018 年			2021 年		
	入度	出度	中间	入度	出度	中间
北京	7	6	72.21	7	7	68.25
天津	7	6	72.21	7	7	68.25
河北	6	6	23.43	6	6	25.33
山西	7	7	82.65	7	7	44.52
内蒙古	4	4	3.11	5	5	43.17
辽宁	4	5	96.00	4	5	50.25
吉林	2	2	25.00	3	3	25.75

续　表

省份	2018 年			2021 年		
	入度	出度	中间	入度	出度	中间
黑龙江	2	1	0.00	2	1	0.00
上海	7	5	15.07	7	6	15.90
江苏	8	7	36.09	8	7	27.20
浙江	8	6	30.68	9	5	14.29
安徽	7	7	29.52	8	8	31.35
福建	5	5	6.18	6	7	20.41
江西	7	8	44.55	8	8	34.70
山东	8	9	101.73	8	9	65.07
河南	7	10	122.00	10	12	202.00
湖北	6	8	106.00	6	8	60.42
湖南	6	6	102.02	7	6	88.58
广东	5	4	20.45	4	4	12.00
广西	3	4	51.03	3	4	51.00
海南	1	1	0.00	1	1	0.00
重庆	6	6	68.12	7	7	111.74
四川	3	3	0.00	4	3	3.86
贵州	3	3	10.82	3	4	25.47
云南	0	0	0.00	0	0	0.00
陕西	7	7	105.03	7	7	59.49
甘肃	4	4	5.68	4	4	5.91
青海	0	0	0.00	0	0	0.00
宁夏	3	3	7.40	3	3	5.07
新疆	0	0	0.00	0	0	0.00
均值	4.77	4.77	41.23	5.13	5.13	38.67

资料来源：笔者根据相关公式测算整理。

四、中国式现代化消费水平的凝聚子群分析

为了探究全国各省份中国式现代化消费水平是否呈现出相似的特征,此处借鉴金灿阳等(2022)[①]所建议的标准——最大切分深度为2、集中标准为0.2,将中国式现代化消费活动联系比较紧密且消费特征较为相似的省份划分为同一凝聚子群。一方面,通过考察子群内部密度来量化表征同一凝聚子群内部各个省份之间的消费活动关联程度;另一方面,通过考察子群外部密度来量化表征不同凝聚子群之间的消费活动关联程度。由此从内、外两个层面来表征不同的消费凝聚子群在整体中国式现代化消费网络中的作用,测算结果详见表5-8。

2012—2021年,中国式现代化消费的凝聚子群构成较为稳定,仅部分省份有小调整,未见明显的变化。从2021年凝聚子群分布结果来看,子群1大多位于中国东南沿海地区,包括江苏、江西、福建、广东、湖北、浙江、安徽、上海8个省份;子群2除了海南和广西,其他则集中于内陆腹地,包括湖南、甘肃、重庆、贵州、四川等省份;子群3大多集中于北部地区,包括黑龙江、河北、天津、河南、山东、辽宁、山西、北京、吉林、内蒙古10个省份;子群4位于西部偏远地区,包括云南、陕西、宁夏、青海、新疆5个省份。

表5-8 中国式现代化消费网络凝聚子群划分

年份	子群	省份	子群	省份
2012	1	江苏、江西、福建、广东、湖北、浙江、安徽、上海	3	黑龙江、河北、天津、河南、山东、辽宁、山西、北京、吉林、内蒙古
	2	湖南、广西、重庆、贵州、四川	4	云南、海南、宁夏、青海、新疆、陕西、甘肃
2018	1	江苏、江西、福建、广东、湖北、浙江、安徽、上海	3	黑龙江、陕西、云南、青海、宁夏、吉林、新疆
	2	海南、湖南、甘肃、广西、重庆、贵州、四川	4	河南、山西、天津、北京、河北、辽宁、内蒙古、山东

① 金灿阳,徐蔼婷,邱可阳.中国省域数字经济发展水平测度及其空间关联研究[J].统计与信息论坛,2022,37(6):11-21.

年份	子群	省份	子群	省份
2021	1	江苏、江西、福建、广东、湖北、浙江、安徽、上海	3	黑龙江、河北、天津、河南、山东、辽宁、山西、北京、吉林、内蒙古
	2	海南、湖南、甘肃、广西、重庆、贵州、四川	4	云南、陕西、宁夏、青海、新疆

资料来源：笔者根据相关公式测算整理。

基于各凝聚子群密度进一步建立全国各省份中国式现代化消费网络密度矩阵，详见表 5-9。可以看出，在 2012—2021 年间，关联网络整体密度不断上升，子群内部及子群之间的联系同样趋于紧密，省份间中国式现代化消费的联系强度逐年增大。

表 5-9 中国式现代化消费网络密度矩阵

2012	1	2	3	4	2018	1	2	3	4
1	0.679	0.100	0.087	0.018	1	0.696	0.071	0.018	0.094
2	0.100	0.250	0.000	0.029	2	0.089	0.095	0.082	0.000
3	0.125	0.000	0.489	0.043	3	0.018	0.082	0.429	0.071
4	0.018	0.029	0.043	0.143	4	0.125	0.000	0.089	0.714
整体密度		0.147			整体密度		0.164		
2015	1	2	3	4	2021	1	2	3	4
1	0.714	0.125	0.075	0.018	1	0.732	0.089	0.075	0.025
2	0.125	0.550	0.000	0.086	2	0.089	0.452	0.014	0.114
3	0.112	0.000	0.533	0.043	3	0.112	0.014	0.544	0.060
4	0.018	0.086	0.043	0.143	4	0.025	0.114	0.060	0.100
整体密度		0.166			整体密度		0.177		

资料来源：笔者根据相关公式测算整理。

2021 年，内部密度从高到低依次为子群 1＞子群 3＞子群 2＞子群 4。其中，子群 1、子群 3 和子群 2 的内部密度均高于整体网络密度，表明这 3 个子群内部成员的中国式现代化消费关联程度较强；子群 4 内部密度低于整体网络密度，表明内部成员的中国式现代化消费关联程度较弱。构成这一结构的主要原因在于各个子群内部的省份差异较大。其中，子群 1 由上海、江苏、浙江、广东等多个中国式现代化消费高水平省份构成,通过吸引效应促进了消费要素流通,有效提升了成员之间的消费活跃度,子群内部密度得到显著改善。相较之下,受地理因素、发展水平等因素影响,来自西北地区各个省份之间的消费互动的活跃度偏低,内部密度相对较低,消费互动水平不及子群1。

此外,子群内部密度高于子群之间的密度,反映出中国式现代化消费要素流通在子群内部的关系更加密切。在后续的中国式现代化消费发展进程中,不仅需要关注子群内部省份之间的消费活动关联,更要加强子群之间的消费活动关联,增强消费资源与要素在不同子群之间的流动与交互。当然,随着我国经济社会发展水平的不断提升、现代化进程的持续加快,各个地区消费活动的活跃度将不断提升,亦有助于推动子群之间的消费互动关联。

第六章

中国式现代化消费问题与挑战

根据中国式现代化消费的评价结果,本章进一步指出中国式现代化消费存在的若干关键问题以及面临的主要挑战,从而为中国式现代化消费的健康发展和持续升级提供借鉴和启示。

第一节　中国式现代化消费的主要问题

近年来,我国消费正经历一场前所未有的巨大变革,消费升级趋势显著:我国消费已经进入全新的阶段,正向实现中国式现代化消费不断迈进。然而,消费的升级与调整也对我国政府、企业和消费者等相关组织与个人提出了更高的要求,需要在数字双循环、精神文明、绿色可持续和共同富裕等方面进一步调整和优化。

一、数字双循环发展困境

在当前阶段,我国必须着力建设融合数字技术的双循环体系,以此更好地为中国式现代化消费服务。然而,当前阶段内循环存在居民可支配收入有限、居民倾向于储蓄、消费意愿低的问题。同时,居民消费支出潜力未完全发挥的情况也较为普遍,不同地域之间居民人均可支配收入存在一定差距,城乡居民可支配收入差距较大。从外循环的角度来看,我国的出口存在技术困境,技术"卡脖子"现象严重。而从数字消费的角度来看,我国数字消费始终存在农村数字消费未完善、数字消费环境规范性弱的问题。

(一)内需不足问题显著

1.居民可支配收入有限,居民消费平均倾向低

近年来,随着我国经济的发展,居民收入已经有了显著的提高。国家统计局发布的报告指出(图 6-1),2021 年我国居民人均可支配收入 35128 元,该数据相较于 2012 年实现了 18618 元的增长。① 2022 年,我国居民人均可支配收入达到 36883 元,相较于 2021 年增长 5.0%,扣除价格因素后,实际增长到达 2.9%。② 由此可见,我国居民收入增速较快,收入结构不断改善,已经拥有了一定的消费能力。

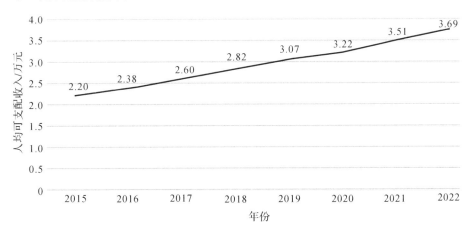

图 6-1 我国居民人均可支配收入变化情况

资料来源:笔者根据相关资料绘制。

然而,居民人均消费支出却不容乐观。国家统计局发布的数据显示,2019 年我国居民人均消费支出实现了 5.5% 的增速。③ 与此相对,2022 年全年全国居民人均消费支出 24538 元,扣除价格因素,实际下降 0.2%,④虽然经过 3 年时间,全国居民人均消费支出增长了 2979 元,但 2022 年居民消费支出

① 国家统计局.2021 年居民收入和消费支出情况[EB/OL].(2023-08-17)[2023-09-15]. http://www.stats.gov.cn/sj/zxfb/202302/t20230203_1901342.html.

② 国家统计局.2022 年居民收入和消费支出情况[EB/OL].(2023-08-17)[2023-09-15]. http://www.stats.gov.cn/sj/zxfb/202302/t20230203_1901715.html.

③ 国家统计局.2019 年居民收入和消费支出情况[EB/OL].(2020-01-17)[2023-09-15]. http://www.stats.gov.cn/xxgk/sjfb/zxfb2020/202001/t20200117_1767741.html.

④ 国家统计局.2022 年居民收入和消费支出情况[EB/OL].(2023-08-17)[2023-09-15]. http://www.stats.gov.cn/sj/zxfb/202302/t20230203_1901715.html.

出现了下降现象，且不明确该数据是否会恢复增长，对比 2020 年全国居民人均收入增长的情况，该数据显现出居民消费信心不足的问题。考虑到新冠疫情的影响已经逐步消减，提升居民消费信心显得格外重要。对比 2019 年的消费增长情况，居民的消费热情也在下降，造成了居民平均消费倾向低，这是中国式现代化消费建设道路上的阻碍之一。

2. 消费者结构不合理，居民消费支出仍可提高

自党的十八大以来，我国经济不断发展，人民生活也逐渐变得富裕。经过多年的奋斗，我国居民收入分配格局得到了改善，脱贫攻坚取得了良好成果，贫富差距也呈现缩小态势。然而贫富差距仍然存在，少数人的消费能力始终有限，若不能使大部分人拥有消费的能力，就难以维持消费的稳定发展，更无法实现共同富裕的目标。因此，必须进一步消除群体消费差距，推动就业发展，提高居民收入水平，坚持发挥中等收入群体的作用，坚持将中等收入群体作为形成强大市场的基石，体现中等收入群体对于消费结构升级的重要作用。为创造出更多中等收入群体，应不断改善收入分配格局，扩大中等收入群体规模。同时再分配机制也至关重要，应确保税收机制的合理性，促进转移支付的作用，不断完善社会保障制度，通过各项再分配制度改善分配格局，建立健康、良好的消费者结构，进一步促进消费发展的可持续性。

3. 各省份及城乡居民人均可支配收入差距大

随着脱贫攻坚战的全面胜利，我国近 1 亿人脱离贫困，加之经济的不断发展，越来越多的人拥有更多的可支配收入和更高的消费能力，人民的生活正在逐步富裕起来。然而，我国居民的可支配收入具有较强的省域差距性，同时城乡居民的可支配收入差距较为显著，不利于拉动内需。

数据显示，2021 年我国东部地区城镇居民人均可支配收入为 56378.3 元，农村居民人均可支配收入为 23446.1 元；中部地区城镇居民人均可支配收入为 40706.8 元，农村居民人均可支配收入为 17857.5 元；西部地区城镇居民人均可支配收入为 40582.6 元，农村居民人均可支配收入为 15608.2 元；东北地区城镇居民人均可支配收入为 38224.6 元，农村居民人均可支配收入为 18280.4 元。[①] 由数据可知，我国东部地区居民人均可支配收入遥遥领先，东北地区人均可支配收入相较于其他地区处于较低水平。同时，各地区都存在

---

① 国家统计局.中国统计年鉴：2022[EB/OL].(2023-02-15)[2023-09-20].http://www.stats.gov.cn/sj/ndsj/2022/indexch.htm.

着城乡居民人均可支配收入不平衡的情况,城镇居民人均可支配收入甚至可以达到农村居民人均可支配收入的 2 倍以上,造成内需不足的情况,详见表 6-1。

表 6-1 2020—2021 年部分地区城乡居民人均可支配收入差异

单位:元

地区	2020 年城镇居民人均可支配收入	2020 年农村居民人均可支配收入	2021 年城镇居民人均可支配收入	2021 年农村居民人均可支配收入
北京	75602	30126	81517	46775
辽宁	40376	17450	43050	28438
江苏	53102	24198	57743	36558
河南	34750	17533	37094	23177
重庆	40006	16361	43502	29849
陕西	37868	13316	40713	24783
宁夏	35719	13889	38290	15336

资料来源:《中国统计年鉴:2022》,http://www.stats.gov.cn/sj/ndsj/2022/indexch.htm。

(二)外需存在下降情况

近年来,由于世界经济复苏乏力、国际矛盾日益激化等原因,各国进出口都受到了一定影响,但从总体来看,对外开放仍然是消费中的重要一环。我国对外贸易进出口额始终在不断增长,在 2001 年世界贸易总额下降的情况下,我国对外贸易进出口总额、出口额、进口额仍然相对于 1989 年分别增长 3.6 倍、4.1 倍、3.1 倍,其后更是保持着高速增长。2021 年全球各国、各地区的商品进出口总金额为 44.964 万亿美元,并在 2022 年扩大至 50.52 万亿美元,增幅超过 12%,证明了各国、各地区对进出口的重视程度。我国也创下了良好成绩,2022 年我国货物贸易进出口总值为 42.07 万亿元,约为 5.7 亿美元。在进出口总值中,出口相较于上年同比增长 10.5%,创下了总额 23.97 万亿元的良好成绩[1],是我国经济发展的重要推力之一。

然而,当前我国的出口仍然面临着严峻的问题。从我国出口的商品种类看,我国机电产品、原油、天然气和煤炭等能源产品、电子信息产品受到国外市场的广泛欢迎。但电子信息行业存在周期性下行问题,当前正处于低谷

---

① 国家统计局.中华人民共和国 2022 年国民经济和社会发展统计公报[EB/OL].(2023-02-28)[2023-09-15].http://www.stats.gov.cn/sj/zxfb/202302/t20230228_1919011.html.

期,受此影响,占出口比重超 3 成的计算机、集成电路、手机等产品的出口增速下降。同时,我国已经进入了全面小康阶段,不能再采用以往的方式在国际市场中获得竞争优势。当前我国出口方面仍然存在生产体系循环不流畅和供求脱节的现象。在国外市场中,及时响应和洞察当地消费者的需求格外重要,想要摆脱产品廉价的刻板印象,建立自己的中高端品牌,我国企业必须解决响应速度和需求洞察两个问题。同时,在技术方面"卡脖子"问题突出,我国企业不能通过技术建立优势,难以建立科技型和创新型企业。

不仅如此,当前逆全球化强化、贸易保护主义猖獗,严重影响了各国的商业贸易。受以上因素影响,近年来跨国投资波动较大,我国因稳定的政策等因素吸引了较多外资企业。2021 年,我国全年实际使用的外资达到 1809.6 亿美元,实现了 21.2% 的增速。同时,我国新设外资企业的数量也实现了增长(图 6-2)。2022 年,我国出口下滑可能与外资不足有一定关系,因此必须持续引进外资,促进出口增长。

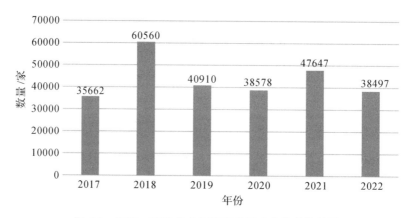

图 6-2　2017—2021 年中国新设外资企业数量统计图

资料来源:笔者根据相关资料绘制。

(三)数字化消费发展不完善

1. 推动农村数字消费,数字消费潜能有待进一步发挥

随着网络购物的发展,越来越多的居民认识到网络购物的优势,采取线上线下相结合的购物方式,促进了数字消费的发展。数据显示,2022 年中国网上零售额为 13.79 万亿元,同比增长 4%。与此同时,实物商品网上零售额达到 11.96 万亿元。由此可见,越来越多的企业和个人意识到了网络消费的发展,并切实参与其中,促进了数字消费的繁荣发展。

与此同时,部分农村居民仍没有充分的数字消费机会,其中最重要的问题是物流建设不到位。首先,部分农村居民发挥本地优势,出售本地特色产品,这一举动能够促进农村经济繁荣,然而"最初一公里"的问题亟待解决。在部分农村地区,物流体系建设并不完善,这可能是地势原因所导致的修建道路困难,或是当地居民供给需求不足的情况,使得部分企业认为建设物流体系性价比较低,从而放弃该地区。其次,与之相对的是"最后一公里"的建设也不到位,部分农村居民在购买产品时可能存在无法配送或需要承担高额运输费用的问题。

2. 保障消费者权益,数字消费环境仍需规范

当前我国存在居民储蓄意愿较高、消费意愿较低的问题,这可能是由居民抗风险能力差导致的。中国人民银行数据显示,人民币存款余额于2022年3月末达到243.1万亿元,其中居民存款约为111万亿元。同时,虽然在疫情结束后居民进行了一定的报复性消费行为,但2023年6月当月人民币存款仍然增加至3.71万亿元,其中住户存款增加2.67万亿元,①占据了较大比例。这说明居民普遍倾向于储蓄,可能是受到中国人自古以来的规避风险倾向的影响,也可能是由于抗击风险能力仍然不足,居民认为需要储蓄以应对可能发生的风险,这也在一定程度上揭示了目前供给侧和社会保障制度存在的问题。针对居民倾向于降低消费的问题,应进一步提升供给侧水平,更好地保障消费者权益,防止"烂尾楼""企业倒闭""商家跑路"等风险对消费者的影响,同时应进一步健全社会保障制度,解决消费者为健康买单、失业等方面的忧虑。

二、精神文明亟待提升

消费领域的精神文明建设也至关重要,但当前仍存在一定不足。首先,在文化娱乐方面,我国文娱消费比例有待提升,文旅行业需要得到高质量的发展。其次,在教育资源方面,我国存在人口平均受教育年限较低、人均教育经费不足的情况。

---

① 中国人民银行.2022年前三季度金融统计数据报告[EB/OL].(2020-10-14)[2023-09-15].http://www.pbc.gov.cn/goutongjiaoliu/113456/113469/4109545/index.html.

（一）文化娱乐消费发展任重道远

1.文化娱乐消费比例有待提升

随着新冠疫情结束后的线下消费场景有序恢复，文娱行业也焕发生机，线下各类景点、体育赛事、戏剧表演和电影院等正逐渐增多，消费者越来越多地将精力投入文化娱乐消费之中。文化和旅游部数据显示，2021年我国居民人均教育文化娱乐消费支出2599元，占人均消费支出的10.8%。2023年上半年，我国居民人均文化娱乐消费支出同比名义增长38.5%，有较大的提升。

然而数据的增长并不能完全说明我国文化娱乐消费取得了较大的进展。首先，这一现象存在报复性消费的可能，新冠疫情结束后2023年的文化娱乐消费总额可能会在一定程度上增加。其次，国家统计局数据显示，2022年一季度全国居民教育文娱人均消费支出583元，同比增长6.9%。数据虽然有所增长，但在总体消费占比中仍然不占优势，教育文化娱乐部分的消费仅占全部消费的9.1%，而食品烟酒、居住的消费占比分别为32.6%和22.5%，合计超过居民总消费的50%，由此可以看出，当前文化娱乐消费占比仍然较小，应进一步提升。

2.修正文旅行业乱象至关重要

当前扩大内需、促进消费成为我国经济工作的重中之重，居民节假日休闲购物、出行旅游等消费需求持续释放，正因如此，各有关部门必须着力保护消费者的权益，进一步增强消费者的消费信心。然而，文旅行业乱象却是屡禁不止，如线下演出存在"退票难"的问题，酒店民宿"涨价毁约"引发舆论聚焦，"3·15"多次曝光食品安全问题，导游强迫旅客消费，等等，问题层出不穷，严重影响了居民的消费信心。针对这类问题，有关部门必须坚持整改，为消费者保驾护航。

同时，文旅行业新技术的应用也并不到位。首先，当前数据要素的价值尚未完全发挥，主要表现在数据挖掘不深入、数据资源共享不足两个方面。第一，部分文旅企业没有很好地运用收集到的数据，只是浅显地对部分数据进行表面上的分析，并不能察觉数据之间的联系，无法根据收集到的数据降低试错成本，也不能根据现有数据分析市场的变化和消费者需求的变化，造成企业收集数据的成本和数据分析取得的成效不对等。第二，当前不同领域的数据共享不够，导致具有相关目标客户的不同企业重复收集大量相似数据，在一定程度上浪费了资源，且不能全方面洞察并满足消费者需求。其次，随着新技术的发展，人们逐步意识到以人工智能为首的新技术对消费的助益。例如,新技术的应用能够降低成本,使得文旅企业不需要支付过多的人力成本也能够为消费者提供高质量的服务。同时,人工智能等技术的应用也能够提升生产效率和客户的满意度。然而,当前使用新技术的文旅企业有限,新技术的应用场景较为局限,除酒店、餐饮等行业,大部分消费场所仍选择灵活性较高的人工服务。要解决这样的问题,不能忽视新技术对于中国式现代化发展的重要作用,针对目前在新技术应用方面存在的不足,应推动"互联网＋"消费生态体系建设,鼓励文旅行业学习成功案例,进行转型升级,促进线上线下融合,鼓励建立相关的新消费场景。文旅企业应发挥创造性,积极探索各类以新技术为基础的服务和消费方式,例如使用数字化技术打造各类休闲街区、特色文化娱乐场所,形成一批融合新技术的数字化文旅消费场所。

(二)教育资源需加大投入

1. 人口平均受教育年限较低

首先,当前阶段人口整体素质仍然需要进一步提升。国家统计局于 2021 年发布的数据显示,截至统计时间,全国人口中,拥有大学文化程度的人口为 218360767 人,拥有高中及以下文化程度的人口为 1049827575 人。① 由数据可知,当前我国受教育程度较低的人口仍占据一定比例,人口整体素质仍然需要提升。因此,必须进一步坚持教育的优先发展,不断提高教育体系的质量,增强职业教育的适应性,完善终身学习体系,尽可能提升人口素质。

2. 人均教育经费需提升

教育部、国家统计局、财政部发布的数据显示,2020 年全国教育经费总投入为 53033.87 亿元,相较于上一年增长 5.69％,2022 年该数据进一步增长,可见国家十分注重对教育的投入。然而,学生的数量也十分庞大,2022 年在园幼儿虽然有所减少,但仍有 4627.55 万人,小学阶段招生共 1701.39 万人,初中在校生 5120.60 万人,高中在校生 2713.87 万人,各种形式的高等教育在学学生总规模达 4655 万人,在学研究生 365.36 万人。与此同时,学校和教师的数量十分庞大,也是不容忽略的部分。因此,教育经费仍需持续增加,以此更好地为学校、老师和学生提供帮助。

---

① 国家统计局.第七次全国人口普查公报(第六号)[EB/OL].(2021-05-11)[2023-09-15].http://www.stats.gov.cn/sj/tjgb/rkpcgb/qgrkpcgb/202302/t20230206_1902006.html.

三、绿色可持续消费仍需落实

"绿水青山就是金山银山"，我国必须坚定不移走生态优先的绿色发展之路，这需要全国人民的共同努力。当前在绿色可持续消费方面仍存在一定不足，从供给侧角度来看，应进一步规范企业行为，促进绿色生产。在公共服务方面，应完善交通体系，使用清洁能源以降低污染。从消费者角度来看，当前居民环保意识仍然有待提升，各类浪费现象层出不穷，阻碍了绿色可持续消费的发展。

（一）供给侧绿色生产需促进

1. 促进绿色生产，规范企业行为

当前，部分企业在生产过程中存在高消耗、污染严重等不良现象。部分商家在生产和出售产品的过程中造成了不必要的损耗。例如，有部分商家为提升市场竞争地位对产品进行过度包装，使用纸、木材、塑料、皮革、丝绸等材料对产品的外部进行装饰时，产品外包装的层数甚至达到四层以上。相反，也有不良商家为节省成本使用了难以降解、无法再利用的包装材料，导致消费者在丢弃包装后造成环境污染问题。在餐饮企业中，也有许多餐厅为避免麻烦拒绝为消费者进行个性化定制，坚持为消费者提供大量食物，或在消费者明确告知不使用方便餐具等一次性用品的情况下仍为消费者提供，造成食物和其他资源浪费的现象。也有部分企业为博眼球，在营销过程中通过资源浪费制造"噱头"，意图吸引消费者眼球，或鼓动消费者过度消费。例如，有商家为博眼球在"大胃王"吃播的视频或直播中进行广告投放，部分餐饮场所利用消费者爱面子、讲排场的心理刺激消费者过度消费，从而产生了大量剩饭剩菜，造成了浪费食物的不良风气。同时，部分企业在生产过程中可能造成污染，一些不法企业为追求收益忽视生产过程中的环保要求，给土地、水、大气等造成了严重污染。虽然针对这一现象我国已出台多项政策限制企业排污，并提出"碳达峰""碳中和"的郑重承诺，很好地改善了该现象，但部分企业所在的行业可能在生产过程中存在无法避免的污染，仍有企业在生产过程中对环境造成污染。针对这一现象，应进一步提升技术水平和管理水平，尽量将污染程度控制在最低，消除可以消除的污染，并尽可能减少无法消除的污染。

2. 使用清洁能源，完善交通体系

当前我国居民拥有汽车数量较多，造成了一定的污染，为此应增强新能源汽车的使用，并建立完善的公共交通体系，使居民在不使用私家车的情况下也能方便快捷地出行,以进一步减少污染。

针对新能源汽车的使用问题,工业和信息化部发布的数据显示,2023年7月,我国新能源汽车产销同比分别增长30.6%和31.6%,市场占有率达到32.7%。1月至7月,新能源汽车产销累计完成459.1万辆和452.6万辆,同比分别增长40%和41.7%。[①] 然而,新能源汽车企业却引发了广泛的争议,部分居民对新能源汽车是否能在政策不利好的情况下持续盈利提出了质疑,认为新能源汽车除了政策利好外没有优势。针对这类问题,新能源汽车企业应完善企业结构,持续优化产品,取得消费者的信任。同时,针对配套设施的建设也应进一步完善,使得消费者能够更好地充电和保养车辆。

我国在现代化城市公共交通体系建设方面,取得了良好成效。例如,厦门于2023年对外交通客运总量达4907.6万人次,公共交通客运总量达7.23亿人次。然而部分居民提出公共交通系统拥挤的问题,如"上海北京日客运量破1100万人次""鸡蛋都被挤碎了""高峰期所有人贴在一起"等案例。不仅如此,部分公共交通的班次设计也存在问题,如在早晚高峰期公交班次较少。

(二)居民环保意识需养成

自20世纪70年代以来,随着人口的增长和经济的发展,全球气候变化、土地污染、水资源污染等全球环境问题日益严峻,越来越多的国家提倡绿色消费,以此减少资源损耗并保护环境。针对绿色消费这一概念,中外学者一致认为绿色消费是以生态经济大系统的整体优化为出发点,在产品和服务购买、使用和处置过程中以最少的自然资源消耗实现最优效用传递的消费过程。绿色消费者除了关注购买和消费过程,还应关注产品的生产过程和产品的可回收性[②]。

针对环境问题严峻的现状,我国陆续出台了《促进绿色消费实施方案》《新时代的中国绿色发展》等文件,以此鼓励绿色消费,取得了一定效果。然而部分消费者的绿色消费习惯仍未养成,在消费的过程中存在铺张浪费的现象。例如:有的消费者追求时髦,许多衣服仅仅穿过一次就被丢弃;有的消费

---

① 工业和信息化部.2023年7月汽车工业经济运行情况[EB/OL].(2023-08-10)[2023-09-15].https://www.miit.gov.cn/jgsj/zbys/gzdt/art/2023/art_d7da177e10054a2e867fd3975ddf6a-5b.html.

② 何志毅,杨少琼.对绿色消费者生活方式特征的研究[J].南开管理评论,2004(3):4-10.

者在外出就餐时为追求排场点大量菜品,最后却因无法吃完造成浪费;有的消费者为图方便频繁使用一次性产品,造成大量浪费;等等。这些行为都严重浪费了资源,并污染了环境,违背了人与自然和谐相处的原则,对中国式现代化消费造成了不良影响。

四、实现共同富裕仍待努力

我国对共同富裕这一概念的探索持续了很长时间,具体体现为党在新民主主义革命时期对共同富裕的探索、党在社会主义革命和建设时期对共同富裕的探索、党在改革开放和社会主义现代化建设新时期对共同富裕的探索和党在中国特色社会主义新时代对共同富裕的探索四个阶段。当前我国正处于第四个阶段。共同富裕是人民群众的共同期盼,当前我国主要存在成果共享未完全实现和生活富裕度需要提升两方面的问题。

(一)成果共享未完全实现

当前我国区域消费不平衡主要体现在城乡居民消费不平衡和区域消费不平衡两个方面。从城乡居民消费不平衡方面看,国家统计局发布的数据显示,2022 年城镇居民人均可支配收入为 49283 元,农村居民人均可支配收入为 20133 元[①]。由数据可知,虽然农村居民可支配收入的增长速度较快,但农村居民的可支配收入仍然小于城镇居民,在进行数据统计的这 2 年中城镇居民的可支配收入甚至高于农村居民可支配收入的 2 倍以上。同时,农村居民不仅面临着可支配收入有限的问题,还存在着消费场所缺失的问题,虽然现在部分农村居民能够通过网络购物等方式购买来自全国各地的产品,但线下消费场所仍然较少,且部分地区存在运输不便等问题,限制了农村居民的消费。中国式现代化是全体人民共同富裕的现代化,农村居民在中国式现代化消费中占据重要的地位,必须进一步释放农村居民的消费活力。对此,必须坚定实施乡村振兴计划,利用农村的资源优势实现快速发展,使得农村居民获得更良好的消费机会。在区域消费不平衡方面,各省份和城市发展情况不一,其中一线城市、新一线城市等各地存在不同的发展情况,居民消费能力依次递减,区域消费不平衡现象严重。

---

① 国家统计局.2022 年居民收入和消费支出情况[EB/OL].(2023-01-17)[2023-09-15]. http://www.stats.gov.cn/sj/zxfb/202302/t20230203_1901715.html.

（二）生活富裕度仍需提升

1. 持续提升居民富裕度

自 1998 年以来，我国 GDP 总体保持增长态势，说明我国富裕度正不断提升，详见图 6-3。国际货币基金组织发布的数据显示，2022 年我国 GDP 总量约为 181000 亿美元，在世界范围内排名第二，然而由于我国人口数量较多，我国人均 GDP 仅为 12814 美元，在世界范围内为平均水平，排名第 63 位。这说明我国人均 GDP 仍存在增长空间，我国必须持续发展经济，提升居民人均富裕度。

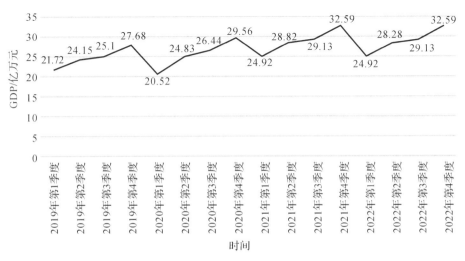

图 6-3　2019—2022 年我国 GDP 变化趋势

资料来源：国家统计局历年数据。

2. 降低恩格尔系数

1978—2019 年，我国恩格尔系数呈现持续下跌情况。2019 年我国恩格尔系数为 28.2%，说明我国人民的富裕程度正逐步提升。然而，2020—2022 年，我国恩格尔系数出现了一定波动。2020 年我国恩格尔系数为 30.2%，并于 2021 年下降至 29.8%，2022 年又回升至 32.5%，说明近年来我国人民富裕程度呈现不稳定的状态。数据显示，居民的消费结构也出现了变化，2022 年全国居民人均食品烟酒消费支出增长 4.2%，占人均消费支出的比重为 30.5%，[①]食品烟酒消费支出占比的提升也反映了恩格尔系数的提升，应对这

---

① 国家统计局. 中国统计年鉴：2022［EB/OL］.（2023-02-15）［2023-09-15］. http://www. stats. gov. cn/sj/ndsj/2022/indexch. htm.

一点加以重视,坚持降低恩格尔系数,保障人民实现高质量消费。

我国各地区恩格尔系数差异也值得注意(表 6-2),部分地区恩格尔系数较高,应进一步改善当地居民生活,持续降低该系数,促进当地人民进行高质量消费(2017—2021 年恩格尔系数是根据中国统计年鉴中的数据结合公式计算得出)。

表 6-2　2017—2021 年部分地区城镇家庭恩格尔系数变化情况

地区	2017 年	2018 年	2019 年	2020 年	2021 年	2022 年
北京	19.8%	24.6%	27.2%	33.3%	19.8%	24.6%
河北	19.9%	25.1%	26.8%	32.2%	19.9%	25.1%
黑龙江	19.3%	25.7%	26.2%	32.6%	19.3%	25.7%
四川	21.0%	26.9%	34.3%	34.8%	21.0%	26.9%

资料来源:各地区统计局数据汇总。

第二节　中国式现代化消费的主要挑战

在新的时代条件下,为了解决人民对美好生活需求持续提升和有效供给不足之间的矛盾,必须大力发展中国式现代化消费,实现消费升级,推动消费体系的均衡与全面发展。目前,中国式现代化消费面临着巨大的机遇和挑战。一方面,由于全球经济回暖、政府政策支持以及新兴产业拉动等因素,中国消费市场持续回暖,重新成为经济增长主要拉动力;另一方面,由于疫情影响以及多项社会变革等因素,中国消费者心态和行为发生了变化,形成了不同类型和层次的消费趋势。基于此,本节从数字双循环、精神文明建设、绿色可持续和共同富裕四个层面详细阐述中国式现代化消费未来面临的挑战。

一、数字双循环发展格局的转型难题

全球经济步入数字化时代以来,数字经济以其边际效应递增、渗透性强等优势,打通了生产、流通、分配、消费等几大环节,不仅提升了经济增长动力,还促进了对外开放的深度发展。当前,我国数字经济发展仍处于初级阶段,加快推进数字经济与实体产业深度融合,着力构建以数字经济为驱动的

双循环发展新格局,成为我国现代化发展的必然路径。因此,如何发挥数字经济效能,应对数字双循环发展面临的转型难题,加快构建双循环发展新格局,成为社会各界关注的热点话题。

(一)内循环革新阻力

1. 数字化产业结构优化难题

目前,中国数字化产业总体呈现结构性失衡的局面,新发展模式的经济效益亟待提升。中国信息通信研究院发布的报告显示[①],截至 2021 年底,中国产业数字化的经济效益为 37.18 万亿元,占数字经济整体规模的 81.7%,产业数字化逐渐成为我国数字经济发展的重要引擎。与此同时,2022 年我国服务业的数字渗透率为 44.7%,工业的数字渗透率为 24.0%,而农业的数字渗透率仅为 10.5%,远低于全球主要国家的平均水平。相较而言,虽然以巨大的内部需求市场为基础的生活性服务业的数字化转型得到了快速发展,但由于数字技术在研发与投入方面所需资金巨大,制造业和农业等领域的大部分企业对于数字化转型的积极性还有待提升,再加上相应行业的人才供给缺乏,整个行业的数字化程度普遍偏低[②]。

2. 数字技术创新能力提升需求

数字技术的创新能力和核心竞争力在我国产业数字化发展过程中不仅发挥着至关重要的作用,而且决定了内循环发展格局的整体水平。目前,我国数字应用虽整体位于世界前列,但核心技术研发仍存在关键原创性成果缺乏、知识产权不足等诸多问题,严重阻碍了我国产业数字化的转型升级。总体而言,我国数字产业共有 300 多项关键技术短板,部分重要领域的技术产品零件主要依托于进口支持,很多高端核心芯片依靠进口,对外依赖程度较为严重,时刻面临"卡脖子"难题。因此,如何进一步推动数字技术的创新发展成了内循环革新之路的关键所在。

3. 数字红利分配制度改进任务

数字红利分配失衡将会扩大区域经济差距,阻碍内循环数字化发展进程[③]。从城乡之间的数字红利的分布情况看,城镇的网络覆盖率已经达到

---

① 中国信息通信研究院. 中国数字经济发展研究报告(2023 年)[EB/OL]. (2023-04-27) [2023-09-15]. http://www.caict.ac.cn/kxyj/qwfb/bps/202304/t20230427_419051.htm.

② 李震. 数字经济赋能新发展格局:理论基础、挑战和应对[J]. 社会科学,2022(3):43-53.

③ 蓝庆新,赵永超. 双循环新发展格局下的数字经济发展[J]. 理论学刊,2021(1):24-31.

82.9%,而农村只有58.8%,各类数字资源难以平等共享,进而加剧了我国城乡数字发展鸿沟[①]。从区域发展角度看,中国数字经济发展趋势从东南沿海向西部内陆逐渐降低。以数字经济占GDP比重为例,仅有北京、上海2个地区占比超过50%,广东、浙江、江苏、福建4省超过40%,重庆、湖北、辽宁、河北、广西、四川、江西、贵州等地超过30%,其他各省份均不超过30%,地区之间存在着较大差异。

(二)外循环发展困境

1.数字服务贸易国际环境增添重重阻力

近年来,由于新冠疫情的严重影响,全球经济持续疲软,外循环需求增长困难[②]。联合国的数据表明,疫情期间世界经济发展全面放缓,较往年总体下降了4.3%,危害影响程度超过2008年世界金融危机的2.5倍。2021年世界经济发展有一定程度的回升,但大部分国家仍处于疫情治理不当、危机应对措施不足等局面,世界经济全面复苏面临巨大的不稳定性。与此同时,长期以来的不合理的世界经济发展格局扩大了发达国家和发展中国家的收入差距,世界范围内的通胀疲软与消费信心不足并存。美、英等发达国家掌握了数字核心技术和绝大部分的数字贸易市场,根据自身利益制定数字贸易规则,通过贸易战、经济制裁等手段维护本国的数字化产业,严重阻碍了我国数字服务贸易的对外发展。

2.数字服务贸易增长潜力仍需激发

目前,我国数字服务贸易在规模、结构、国际化等方面还需进一步优化和提升。首先,我国的数字贸易规模整体不足,相比发达国家仍存在较大差距。《全球数字经济白皮书(2022年)》的数据显示[③],2021年美国数字贸易规模位于世界首位(15.3万亿美元),中国数字贸易规模为7.1万亿美元。其次,我国数字服务贸易发展水平较低,数字服务出口力度不足。截至2022年,中国的数字服务出口占比仅为41.7%,而美国的同类出口占比高于60%。同时,

---

① 前瞻产业研究院.2017—2022年中国网民规模及互联网普及率[EB/OL].(2023-02-05)[2023-09-15].https://x.qianzhan.com/xcharts/detail/55e89d9fa1b5a2cc.html.

② 陈晨.以更高水平外循环赋能新发展格局的理论逻辑与现实路径[J].决策科学,2022(1):85-96.

③ 中国信息通信研究院.全球数字经济白皮书(2022年)[EB/OL].(2022-12-07)[2023-09-15].http://www.caict.ac.cn/kxyj/qwfb/bps/202212/t20221207_412453.htm.

美国的数字服务出口收入远高于中国,以知识产权使用费出口额为例,中国在这方面的出口额不足美国的5%[①]。最后,我国数字服务贸易企业的国际化水平还有待提升,相比美、英等发达经济体,我国的总体竞争力还较弱,对外营收较少,数字产品附加值仍不足。

3. 数字服务贸易国际竞争力尚需提升

数字服务贸易发展的核心要素是国际竞争力,而目前我国数字服务出口力度不足,国际数字服务市场占比少,与英、美等发达国家相比还存在较大差距[②]。具体而言,以美国为例,美国数字出口市场份额远远大于中国,中美两国在金融出口方面分别占全球市场的0.75%和26.07%,在知识产权授权费方面分别占1.62%和28.69%,而文娱服务方面分别占1.46%和28.44%。此外,在传统纸质书籍和数字产品出版等领域,中国数字产品总体仍处于逆差状态,国际竞争力相对不足。国家新闻出版署公布的相关数据显示,2021年,我国音像、期刊、报纸等电子和数字出版物共出口848.8万册,出口金额总计为10523.0万美元;相比之下,同年我国音像、期刊、报纸等电子和数字出版物进口数量高达4450.4万册,进口金额总计为80546.9万美元,贸易逆差额为70023.9万美元[③]。

(三)数字消费探索难点

1. 数字消费城乡发展不平衡,下沉市场亟须挖掘

目前,我国城乡居民在数字消费方面仍呈现较大差异,未来经济发展需借助于互联网、数字技术等因素,进一步激发农村和三、四线城市的消费市场发展潜力[④]。Wind数据库的相关研究成果表明,新中国成立以来我国农村居民消费规模增长了300.37倍,而城镇居民消费增幅高达2450.81倍,城乡消费差距正在日益扩大(图6-4)。除此之外,南都零售实验室调研发现,三、四线城市具备较高的商业发展潜力,其人口经营规模为9.53亿,远高于一、二线

---

① 王晓红,朱福林,夏友仁."十三五"时期中国数字服务贸易发展及"十四五"展望[J].首都经济贸易大学学报,2020,22(6):28-42.

② 赵新泉,张相伟,林志刚."双循环"新发展格局下我国数字贸易发展机遇、挑战及应对措施[J].经济体制改革,2021(4):22-28.

③ 中国信息通信研究院.全球数字经济白皮书(2022年)[EB/OL].(2022-12-07)[2023-09-15].http://www.caict.ac.cn/kxyj/qwfb/bps/202212/t20221207_412453.htm.

④ 吴新玲.提振服务消费促进"双循环"的机理与策略研究[J].商业经济研究,2023(5):10-15.

城市的 4.27 亿，城镇消费规模稳步增长，线上消费热情不断上升，如何进一步挖掘三、四线城市的下沉市场是未来工作的重中之重。

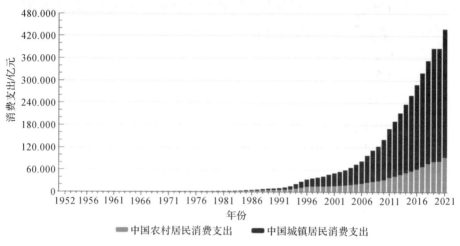

图 6-4　1952—2021 年我国城乡居民消费支出情况

资料来源：笔者根据相关资料绘制。

2. 中老年消费市场发展困难，数字消费潜力仍需激发

随着我国人口红利逐渐消失，中老年消费市场逐渐成为未来发展重点，并展现出发展潜力大、需求多元化、消费意向显著等特征[①]。国家卫生健康委统计[②]，2021 年我国 60 岁以上的中老年群体占总人口的 18.9%（26736 万人），中老年消费市场将成为新的经济增长点。同时，截至 2021 年，我国有近 2.6 亿 50 岁以上中老年线上消费者，中老年数字消费市场迎来了巨大的发展机遇。然而，中老年群体的数字消费能力仍远远不足，技术发展鸿沟仍需弥补。例如，当中老年群体进行线上数字消费时，由于操作流程不清晰、使用说明复杂等问题主动放弃消费的占 50%。如何使中老年群体更加方便快捷地参与数字消费逐渐成为未来的主要挑战。

3. 社会保障体系亟待完善，居民消费能力尚需提升

目前，我国社会保障体系尽管在"量"的层面实现了巨大成就，但在"质"的层面仍需进一步巩固，健全城乡居民社会保障体系。在养老金方面，企业

---

①　高波，袁徽文. 双循环格局下数字经济驱动消费升级的机制和路径[J]. 江苏行政学院学报，2022(2)：36-44.

②　国家卫健委　全国老龄办. 2021 年度国家老龄事业发展公报[EB/OL]. (2022-10-26)[2023-09-15]. https://www.gov.cn/fuwu/2022-10/26/content_5721786.htm.

退休人员每人每月约为 2900 元,而城乡居民仅有 179 元,养老金严重不足将增加子女养老负担,限制居民消费能力。在医疗保险等领域,城镇居民平均报销力度超过 70%,而农村居民约为 50%[①]。因此,农村居民通常需要增加家庭储蓄,为医疗、教育、购房等额外开支提前准备,防患于未然,从而限制了提前消费和大额消费的能力。

二、精神文明建设的双重挑战

党的二十大报告指出,中国式现代化是物质文明和精神文明相协调的现代化。因此,精神文明建设作为塑造民族精神、提高民族素质、凝聚民族力量、创造良好社会风尚的重要途径,不仅面临着千载难逢的时代机遇,也面临着文化娱乐和教育资源的双重挑战。

(一)文化娱乐融合发展局限

1.文旅企业经营难度持续攀升

生产经营收益不稳定、资产评估困难等因素常导致文旅企业融资难,尤其在新冠疫情时期,文旅行业普遍面临顾客流量下降、经营人才外流等诸多困境[②]。以 A 股 30 家上市旅游企业为例,2019—2021 年 26 家企业的净利润复合增长率中位值为 -96.7%,仅有少部分文旅企业在疫情期间实现正收益。与此同时,2020 年和 2021 年我国文旅企业的经营利润均为负(-55.3 亿元、-69.2 亿元),严重制约了文旅行业的长期发展。除此之外,经营人才外流问题成了阻碍文旅企业发展的重要因素。疫情期间文旅企业的经营人才从 41.6 万人减少至 27.9 万人,59.3% 的文旅企业人才流失率高于 40%。

2.高品质文旅产品供给改革任务紧迫

从文旅产品供给的角度来看,我国文旅产品在创意、内容、质量等方面仍存在较大的发展空间。相关数据表明,2016—2021 年我国电影票房过 10 亿元的共有 47 部,仅占电影总数的 7.2%,电影行业仍面临"有高原、缺高

① 人力资源和社会保障部.织密养老保障网 提升群众安全感:养老保险工作综述[EB/OL].(2022-05-24)[2023-09-15].http://www.mohrss.gov.cn/SYrlzyhshbzb/dongtaixinwen/buneiyaowen/rsxw/202205/t20220524_449733.html.
② 牛家儒,黄斌,董欣蕾.扩大文化和旅游消费的主要挑战与政策建议[J].发展研究,2023,40(6):38-44.

峰期"供给困境。除此之外，我国高质量旅游产品供给也严重匮乏①。以 5A 级旅游景点为例，截至 2022 年，我国的 5A 级旅游景点共有 306 个，仅占旅游景点总数的 2.2％②。受疫情影响，旅游景区收益下降，国民的旅游消费能力严重不足。

3. 数字文化消费环境亟须优化

目前，我国数字文化消费仍呈现"泛娱乐化"趋向，数字文化产品普遍存在虚假宣传、质量较差等问题，严重影响人们对数字文化产品的消费意愿，不利于建设良好的数字文化消费环境。以消费投诉为例，2021 年我国共处理了 51.7 万件消费者服务类投诉文件，其中文娱产品投诉占 9.1％，多达 4.7 万件。与此同时，疫情期间线上消费投诉量持续增长，游戏消费、短视频和知识消费服务投诉占 28％，给广大人民带来了不良的数字文化消费体验③。此外，文旅行业侵犯消费者权益等负面新闻频出，如哈尔滨"天价鱼"、北海"天价菜"等事件导致消费者对当地文旅行业的严重抵抗情绪，造成了文旅消费发展的恶性循环。

（二）教育资源现代化发展短板

1. 核心教育资源供给能力尚需提升

核心教育资源的供给短缺是造成我国教育资源结构性不足的主要原因之一。一方面，教育经费的投入比例有待提高。国家统计局数据表明④，2012 年我国财政性教育经费投入首次超过国内生产总值的 4％，至今持续稳定在 4％以上，2021 年国家财政性教育总体费用达到 4.6 万亿元，约占 GDP 的 4.02％。另一方面，教育新型基础设施建设仍处在初步探索阶段。2021 年，我国搭建无线网络的学校数量超过 21 万所，86.2％的学校实现了多媒体教学设备的全覆盖，学校统一配备的师生终端数量达 3000 万台，但教育数字化建

① 艺恩数据：2021 年中国电影放映市场报告［EB/OL］．（2022-01-11）［2023-09-15］. https://www.endata.com.cn/Market/report.html.

② 中华人民共和国文化和旅游部 2022 年文化和旅游发展统计公报［EB/OL］．（2023-07-13）［2023-09-15］. https://zwgk.mct.gov.cn/zfxxgkml/tjxx/202307/t20230713_945922.html.

③ 牛家儒，黄斌，董欣蕾. 扩大文化和旅游消费的主要挑战与政策建议［J］. 发展研究，2023，40（6）：38-44.

④ 教育部. 教育十年投入与产出：国家财政性教育经费支出占 GDP 比例连续十年超 4％［EB/OL］.（2022-09-27）［2023-09-15］. http://www.moe.gov.cn/fbh/live/2022/54875/mtbd/20-2209/t20220927_665399.html.

设仍强调硬件建设，忽视了资源服务的重要性，在数字教育资源共享、综合配套服务能力等方面存在诸多问题。

2.教育结构体系整体水平相对滞后

当前，我国已基本完成教育体系建构和普及发展的双重任务，各级各类教育实现跨越式发展，学前教育净入园率为88.1%，九年义务教育入学率提升至95.4%，高中阶段教育入学率达到91.4%，高等教育巩固率达到57.8%，中国"能上学、有学上"的目标已经基本实现，下一步的任务重点将是努力实现"办好学、上好学"[①]。然而，我国尚未建立统一协调发展的人才培养体系，教育结构的相对滞后制约着教育系统的运行效能。从纵向来看，高水平技能型人才培养链不完整，成人教育与继续教育在供给规模、质量等方面仍有较大提升空间。从横向来看，不同类型的教育之间缺少沟通交流，教育结构体系的弹性与活力不足，难以满足不同学习者的多样化教育需求和终身向学愿望[②]。

3.教育支撑经济社会发展能力亟待提高

近年来，我国教育支撑服务经济社会发展的能力持续提升，但依旧面临诸多挑战[③]。总体而言，我国人力资本的总体存量相对不足。截至2022年，我国16—59岁劳动年龄人口受教育年限平均为10.93年，其中受过高中及以上程度教育的人口占比仅为43.8%，无法满足社会经济发展对高技能劳动力的大量需求[④]。与此同时，我国高层次人才占比偏低，全职科技研发人员在每百万人口中仅有1307.1人，难以为"卡脖子"领域中的技术研发和产业转型提供人才支持。此外，我国高等院校协同创新的内生动力不足，组织对接不畅，联动模式单一，科技创新成果转化率整体偏低。据统计，截至2021年，我国高校有效专利实施率为10.8%，远低于全国61.1%的平均水平；高校发明专利产业化率仅为3.0%，同样远低于全国35.4%的平均水平。

---

① 教育部.2021年全国教育事业发展统计公报[EB/OL].(2022-09-27)[2023-09-15].http://www.moe.gov.cn/jyb_sjzl/sjzl_fztjgb/202209/t20220914_660850.html.

② 刘宝存,苟鸣瀚.中国式教育现代化:本质、挑战与路径[J].中国远程教育,2023,43(1):12-20.

③ 赵红霞,朱惠.教育人力资本结构高级化促进经济增长了吗:基于产业结构升级的门槛效应分析[J].教育研究,2021,42(11):138-150.

④ 王萍萍.人口总量略有下降 城镇化水平继续提高[EB/OL].(2023-01-18)[2023-09-15].http://www.stats.gov.cn/sj/sjjd/202302/t20230202_1896742.html.

4.教育对外开放格局有待进一步完善

面对百年变局以及全球化与逆全球化并存的新形势，我国教育对外开放尚未做好适时调整的准备，教育对外开放整体格局仍有待进一步完善。一方面，中国教育对外开放正处于提质增效的关键期，教育"引进来"的质量和效益亟待提高。目前，我国中外合作办学的层次和质量仍比较低，研究生教育阶段的合作机构和项目占比仅为20.8%，在形成合作关系的境外大学中仅有30余所排在世界前200名之内①。另一方面，中国教育对外开放肩负着讲好中国故事、传播中国声音的重要使命，教育"走出去"的步伐亟待加快。2021年，我国国际职员在联合国系统中的人数为1471名，只占联合国职员总数的1.2%，国际组织职员代表性严重不足②。

三、绿色可持续发展的破局困境

党的二十大报告强调，中国式现代化是人与自然和谐共生的现代化。新时代我国生态文明建设总基调是推进绿色可持续发展，实现人与自然和谐共生。绿色成为新时代中国的鲜明底色，绿色发展成为中国式现代化的显著特征，广袤的中华大地天更蓝、山更绿、水更清，人民享有更多、更普惠、更可持续的绿色福祉。然而，目前我国经济发展正处于转型期，产业结构不合理、能源开采技术落后、全球气候变暖、资源短缺等诸多环境问题日益突出，有效应对绿色可持续发展面临的困境成为实现中国现代化的一大挑战。

（一）绿色供给改革任务

1.碳减排任务挑战压力大

当前，中国还处在从工业化到后工业化的转型期，其经济增长严重依赖于煤炭等化石能源，碳总排放量基数较大。中国碳核算数据库发布的文件显示③，2022年中国碳排放量为110亿吨，约占全球碳排放量的28.87%。其中，我国碳排放主要集中在电力行业（占比为46.37%），全年约排放51亿吨。

---

① 潘奇."十四五"期间中国教育对外开放：提质增效与路径创新[J].教育发展研究，2020,40(23):43-49.

② 桂天晗，薛澜，钟玮.全球治理背景下中国国际组织人才战略的思考：基于对联合国人事数据及工作人员访谈的实证分析[J].清华大学学报（哲学社会科学版），2022,37(5):193-207,213.

③ CEADs新兴经济体二氧化碳排放报告2022(中文版)[EB/OL].(2023-05-12)[2023-09-15].https://www.ceads.net.cn/data/global/.

此外,目前中国还处在工业转型时期,能源消耗与碳排放量仍在同步增长,我国要实现"碳中和"和"碳达峰"的战略目标依然面临着很大的碳减排压力[1]。

2. 能源结构持续优化难度较高

"双碳"目标下,能源结构优化问题是实现绿色可持续发展的关键所在[2]。"十三五"时期,我国工业能源消费占比约为 66.1%,发电仍以火电和煤电为主,占比分别为 68.5% 和 60.7%,能源供给和需求消费均面临巨大压力。此外,我国的用电需求总量正在持续增长,而清洁能源用电相对不足。2016—2022 年,我国水电、风电、太阳能等清洁能源消费占比由 19.1% 上升至 25.9%,但我国仍以煤炭能源消费为主,能源消费结构向清洁低碳化方向发展任重而道远[3]。

3. 绿色低碳技术发展任务艰巨

绿色低碳技术发展要点是实现核心技术的自主可控,特别是有效应对美、日等技术强国的"卡脖子"问题。相关数据表明,过去 10 年间美、日两国的能源技术专利持续领先,高于世界专利总额的 33%,而中国在这方面仅为8.9%,技术创新严重不足。在温室气体捕获与封存技术专利方面,美国占全球技术专利的比例为 35%,相比之下,中国仅占 5%。一系列数据表明,实现"双碳"目标、提升我国的绿色低碳技术、实现核心技术自主可控等任务仍较为艰巨[4]。

4. 能源产业供需均衡尚未形成

供给端和需求端失衡严重制约了能源产业的迅速发展,如何推进能源产业供需均衡成为未来我国绿色可持续发展的主要内容。以新能源汽车为例,由于政策支持等因素,新能源汽车行业发展迅速,2021 年全年产量高达 367.7万辆,10 年间增长 258 倍。然而,我国的新能源汽车在基础原材料、生产工艺等方面仍受发达国家制约,核心零部件、芯片、燃料电池等材料主要借助于对外进口,产品供给端时刻面临技术威胁[5]。此外,在"双碳"目标要求下,上游

① 王鑫. 中国争取 2060 年前实现碳中和[J]. 生态经济,2020,36(12):9-12.
② 罗良文,马艳芹. "双碳"目标下产业链韧性提升的机理、挑战及路径[J]. 现代经济探讨,2023(6):85-96.
③ 国家统计局. 2023 年中国能源消费现状及消费结构分析[EB/OL]. (2023-04-01)[2023-09-15]. https://www.gonyn.com/industry/1392468.html.
④ 刘燕华,李宇航,王文涛. 中国实现"双碳"目标的挑战、机遇与行动[J]. 中国人口·资源与环境,2021,31(09):1-5.
⑤ 张厚明. 我国新能源汽车市场复苏态势及推进策略[J]. 经济纵横,2021(10):70-76.

基础材料等供给受限，原材料价格上涨，生产成本持续提升，不仅造成下游新能源汽车生产压力增大，而且导致能源市场资源配置扭曲。

（二）绿色生活建设要求

1. 绿色低碳社会氛围仍需优化

目前，低碳生活观念尚未广泛形成，甚至一定程度存在低碳生活会限制合理消费需求、降低生活质量的观念。据初步统计，目前中国餐饮领域人均浪费率为 11.7%，大型聚会粮食浪费率更是高达 38%。2022 年中国餐饮行业的餐桌食物浪费量为 1700 万—1800 万吨，能够为 3000 万—5000 万人提供一年的粮食。此外，企业绿色低碳产品有效供给不足，部分企业过度追求经济利益而忽视其产品或商业模式产生的碳排放情况，过度包装产生大量固体废弃物的现象尤为突出，其产生的废物量约占城市生活垃圾的 30%—40%。商品的过度包装不仅增加了无谓的资源消耗，也加大了环境保护和降低碳排放的压力。

2. 节能减排推进工作有待加强

增强公民节约环保意识、养成绿色生活习惯对于减轻我国的生态环境压力具有至关重要的意义[①]。当前，公众的低碳出行情况总体良好。根据《公民生态环境行为调查报告（2021 年）》[②]，与燃油汽车用户相比，新能源汽车用户更倾向于采取绿色低碳出行方式，尤其是在前往较远地点的情况下，新能源汽车用户经常选择坐公交来代替自己开车或打车，其人数占比为 68.7%，远高于燃油汽车用户的 38.2%。但是，从整个社会层面来看，目前我国的节能减排工作仍然有待加强，空气污染、城市污水等问题仍未完全解决，土壤污染源头尚未得到有效防控，能源革命还未完成，新型能源体系并未建成，煤炭资源还需进一步得到清洁高效利用。

3. 政府绿色生活引导力度仍需增强

随着生态文明建设的稳步推进，我国绿色环保体系正在不断健全。然而，一些地方政府绿色生活引导力度仍不足，普遍存在着执行力不强、监管缺失等问题。从源头来看，部分地方政府尚未严格监控生态破坏行为，对于企

业和消费者等的环境破坏行为惩罚力度不够,致使生态文明建设难以取得显著成果。部分地方政府缺乏对绿色生活和消费模式的有效引导,仅仅是依靠市场自发作用和消费倾向来引导消费,并没有让消费者对绿色产品建立正确的认知。另外,在绿色产品的生产、流通等过程中,政府应加强相应的监督管理,并建立相应的产品认证体系。当前部分地方政府对产品的质量检验、认证等方面的监管不力,导致绿色产品质量参差不齐,假冒伪劣的绿色产品较多,对绿色消费市场造成了严重的危害。

四、共同富裕征程的严峻考验

共同富裕是中国特色社会主义的本质要求,是中国式现代化的重要特征。党的十八大以来,以习近平同志为核心的党中央把握新时代的发展特征,把逐步实现全体人民共同富裕提上了更加重要的工作日程。然而,从成果共享和生活富裕等重要指标来看,我国共同富裕的实现还面临着诸多严峻考验。

(一)成果共享协同发展阻力

1.城乡发展不平衡

改革开放以来,我国城乡经济结构二元化发展趋势愈加明显,在产业布局、基础设施、资源配置等诸多方面存在较大差异。目前,我国城镇地区主要发展第二、第三产业,而农村地区仍以第一产业为主,经济效益远低于城镇地区。数据表明①,2022 年我国农业总体增值为全年 GDP 的 7.3%,相比之下,工业和服务业增值占比分别为 39.9% 和 52.8%。由此可见,虽然我国已经采取了诸多措施推动农村农业经济发展,但是农业发展水平总体仍不高,未能从根本上解决农村农业发展潜力不足的问题。除此之外,我国农村地区就业人员正逐年流失,21 世纪以来我国农业就业人员的平均增长速度为 −3.5%,农业就业人员老龄化趋势正在不断加强。就业人员流失、人口老龄化等问题严重制约了农村地区经济发展,并扩大了第一产业与第二、第三产业之间的发展差距,进一步加剧了城乡发展不平衡的状况②。

---

① 国家统计局.中华人民共和国 2022 年国民经济和社会发展统计公报[EB/OL].(2023-02-28)[2023-09-15].http://www.stats.gov.cn/xxgk/sjfb/zxfb2020/202302/t20230228_1919001.html.

② 蒋永穆,叶紫.推动农民农村共同富裕:时代内涵、难点挑战与实践路径[J].重庆理工大学学报(社会科学),2022,36(10):14-23.

2. 城乡收入分配差距扩大

优化城乡收入分配结构是实现共同富裕的重要途径,城乡之间的贫富差距是中国现阶段居民贫富差距的主要表现[①]。改革开放以来,我国城乡居民总体收入稳步增长,但是城乡地区收入的绝对差距仍呈现不断扩大趋势。如图 6-5 所示,2013 年我国城乡居民人均可支配收入分别为 26467 元和 9430元。至 2022 年,城乡居民人均可支配收入逐渐增长至 49283 元和 20133 元,城乡居民人均可支配收入差距正逐年扩大。

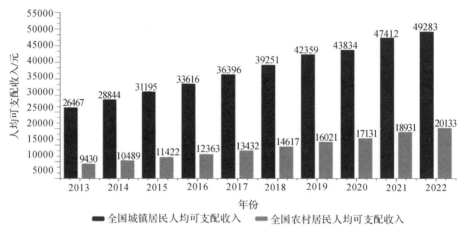

图 6-5 2013—2022 年城乡居民收入变化及对比

资料来源:笔者根据相关资料绘制。

3. 区域发展不平衡

全区域均衡发展、全体人民共享改革开放成果是实现共同富裕的必然要求。然而,由于我国各地区产业结构、增长动力、政策支持等因素差异较大,地区间居民收入差距较为明显。整体来看,我国东中西部居民收入差距依然十分明显,2021 年东部区域居民整体收入和经济发展水平远高于西部区域。根据《中国统计年鉴》,北京市的人均 GDP 全国最高,达 18.39 万元,而甘肃省人均 GDP 仅有 4.09 万元,远低于北京等经济发展水平较高的地区。此外,2022 年上海市的人均可支配收入(79610 元)位于全国首位,而甘肃省的人均可支配收入(23273 元)依然是全国最低,各区域之间的人均可支配收入绝对差值正呈现持续扩大趋势[②]。

---

① 臧秀玲,李娜. 新时代共同富裕的内涵、挑战及路径探析[J]. 中共青岛市委党校 青岛行政学院学报,2023,(01):5-10.

② 国家统计局. 2022 年居民收入和消费支出情况[EB/OL]. (2023-01-17)[2023-09-15]. http://www.stats.gov.cn/xxgk/sjfb/zxfb2020/202301/t20230117_1892129.html.

(二)生活富裕共享进程障碍

1.居民减债降杠杆难度大

近年来,我国居民收入结构逐渐呈现高负债、高杠杆率等特征[1]。国家金融与发展实验室的调查显示,我国目前的居民总负债已超过 200 万亿元,人均负债达 14 万元,居民部分杠杆率约为 63.3%,负债和杠杆率总体增长幅度较大,远高于发达国家平均水平[2]。此外,国际清算银行发布的报告显示,2008 年我国的居民杠杆率为 17.9%,截至 2022 年第二季度,居民杠杆率增长至 61.6%,增长速率位于被调查国家和地区的首位[3]。居民高负债和高杠杆率说明居民要为此付出更多的利息来维持平衡,从而限制了居民收入水平的提高,使居民财富进一步被稀释,生活质量难以提高。

2.合理消费理念尚需提升

随着金融理财产品的创新过度,网络借贷平台和互联网消费正在无序发展,政府监管制度和管控力度难以应对快速变化的新情况,导致非法借贷、超前消费和过度透支消费等现象层出不穷。中国人民银行公布的相关数据显示,过去 5 年间我国 P2P 等网贷行业市场规模为 35211 亿元,同比增长 26.70%,银行卡信贷规模增长较快,授信总额为 22.31 万亿元,环比增长 0.59%[4]。总体而言,非法借贷通常需要承担较高利息支出,超前消费将导致年轻人收入储蓄率大幅下降,过度透支将削弱居民收入增长的可持续性,以上因素将严重限制年轻群体的消费潜力。因此,如何增强居民合理消费理念将成为生活富裕的重要挑战。

3.居民收入分配结构还需优化

推动收入分配结构合理化是实现共同富裕的关键所在,不仅能够提升生产者劳动积极性,助推经济迅速发展,还能够让人民共享社会经济发展成果[5]。改革开放以来,我国居民工资性收入占国民生产总值的比重仍维持

① 邓宇. 共同富裕背景下中国跨越中高收入阶段的现实挑战与路径选择[J]. 西南金融,2021(11):3-16.

② 国家金融与发展实验室.中国宏观杠杆率数据[EB/OL]. (2023-01-17)[2023-09-15]. http://114.115.232.154:8080.

③ 国际清算银行. Triennial Central Bank Survey:Foreign Exchange Turnover in April 2022[EB/OL].(2022-10-26)[2023-09-15]. https://www.bis.org/statistics/rpfx22_fx.pdf.

④ 中国人民银行.2023 年第二季度支付体系运行总体情况[EB/OL]. (2023-01-17)[2023-09-15]. http://www.pbc.gov.cn/goutongjiaoliu/113456/113469/5051008/index.html.

⑤ 蒋永穆,何媛. 扎实促进全体人民共同富裕:时代要求、难点挑战和路径安排[J]. 思想理论教育导刊,2021(11):4-12.

在 20％左右，直到 2022 年我国居民工资性收入占比才达到 24％。此外，财产性收入是评估居民生活富裕的关键要素。然而，我国居民财产性收入在可支配收入中的比重仍较低。2022 年，我国居民财产性收入平均为 3227 元，增速为 4.9％，仅在可支配收入中占 8.7％[①]。因此，居民收入结构不合理将阻碍实现生活富裕的进程，未来发展需进一步拓宽工资性收入渠道、提高财产性收入来完善居民收入分配结构。

4.社会保障制度仍需完善

目前，我国社会救助水平整体不高，国家财政对农村低保的支出力度相对不足，就业和失业保障问题尚未得到有效解决。具体而言，我国农村补助标准与城镇相比差距仍然显著，且呈现扩大趋势，从 2016 年的 6385.8 元增长至 2021 年的 9553.8 元[②]。此外，就业和失业保障问题仍较为严峻。受疫情影响，失业人口数量增加明显，2019—2022 年全国城镇登记失业人数由 945 万人增长至 1203 万人。然而，截至 2022 年，我国领取失业保险金的人数仅有 297 万人[③]。由此可见，我国现行的就业和失业保障政策还存在着一定的落实不到位、发展不充分等问题，让更多贫困和失业人口获得社会保障支持仍是未来的努力方向之一。

---

① 国家统计局.2022 年居民收入和消费支出情况［EB/OL］.（2023-01-17）［2023-09-15］. http://www.stats.gov.cn/xxgk/sjfb/zxfb2020/202301/t20230117_1892129.html.

② 翟绍果,徐天舒.从城乡统筹到助推共同富裕：社会保障的现实挑战、制度逻辑与渐进路径［J］.中共中央党校(国家行政学院)学报,2023,27(2):80-89.

③ 广郡通数据平台.国家社会保障数据年度列表［EB/OL］.（2023-01-17）［2023-09-15］. https://guangjuntong.com/countryData.

战略体系篇

第七章

中国式现代化消费的战略路径

本章围绕前述中国式现代化消费的特征，提出了中国式现代化消费的四条战略路径。这些战略路径基于以下四个方面展开，包括立足于数字经济双循环新格局、协调物质消费与精神消费、激发和释放绿色消费需求，以及面向共同富裕，目的在于为中国式现代化消费的战略目标的实现提供战略路径指引。

第一节　立足于数字经济双循环新格局的战略路径

党的十九届五中全会强调，要"构建以国内大循环为主、国内国际双循环相互促进的新发展格局"。蓬勃发展的数字经济以数字和信息手段对实体经济产生了前所未有的影响，成为推动国内国际双循环发展的重要引擎。立足于数字经济时代双循环新格局，充分挖掘数字经济助推内需扩大与畅通国内大循环、数字经济强化对外贸易与畅通国际大循环、数字技术赋能场景创新与畅通国内国际双循环等战略路径，促进中国式现代化消费。

一、数字经济助推内需扩大，畅通国内大循环

畅通国内大循环，可通过数字经济助推内需扩大的战略路径实现。首先，依托数字金融提升消费能力使得居民能消费；其次，依托数字消费促进消费升级以激发居民消费意愿。

（一）数字金融提升消费能力

数字金融是指利用信息技术手段进行金融业务活动的方式，包括移动支付、互联网消费信贷、第三方支付等。数字金融改善了传统金融服务的普及

程度和便捷性,不仅降低了金融交易的成本,也拓宽了可触及人群,从而提高了国内市场中消费者的消费能力①。首先,数字金融工具如电子支付和移动支付的普及使得购物变得更加便捷,消费者可以实现在线支付、移动理财、个人信用评估等功能,提高消费者的消费能力和消费体验。例如,移动支付已经成为中国消费市场的主流支付方式之一,据中国人民银行官网所公布的数据,我国移动支付普及率已达86%②。无论是线上购物还是线下消费,消费者都可以通过手机轻松完成支付,提高了消费的便利性和效率。其次,数字金融能够为消费者提供更多的金融产品选择,如互联网银行等新兴金融业态。一方面,通过互联网信贷可有效释放"中产边缘"人群的消费潜力,进一步推动消费扩大和内需增长。另一方面,数字金融也可为小微企业提供更精准、更广泛的支持,提升消费市场供给。通过大数据分析和人工智能等技术手段,金融科技平台能够更准确地评估和预测小微企业的信用风险,为其提供更加便利和灵活的融资服务,推动小微企业的发展和壮大。综上所述,发展数字金融可提升消费者消费能力,从而通过扩大内需、畅通国内大循环的路径实现中国式现代化消费。

(二)数字消费促进消费升级

数字消费是指借助互联网和数字技术进行的消费活动,涵盖了在线购物、在线教育、在线娱乐等多个领域,包含在电子商务平台购买商品和服务、订阅流媒体服务、下载和购买数字内容等一系列数字化消费行为。随着全球经济增速放缓对消费需求的持续冲击,数字经济引领的数字化消费趋势正成为新的消费增长点。国家统计局数据显示,2023年1—2月份,全国网上零售额达20544亿元,同比增长6.2%,中国已成为全球数字消费规模最大的国家③。首先,数字消费能够促进消费升级。例如,网上购物可扩展消费者的选择范围,打破时间和地域的限制。消费者可以轻松浏览和比较产品,在全球范围内选购商品并享受快速配送服务。这种便利促使消费者愿意花更多的时间和金钱进行在线购物,从而刺激消费升级。其次,数字消费有助于改变

---

① 易行健,周利.数字普惠金融发展是否显著影响了居民消费:来自中国家庭的微观证据[J].金融研究,2018(11):47-67.

② 人行:中国移动支付普及率达86%[EB/OL].(2021-10-11)[2023-09-20].https://finance.sina.com.cn/jjxw/2021-10-11/doc-iktzscyx8927558.shtml.

③ 刘志阳.让数字消费激发经济新活力[EB/OL].(2023-04-17)[2023-09-20].http://theory.people.com.cn/n1/2023/0417/c40531-32665708.html.

消费方式和消费体验。数字消费的兴起不仅带动了线上零售业的迅速发展，还催生了新的商业模式和消费方式。例如，直播带货成为近年的热门。通过直播平台，消费者可以实时观看产品展示和购买链接上的详情介绍，并与主播实时互动，增强了消费者的参与感和购买欲望。因此，积极推动数字消费的发展，鼓励企业创新和消费者参与，是扩大内需、畅通国内大循环的重要路径之一。

二、数字经济强化对外贸易，畅通国际大循环

畅通国际大循环，可通过数字经济强化对外贸易的战略路径实现。首先，依托数字化转型可降低国际贸易成本，以提升中国企业的国际市场竞争力；其次，依托数字化平台建设可拓展国际消费市场，以帮助中国企业无缝连接全球贸易。

（一）数字化转型降低国际贸易成本

数字化转型是指将传统企业的业务、流程、组织结构以及价值创造方式等，通过应用数字技术和数字化手段进行全面升级和创新，以适应信息化、网络化和智能化的时代要求，提升企业的竞争力和持续发展能力。中国电子技术标准化研究院发布的《中小企业数字化转型分析报告（2021）》显示，2021 年我国处于数字化转型初步探索阶段的企业占比为 79%，处于应用践行阶段的企业占比为 12%，达到深度应用阶段的企业占比为 9%[①]。虽整体水平较 2020 年有所提升，但绝大部分企业仍处于数字化转型关键期，道阻且长。对于国际贸易而言，贸易成本包含固定成本和可变成本。其中，固定成本决定了企业参与出口贸易的门槛，而可变成本则直接影响企业的出口规模与国际竞争力，是影响国际贸易的关键因素[②]。企业通过数字化转型可以降低贸易成本，并参与国际贸易活动中。首先，通过数字化转型，企业可建立完善的信息交流平台，实现全球信息的有效流动，改善信息不对称现状，进而大大降低出口贸易环节中的搜寻和匹配成本。同时，即时高效的信息交流渠道能够帮助降低企业间的沟通和协调成本，提高跨国业务中的沟通效率。其次，数字

---

① 中国电子技术标准化研究院. 中小企业数字化转型分析报告（2021）[EB/OL]. (2022-05-05)[2023-09-20]. http://www.cesi.cn/images/editor/20220505/20220505170438288.pdf.

② 盛丹, 包群, 王永进. 基础设施对中国企业出口行为的影响："集约边际"还是"扩展边际"[J]. 世界经济, 2011, 34(1): 17-36.

化转型有助于降低交付成本。依托于数字化转型的在线支付系统的构建，可以降低国际贸易环节的支付成本。数字技术与物流服务的融合也能大大提升运输效率，降低运输成本。综上所述，企业数字化转型可降低企业参与国际贸易的成本，从而畅通国际大循环，实现中国式现代化消费。

（二）数字化平台建设拓展国际消费市场

数字化平台是指基于互联网技术和数字化手段建立起来的虚拟化平台，提供多种服务和功能，连接供应方和需求方，实现信息流、物流和资金流的高效传递。随着数字技术的进步，跨境电商和在线平台在国际贸易中扮演着重要的角色。商务部数据显示，2022 年，我国跨境电商出口额为 1.55 万亿元，同比增长 11.7%[①]。数字化平台为企业提供在线销售渠道和服务，拓展广阔的国际市场，并通过快速获取全球市场信息提升企业的国际竞争力。首先，企业可通过建设数字平台参与跨境电商。通过建立全球性的数字平台，中国企业可以直接面向全球消费者进行营销和销售，突破传统贸易的地域限制，大幅拓展消费市场。数字平台提供的在线支付、物流配送等基础设施也能够降低跨境贸易的交易成本和风险，促进国际贸易的畅通。其次，企业可利用数字平台收集全球范围内的市场情报和竞争情报，帮助企业更好地把握国际市场动态，优化产品结构和市场定位，提高产品质量和竞争力。通过数字化手段，企业能够及时获取来自各个国家和地区的市场信息，了解消费者的需求和竞争对手的动向，从而更加精准地调整产品策略和市场推广方案。此外，数字平台还提供了数据分析工具和预测模型，帮助企业进行市场趋势预测和智能决策，使其在国际市场上保持领先优势。因此，通过建设和拓展数字平台，企业能开拓国际市场，畅通国际大循环，以实现中国式现代化消费。

三、数字技术赋能场景创新，畅通国内国际双循环

畅通国内国际双循环，可通过推动数字技术赋能场景创新的战略路径实现。首先，从国内循环作用于国际循环的视角出发，依托国内市场规模效应助推国际大循环。其次，从国际循环作用于国内循环的视角出发，依托国际市场示范效应助推国内大循环。

[①] 中华人民共和国中央人民政府. 去年中国跨境电商出口增长 11.7%——拓宽"中国制造"出海通道［EB/OL］. (2023-02-28)［2023-09-20］. https://www.gov.cn/xinwen/2023-02-28/content_5743576.htm.

(一)国内市场规模效应助推国际大循环

规模效应指的是在生产过程中,生产规模的扩大会导致生产成本相对减少的效应。2022 年,我国经济总量突破 120 万亿元,社会消费品零售总额稳定在 44 万亿元左右,其中网上商品零售额达到 12 万亿元。中国仍然是全球第二大消费市场和第一大网络零售市场,超大规模市场优势依然明显①。国内市场规模效应使中国企业能够通过规模化生产和经济效益的积累,在国际竞争中取得优势地位②。新经济地理学指出,较大的内需规模能促进规模化生产,带来更高的生产效率,内需规模大的国家也是净出口国③。数字经济与社会经济活动的融合进一步促进了国内市场循环,使得国内市场规模效应得到充分发挥。首先,国内市场规模效应可以促进产业升级,为出口贸易提供必要条件。规模经济除了有利于本土企业的成长,还可以吸引位于价值链高端的诸多外部企业,形成空间集聚。这不仅有利于知识与技术的溢出,还能有效增强国内市场的自主创新能力。其次,数字经济发展带来的规模效应可降低劳动力要素地位,使研发、设计、营销和售后等环节更贴近终端市场。总而言之,通过数字技术创新,中国能够利用国内市场规模效应,将自身产品和服务输出国际市场,通过国内国际双循环良性互动实现中国式现代化消费。

(二)国际市场示范效应助推国内大循环

示范效应是指在国际经济中,一个国家或地区的行为对其他国家或地区产生影响,从而引起其他国家或地区效仿或模仿的现象。在高技术水平的国际经济循环中,示范效应已成为推动我国产业结构调整、提升竞争力的重要力量,从而加快国内产业的发展④。高技术水平的国际经济循环指的是在全球范围内发生的经济活动,涉及先进技术和知识密集型产业。这些活动包括跨国公司之间的合作与交流、国际贸易、技术创新等。首先,通过借鉴和学习国际经济循环中的示范效应,国内产业能够进行结构升级,调整和改善产业

① 超 120 万亿元! 从关键数据看中国经济韧性[EB/OL]. (2023-01-17)[2023-09-20]. http://www.news.cn/fortune/2023-01/17/c_1129294679.htm.

② 易先忠,欧阳峣.大国如何出口:国际经验与中国贸易模式回归[J].财贸经济,2018,39(3):79-94.

③ Krugman P. Scale Economies, Product Differentiation, and the Pattern of Trade[J]. American Economic Review,1980(70):950-959.

④ 赵春明,班元浩,李宏兵.数字经济助推双循环新发展格局的机制、路径与对策[J].国际贸易,2021(2):12-18,54.

的组成和布局。这可以促使国内产业更加专注于附加值高、技术含量高和创新能力强的领域，从而提高整体竞争力。其次，加快国内产业循环可加强国内产业链条的内部联系和互动，促进各个环节之间的协同作用。通过加强内部循环，国内产业可以更好地利用资源、资本和技术等要素，提高效率和生产力。这些措施将为形成产业竞争优势提供动力。产业竞争优势是指一个国家或地区在某个产业领域相对于其他竞争对手具有的优势地位，例如技术领先、成本优势、品牌影响力等。通过利用国际经济循环中的示范效应，实现国内产业结构升级和国内产业循环加速的目标，国内产业能够积累优势并在全球市场获得更大的竞争力，在国内国际双循环良性互动中实现中国式现代化消费。

第二节　协调物质消费与精神消费的战略路径

改革开放初期，中国共产党提出了物质文明和精神文明"两手抓、两手都要硬"的战略方针，强调了对物质与精神的双重关注。新时代，习近平总书记在党的十九大报告中明确提出，当前社会主要矛盾是人民日益增长的美好生活需要和不平衡不充分的发展之间的矛盾。考虑到物质消费对精神消费的基础性作用，我们应充分利用提质升级物质消费，并在其中附加精神价值，以及丰富和发展精神消费等战略路径，促进中国式现代化消费。

一、提质升级物质消费，附加精神价值

可通过对物质消费提质升级，并附加精神价值的方式，实现物质消费和精神消费相协调发展的战略路径。首先，通过提高产品品质与服务体验让消费者在物质消费过程中感受到更多精神满足。其次，通过加强创新驱动个性化消费为物质消费赋予更多精神价值。最后，通过建设可持续发展的物质消费模式为物质消费实现精神提升。

（一）提高产品品质与改善服务体验

通过提高物质消费过程中的产品品质和改善服务体验，可以增强消费者在物质消费过程中的幸福感和满足感，以满足消费者的精神需求。2023 年 7 月京东发布的数据显示，35 岁以下年龄段人群在服务消费中的占比最高，其中，16—25 岁年龄段人群在服务消费中的占比，要比其在所有消费中的占比

高出 3.9 个百分点,新一代消费者更关注消费过程中精神需求的满足①。

首先,通过提高企业的研发水平和创新水平,不断提升产品的品质和功能,可以使物质消费产品更符合消费者的品质生活追求。这意味着企业需要投入更多的资源和精力,致力于开发符合消费者期望的创新产品,并确保产品在设计、材料选择、制造工艺等方面符合高标准要求。其次,除了品质提升之外,与物质消费过程相伴随的服务体验对于消费全流程也至关重要。通过提供个性化、便捷和贴心的服务,可以增加消费者在购物过程中的情绪价值,从而满足其精神需求。例如,提升线上购物界面美感、温馨布置线下购物门店、提升客服专业程度和服务态度,以及开展适老化和适幼化设施建设等。总的来说,对物质消费进行品质提升和服务提升,可以为消费者在物质消费过程中附加精神价值,从而实现物质消费和精神消费的协调发展。

(二)加强创新驱动个性化消费

个性化消费指的是消费者根据自己的个人需求、兴趣和偏好进行购买决策的行为。新时代,消费者购买商品不再只是满足基本物质需求,对于个性化和差异化的需求也越来越强烈。物品的消费已成为一种自我表达和自我展示的方式,以满足个人精神追求和自我实现的需求②。因此,在物质消费产品设计生产环节中,企业应当注重设计创新,推出更多具有个性化特色的产品。首先,借助网络平台等信息化手段,企业可以与消费者进行深入互动和沟通,更好地了解他们的需求和偏好,从而开发出更符合消费者期待的产品。其次,通过引入人工智能、大数据分析和物联网技术,企业可以通过消费者的消费轨迹和全流程消费行为,分析消费者的喜好,并提供点对点精准化的推荐。最后,企业可通过引入定制化生产的概念和技术,为消费者提供根据个人喜好和个性定制产品的外观、功能等的机会。综上所述,在物质消费中为消费者实现个性化,满足消费者精神追求中的独立性和自我实现的需求,可实现物质消费和精神消费的协调发展。

(三)建设可持续发展的物质消费模式

可持续消费是指在满足个人和社会需求的同时,最大限度地降低对环境资源的消耗和对生态系统的负担。通过选择环保、低碳的产品和服务,个体

---

① 经济日报携手京东发布数据:个性化服务消费加快兴起[EB/OL].(2023-07-29)[2023-09-20].http://www.ce.cn/xwzx/gnsz/gdxw/202307/29/t20230729_38651138.shtml.

② 胡昀歌.精神经济视角下中等收入青年女性文化消费研究[D].南京:南京艺术学院,2022.

能够在物质消费层面上实现对自然环境的尊重和保护，从而塑造出积极健康的价值观念，达到精神文明的提升①。首先，在供应端，企业可以采取一系列措施来实现环境保护和资源节约。第一，优化生产工艺，采用清洁能源和节能技术，减少环境污染和能源消耗。第二，推行循环经济理念，回收利用和再生利用废弃物与副产品，最大限度地减少资源浪费和污染排放。第三，加强供应链管理，与供应商合作，推动环保标准和可持续经营理念的传播与实践。其次，在需求端，消费者可以从以下几个方面培养可持续消费的意识。第一，关注产品的环保性能和质量标准，在购买时选择符合环保要求的产品。第二，倡导简约生活，减少浪费和过度消费，提倡共享经济和"二手"交易，降低资源需求，减少废弃物产生。第三，通过积极参与环保公益活动、关注媒体报道和加入消费者组织等途径，积极参与可持续消费的推动。综上所述，打造可持续发展的物质消费模式，可以在物质消费过程中达成人与自然和谐共生的精神消费观，从而实现物质消费和精神消费的协调发展。

二、提升精神消费水平，内容丰富完善

可通过大力发展精神消费的方式实现物质消费和精神消费相协调发展的战略路径。首先，从需求端提高消费者文化消费水平以促进精神消费。其次，从供给端培育文化创意产业以升级精神消费。最后，从供给端拓展文化消费领域以丰富精神消费。

（一）提高文化消费水平

精神消费是满足人们日常生活中精神需求的一种消费方式，通过获取精神产品、精神劳动和精神实践来实现。它本质上是一种文化消费和需求消费，其中文化消费被认为是精神消费的主要推动力②。2023 年上半年，我国文化企业实现营业收入 59357 亿元，比上年同期增长 7.3%③。消费者文化消费水平的提高依赖于对文化认知和理解的加强④，需要政府、企业和社会各方共同努力。

---

① 周中之. 现代消费伦理视野中的节约观[J]. 消费经济，2006(5)：55-57.

② 尹世杰. 提高精神消费力与弘扬精神文明[J]. 湘潭大学学报（哲学社会科学版），2012，36(6)：67-70,90.

③ 中华人民共和国中央人民政府. 2023 年上半年全国规模以上文化及相关产业企业营业收入增长 7.3%[EB/OL].（2023-07-30）[2023-09-20]. https://www.gov.cn/lianbo/bumen/202307/content_6895495.htm.

④ 尹世杰. 提高精神消费力问题研究[J]. 经济学家，2011(10)：22-27.

首先,政府应加大对文化教育的支持力度,推动广大民众接受艺术、音乐、电影、书籍等文化产品的教育和培养。为此,政府可以增加对艺术教育的投入,向学生提供接触和了解不同形式的艺术表达的机会。举办艺术展览、戏剧表演、音乐会等活动可以激发学生的艺术兴趣和创造力,培养他们对文化的鉴赏能力和消费意识。此外,政府可以向文化机构和场馆提供财政支持,改善设施和运营管理,提供更好的服务和体验。同时,鼓励民间资本投资文化产业,促进文化场馆的多样化发展,为人们提供不同类型的文化活动。其次,企业和社会各方也应积极参与提高文化消费水平。企业可以通过支持文化活动和项目来提升消费者的文化消费水平,例如赞助艺术展览、音乐节等,增加公众对艺术和文化活动的接触与参与。社会各方可以组织文化推广活动,加强对文化的普及和传播。总而言之,加强文化教育、改善文化设施和服务,以及促进文化活动的多样化发展,可以提升消费者对文化产品的认知度和欣赏能力,从而促进文化消费的增长和发展,这是实现中国式现代化消费中精神消费的路径之一。

(二)培育文化创意产业

文化消费作为社会再生产的重要环节,扩大文化供给侧对消费具有重要引领作用①。发展文化创意产业是提升精神消费水平的关键②。加大支持力度、培养专业人才、推动产业融合和加强国际交流合作,可以有效地培育文化创意产业,提升精神消费水平,并推动经济发展与文化繁荣相互促进。首先,政府应奖罚并重,一方面应建立支持和激励机制以促进文化创意产业的发展,另一方面还应加强知识产权保护,确保创意作品的合法权益,对相关创意产业的 IP 进行有效保障。其次,加强相关专业教育和培训,建立健全的人才培养体系,培养具备创意思维和跨学科能力的人才,提高整个行业的素质和竞争力;积极推动文化创意产业与科技、数字经济等领域的融合发展,利用现代科技手段和数字化平台,创造更多的文化创意产品和服务,拓展市场空间,提升创意作品的传播力和影响力。最后,还需要注重国际交流与合作,吸引外国优秀的文化创意企业和人才来中国发展,促进文化创意产品的输出和国际化,扩大文化产业市场。综上所述,培育文化创意产业,从供给侧提高文化

---

① 文化和旅游部. 以供给侧改革引领文化消费[EB/OL]. (2017-02-10)[2023-09-20].
https://www.mct.gov.cn/whzx/bnsj/whcys/201702/t20170213_760283.html.
② 李向民. 新时代:加速崛起的精神经济时代[J]. 山东大学学报(哲学社会科学版),2020(1):40-46.

创意产品的供给质量,助力推动精神消费发展和壮大,这是实现中国式现代化消费中精神消费的路径之一。

(三)拓展精神消费空间

除了传统的文化消费领域,健康养生、旅游度假等领域的精神消费也逐渐成为热点。根据《新中产精神消费升级报告》,中国新中产群体对精神和文化消费领域的关注明显增强。在主要消费支出中,旅游、子女教育、休闲娱乐/个人爱好、自我提升等成为主要消费内容[①]。着眼于后疫情时代的消费特征,笔者提出以下几条实施路径。首先,健康养生成为人们关注的重要话题,拥有巨大的消费市场潜力。健康养生产业可以通过提供各种养生产品和服务,例如健康食品、保健咨询等,来满足消费者对身心健康的追求。其次,疫情时代挤压的出行需求将成为精神消费的主力。2023 年"五一"假期,我国国内出行人次达 2.74 亿,相当于 2019 年同期的 119.09%,国内旅游业总体收入达 1480.56 亿元,按可比口径恢复至 2019 年同期的 100.66%[②]。政府和企业可以共同努力打造更多的旅游景点、度假村和文化体验项目,提供丰富多样的旅游产品和服务。此外,依托互联网和数字技术发展的虚拟现实、在线教育、远程旅游等新兴精神消费领域能够提供更多元化的精神消费选择。例如:在线教育平台可以提供各种学习课程和知识分享,让人们能够随时随地获取个人感兴趣的知识和技能;数字娱乐则通过音乐、电影、游戏等形式,提供丰富多样的娱乐体验,满足消费者在数字化时代的娱乐需求。总而言之,立足消费者生活全方面多领域发展精神消费市场,有利于以新兴消费带动消费需求扩大,扩大精神消费市场规模,这是实现中国式现代化消费中精神消费的路径之一。

第三节 激发和释放绿色消费需求的战略路径

2022 年,国家发展改革委联合其他七部门共同发布《促进绿色消费实施方案》,指明了绿色消费发展方向。方案强调,绿色消费是各类消费主体在消

[①] 艾瑞. 新中产精神消费升级报告[EB/OL]. (2018-07-05)[2023-09-20]. https://www.gelonghui.com/p/190068.

[②] 2023 年"五一"假期国内旅游出游 2.74 亿人次同比增长 70.83%[EB/OL]. (2023-05-03)[2023-09-20]. https://www.gov.cn/lianbo/2023-05-03/content_5754040.htm.

费活动全过程贯彻绿色低碳理念的消费行为。基于这一方案,充分发挥从供给侧提高绿色产品有效供给、从需求侧促进绿色产品消费意愿等战略路径,可促进中国式现代化消费。

一、提高绿色产品有效供给

充分激发和释放绿色消费需求,其首要任务是保证绿色产品的有效供给。首先,通过推动绿色产品研发实现绿色产品供给扩大;其次,通过开拓绿色营销方式提升绿色产品市场认知度。

(一)推动绿色产品研发

目前我国正处于新旧动能转化的重要变革时期,在此过程中推动绿色产业发展,实现绿色产品研发和升级是转变方式的主要路径[①]。截至 2021 年底,中国节能环保产业有效发明专利 4.9 万件,新能源产业有效发明专利 6 万件,分别是 2017 年底的 1.6 倍、1.7 倍。从 2011 年到 2020 年,中国在环境技术发明方面取得了巨大的进步,专利申请总量占全球的比重高达 60%,成为世界上专利研发投入最多的国家[②]。

首先,实现绿色动能转化要以政府政策支持为驱动。第一,政府需加大对绿色科技创新的支持力度,鼓励企业增加绿色产品的研发投入,并出台相应的财税政策激励措施。第二,建立与绿色产品相关的标准和认证体系,引导企业按照绿色标准进行产品设计和生产,确保产品符合环保要求。第三,促进绿色产品与其他行业的跨界合作,鼓励技术、经验和资源的共享,加快创新和升级。

其次,依托有利的政策环境,作为绿色产品的生产者,企业需审时度势进行战略调整。第一,企业需制定明确的可持续发展战略,将环境保护和社会责任纳入核心业务目标。第二,为全面了解消费者对绿色产品的需求和偏好,企业应通过市场调研和需求分析确定绿色产品研发的方向和重点领域。第三,组建专门的绿色产品研发团队,负责研发新的绿色产品,改进现有产品的环保性能,并跟踪监测相关技术的发展。综上所述,推动绿色产品研发,可以从供给侧的生产环节提高绿色产品有效供给,以激发和释放绿色消费需求。

---

① 张芳. 中国绿色产业发展的路径选择与制度创新研究[D]. 长春:吉林大学,2020.
② 中华人民共和国中央人民政府. 新时代的中国绿色发展[EB/OL]. (2023-01-19)[2023-09-20]. https://www.gov.cn/zhengce/2023-01/19/content_5737923. htm.

（二）开拓绿色营销方式

畅通从生产到消费的链条是完善绿色消费转型路径的关键。因此，除了推动绿色产品研发外，绿色产品营销也不可或缺①。首先，企业可以借助互联网和社交媒体等渠道，积极开展绿色产品的网络营销和推广活动，提高消费者对绿色产品的知晓度。精心策划的在线宣传活动、有吸引力的内容创作和互动性强的社交媒体营销，可以将绿色产品的信息传递给更广大的受众群体。同时，利用大数据分析和个性化推荐算法，将绿色产品与目标消费者精准匹配，提高销售转化率。其次，通过品牌建设和形象塑造，传递绿色产品的价值理念和优势特点，使消费者对绿色产品产生认同感和信任度。建立一个独特且具有识别度的品牌形象，突出绿色环保的核心价值，并通过广告、宣传资料和企业形象视频等媒介，展示绿色产品在环保、健康和可持续发展方面的优势。另外，可与环保组织和媒体等合作，共同宣传绿色消费的重要性，增强公众对绿色消费的认知和理解。与环保组织建立战略合作关系，共同举办绿色产品展览、论坛和培训活动，向公众普及绿色产品的知识和信息。同时，积极参与绿色产品评选和认证，获取权威机构的认可和标志，进一步提升消费者对绿色产品的信任度。综上所述，开拓绿色营销方式可以从供给侧向消费侧传递绿色消费意识，提高绿色产品供给与增强消费良性互动，从而激发和释放绿色消费需求。

二、促进绿色产品消费意愿

在保证绿色产品有效供给的战略路径基础上，要充分激发需求端的消费潜力和消费意愿。首先，通过培育绿色消费观念让消费者在心理上接受绿色产品；其次，通过鼓励绿色消费行为让消费者在行动上践行绿色消费。

（一）培育绿色消费观念

绿色消费是消费者在消费过程中对健康、理性的生活生产方式的主动选择，受到人们的文化素养和社会环境的影响，因此具有极高的可塑性②。从消费者的绿色消费观念出发，不断提升公众的绿色消费认知，增强其对绿色产

① 崔如波，王唯薇.加快培育西部绿色消费模式[J].探索，2014(4)：92-98.
② 张士华.新时代绿色消费存在的问题和转型对策探究[J].中国商论，2023(11)：89-92.

品的认可,是实现绿色消费的关键环节①。根据《公民生态环境行为调查报告(2022 年)》的数据,全国除港澳台以外的 31 个省(区、市)的 12485 名受访者中,能够在私人和公共领域自觉践行环保意愿和行为的占 21.9%,只在公共领域或私人领域有环保意识和行为的占 51.3%,另有 8.1%受访者在私人和公共领域均无环保意识和行为②。首先,政府可加强绿色消费教育和宣传,增强公众对绿色消费概念的了解和认同,并引导消费者形成绿色消费习惯。其次,通过在媒体、社交平台开展宣传等方式,宣传绿色消费的积极影响和个人责任,可激发消费者参与绿色消费的主动性。传播绿色消费的成功案例和可行性,可让公众认识到他们个人的消费选择能够对环境和社会产生重要的影响。最后,建立绿色消费指南和评价体系,为消费者提供选择绿色产品的依据和信息,并赋予公民监督权利,畅通环境污染举报渠道和反馈机制。这样的举措有助于消费者做出明智的消费决策,并鼓励企业和行业采取更加环保和可持续发展的做法。总而言之,培育绿色消费观念能够从消费侧引导消费者未来的绿色消费行为,从而激发和释放绿色消费需求。

(二)鼓励绿色消费行为

对于消费者绿色消费观念的培育,最终落脚点在于实践绿色消费行为,因此对消费者绿色消费行为的鼓励必不可少。首先,政府可设立绿色消费奖励和优惠政策,给予购买绿色产品的消费者一定的经济和非经济回报,提高其购买绿色产品的动力。类似于新能源汽车补贴措施的政策需要在各行各业中深入开展和落实。国家补贴对新能源汽车行业起到了重要推动作用,从 2009 年到 2022 年,中国新能源汽车销量从 5294 辆增长到 688.7 万辆,产销量近 8 年稳居全球第一③。其次,推动绿色社会行动。党的十九大报告中提出,要开展创建节约型机关、绿色家庭、绿色学校、绿色社区和绿色出行等行动。第一,政府可以通过宣传教育和示范引领的方式,推动广大群众积极参与绿色消费行动。第二,加强监督和执法力度,打击虚假宣传和伪劣产品,维

① Icek A. The Theory of Planned Behavior[J]. Organizational Behavior and Human Decision Processes,1991(50):179-211.

② 生态环境部环境与经济政策研究中心.《公民生态环境行为调查报告(2022 年)》发布[EB/OL].(2023-06-29)[2023-09-20]. http://www.prcee.org/zyhd/202306/t20230629_1034892.html.

③ 2023 年起,新能源汽车购置补贴政策终止——补贴退场,新能源汽车如何"续航"[EB/OL].(2023-02-21)[2023-09-20]. http://www.news.cn/fortune/2023-02/21/c_1129382110.htm.

护绿色消费市场的公平和透明,增强消费者的信心和保障感。加强产品质量监管和消费者权益保护,有助于消除绿色产品购买过程中的疑虑和顾虑。总之,以上一系列路径可促进消费者的绿色消费行为,从而实现中国式现代化消费中的绿色消费。

第四节　面向共同富裕的战略路径

习近平总书记在《扎实推动共同富裕》中提出,到 21 世纪中叶,全体人民共同富裕基本实现,居民收入和实际消费水平差距缩小到合理区间。消费与收入密切相关,收入是消费的基础,而消费是收入的流向。由此可见,消费的"共同富裕"体现在收入共同富裕和消费共同富裕两方面。基于此,应充分发挥消费在国民经济循环中的作用以实现收入分配视域下的收入共同富裕,挖掘在消费环节中缩小消费差距和减少消费不平等以实现消费分配视域下的消费共同富裕等战略路径,促进中国式现代化消费。

一、促进收入共同富裕

消费是国民经济中的重要组成部分之一,消费的增加可以促进经济增长和就业机会的产生,从而带动整体经济的发展。因此,以消费促进收入共同富裕是实现中国式现代化消费中面向共同富裕的战略路径之一。首先,通过发展区域消费可以解决区域发展不平衡导致的收入差距;其次,通过协调城乡综合发展水平可重点解决城乡收入不平等问题。

(一)发展区域消费

我国经济发展存在地区发展不平衡的现象,特别是中西部、农村和"老少边穷"区域由于缺乏生产制造业发展的条件,长期以来无法实现高质量发展。我国区域经济发展水平呈现"东高、中中、西低"的阶梯特征,2021 年,东部、中部、西部地区居民人均可支配收入分别为 44980 元、29650 元、27798 元[①]。为了规避生产经济发展不足的问题,消费经济发展成为一种解决方案,可以实

---

① 十年来我国居民收入较快增长　生活质量稳步提升[EB/OL]. (2022-10-11)[2023-09-20]. http://finance.people.com.cn/n1/2022/1011/c1004-32543082.html.

现收入的共同富裕①。首先,鼓励和支持地方特色产业的培育和壮大,发挥其独特的优势和特色。加大财政投入、提供创新和技术支持,以及改善营商环境等方式,可推动地方特色产业的发展和创新,提高产品的竞争力和市场份额。其次,推动地方商品的创新和品牌建设,提升地方商品的品质和形象。加强市场营销和活动推广,提高消费者对地方商品的认知度和接受度,能激发消费者对地方商品消费的需求。再次,建立和加强区域间的合作机制和交流平台,促进资源、信息和经验的共享。组织展示和展销活动,举办交流会议和培训,加强区域间的交流与合作,能推动消费资源的优化配置和流动。最后,改善区域消费的基础设施和服务设施,提高消费环境的舒适度和便利性。提供丰富的消费选择、完善的支付和配送方式,以及优质的售后服务,能提升和改善消费者的满意度和消费体验,鼓励更多人参与地方特色产业和商品的消费。综上所述,发展区域消费,可以让消费经济带动区域平衡发展,从而发挥消费对共同富裕的助力作用。

(二)协调城乡发展

2021 年,习近平总书记在《扎实推动共同富裕》一文中强调了促进农民农村共同富裕的重要性,并将农村共同富裕工作提升到了战略高度。根据国家统计局数据,2022 年,我国城镇居民人均可支配收入为 49283 元,农村居民人均可支配收入为 20133 元,城镇居民人均可支配收入约为农村居民人均可支配收入的 2.5 倍,虽城乡居民人均可支配收入之比相较 2012 年下降了 0.38,但仍有极大进步空间②。

首先,为了实现城乡发展的协调,工作重心之一需要放在农村建设上。第一,加大对农村地区的投资,改善基础设施建设,提升农村居民的生活品质。为了推动农村经济的可持续发展,应大幅度改善农村的基本设施建设,如公共交通、供水、供电等,使农村地区的发展环境更加便利和舒适,提高农村居民的生活水平。第二,积极推动农村地区的特色农产品、乡土文化、乡土旅游等产业,让农民获得实惠。提供农业技术支持、加强市场对接和推广,帮助农民发展高效、绿色、特色的农业产业,提高农产品的附加值和竞争力。积极发展农村旅游产业,吸引游客,创造就业机会,增加农民收入。第三,加强

---

① 周勇.中国消费中心空间发展:动力、扩张及路径[J].求索,2022(5):106-116.
② 中华人民共和国中央人民政府.2022 年居民收入和消费支出情况[EB/OL].(2023-01-17)[2023-09-20].https://www.gov.cn/xinwen/2023/01/17/content_5737487.htm.

对农民教育和培训的投入，提高农村居民的就业技能和创业能力，帮助他们更好地适应城市化进程带来的机遇和挑战。

其次，促进城市和乡村之间的合作与互动，实现资源、人才和信息的流动，也是实现城乡协调发展的必经之路。建立城乡融合发展的机制，鼓励城市企业和投资人进入农村地区，引导他们对农村进行投资兴业，同时帮助农村企业和农民合作社拓展城市市场，推动城乡间的互补发展，实现城乡消费和发展的协调共进。总而言之，实现城乡协调充分发展，能够帮助农村地区充分参与市场交易，从而发挥消费对共同富裕的助力作用。

二、实现消费共同富裕

除收入不平等外，消费资源的可触及程度也是消费不平等和消费差距形成的显著阻碍。因此，实现消费共同富裕是实现面向共同富裕的中国式现代化消费的战略路径之一。首先，通过优化消费环境破除消费不公，可为所有消费者提供平等消费机会；其次，通过保障公共服务落实消费普惠，可缩小群体性消费差距。

（一）优化消费环境破除消费不公

消费公平是发展消费促进共同富裕的内在条件[①]。由于市场供需差异和地方经济状况的不同，同一商品在不同地区的定价也会存在差异。例如：某些地区的运输成本较高，商品价格会相应提高；在竞争激烈的地区，商家为吸引消费者可能会降低价格。农村和偏远地区的消费者，由于地理距离和信息流通限制，往往无法获得与富裕地区相同的商品和服务，并且需要支付更高的价格。因此，需要从政策和物理层面优化消费环境。首先，在政策层面，加大对市场的监管力度，打击价格垄断和欺诈行为，确保市场公平竞争，保护消费者权益。建立健全监督机制，加强执法力量，严厉打击违法行为，以维护市场秩序和消费者利益。其次，在实践层面，可以通过加强农村物流和配送体系建设，提高外来商品的流通效率和质量，让农村居民能够足不出户享受到优质的商品和服务。建设农村市场和商业中心，为农民提供购物、休闲和社交的场所，并吸引更多的商家进驻，增加商品的多样性。综上所述，促进消费公平可以实现消费的均衡发展和社会的可持续繁荣，从而实现中国式现代化消费。

---

① 许进杰.资源性产品供给紧约束条件下的公共绿色消费、经济增长与消费公平[J].商业研究,2013(11):23-28.

（二）保障公共服务落实消费普惠

公共服务与民生息息相关，是建立人民信任的纽带。《"十四五"公共服务规划》明确提到，推动公共服务发展，健全完善公共服务体系，持续推进基本公共服务均等化，着力扩大普惠性非基本公共服务供给，丰富多层次多样化生活服务供给，是促进社会公平正义、扎实推动共同富裕的应有之义[①]。近年来，我国基本公共服务逐步覆盖全部城镇常住人口，截至 2020 年，96.8％的县级单位实现义务教育基本均衡发展，85.8％的进城务工人员随迁子女在公办学校接受相应的教育，并获得政府提供的奖励[②]。尽管近年来我国的经济发展取得了显著的成果，但在基础设施方面，还需要加强投入，改善居民生活质量，加强社会保障体系建设，促进社会的全面发展。消费的可获得性与收入相关，但消费的可及性与收入无关，例如教育和健康服务等消费，并不是有钱就能得到。从服务供给的权责分类来看，公共服务可分为基本公共服务和普惠性非公共服务两大类。首先，针对基本公共服务，政府应建立协调城乡的民生保障制度，保障居民教育、养老、医疗和住房等基本公共服务，消除消费者的后顾之忧，让消费者有胆量、有底气消费，提高消费的普惠性和可及性。其次，在普惠性非公共服务领域，政府应加大力度吸引公益性社会机构或市场经济主体积极参与其中，扩大服务供应，提升服务水平，推进重点应用领域非基本公共服务普惠化快速增长，以合理的价格让广大普通居民群众受益。同时，私人资本也可参与基础设施建设和公共服务项目，提升基础设施和公共服务水平，确保人们能够享受公平的消费环境。总而言之，实施公共服务均等化，可实现面向共同富裕的中国式现代化消费。

---

① 国家发展和改革委员会."十四五"公共服务规划［EB/OL］.［2023-09-24］. https://www.ndrc.gov.cn/xxgk/zcfb/ghwb/202201/P020220110357049883156.pdf.

② 邱海峰.到 2025 年，人均预期寿命达到 78.3 岁，基本养老保险参保率升至 95％——公共服务发展有了新目标［EB/OL］.（2022-02-11）［2023-09-24］. http://paper.people.com.cn/rmrbhwb/html/2022-01/11/content_25897862.htm.

第八章

中国式现代化消费的关键举措

消费高质量发展是推进中国式现代化的应有之义，是实现经济社会高质量发展的必然选择。推进中国式现代化消费发展，应将提升双循环新发展格局下的消费供给质量、满足数字经济时代的消费需求以及营造安全放心诚信的消费环境作为重要着力点。

第一节　提升新格局下的消费供给质量

数字经济时代，在数字化、智能化技术赋能下，数字内容服务消费、传统消费数字化赋能等迅速拓展，网络购物、直播带货等数字形态的消费供给新业态新模式蓬勃发展，极大影响了居民日常消费，有助于更好地满足人民美好生活需要。在此背景下，结合构建双循环的新发展格局的时代背景，考虑到流通是社会化大生产的必然产物，是连接生产和消费的重要环节，流通环节的高效率和高质量是提高供给质量的重中之重，因此，应从流通环节入手，提升消费供给质量。高质量供给，不仅意味着国内大市场产品供给的畅通，更意味着要实现国内国际两个市场内产品的互联互通，在此基础上实现产品供给和消费需求的精准适配。

因此，提升消费供给质量，首先要畅通全国大循环，加快国内统一大市场建设，提高消费品流通现代化水平。其次要推动国内市场和国际市场的双循环，促使国际国内市场和资源互联互通，更有效保障消费供给。最后要增加定制化个性化产品供给，提高产品供给和消费者需求的适配性，真正做到消费提质升级。

一、畅通消费品国内大市场供给

畅通消费品市场国内大循环,应着力构建全国统一大市场,提高消费品流通的现代化水平,在全社会范围内完善消费品流通网络,从而有效保障消费供给,推进人民消费方式转变,促进消费升级。为此,应重点做好两方面工作。一是扫除消费品流通壁垒,坚决清除地方保护主义。市场中各种形式的壁垒会导致严重的不公平竞争,造成社会资源的极大浪费,只有维护充分开放的市场竞争环境,保证全国资源的有效流动,才能真正推动全国统一大市场建设。二是健全消费品流通网络,在全社会范围内提高消费品流通效率,降低消费品流通成本。

(一)打破消费品流通壁垒

首先,应加强全国统一大市场建设的顶层设计。要严格按照关于加快全国统一大市场建设相关文件的要求,制定有效、规范和协调一致的地方执行指南,供地方各地遵守和执行。以公平竞争、自由开放和高效规范为基本原则,把打击行业垄断和建设全国统一的要素市场放在重要位置,以规范消费品流通政策作为重要突破口,在政策设计、制定及执行过程中强化相关人员,包括市场主体和政府执法人员等的公平竞争和公正执法意识。根据国家统计局数据,2012—2022 年,我国社会消费品零售总额从 20.6 万亿元增长到 44.0 万亿元,年均增长率接近 8%[①]。全国统一大市场的建设能够推动商品和资源要素在更大范围内自由流动,释放更大消费潜力,创造更多市场需求,提高消费品供给质量和供给效率,从整体上优化消费品市场环境。

其次,要精准治理制约全国统一大市场建设的关键堵点。应增强法律规范体系的约束力,尽快完善与市场监管执法相关的统一大市场法律和标准体系建设,加强多种形式的消费品流通监管,如鼓励联合出台跨行政区域的统一消费品市场监管的法律法规和政策标准。同时,要加强统一市场监管的执法力度,坚决取缔各种形式的地方保护,细化各类处罚规定,通过实地调研挖掘、发现典型案例,指导地方完善修改有关规章制度,逐步形成全国统一的消费品流通监管政策,并强化执行工作的公平公正。

---

① 国家统计局.国家数据[EB/OL].(2023-09-20)[2023-09-20].https://data.stats.gov.cn/easyquery.htm?Cn=C01.

(二)健全消费品流通网络

首先,实现消费品流通网络布局的综合一体性发展。加强消费品流通基础设施和消费品市场建设,统筹规划城乡之间、区域之间和国内国际流通网络布局,有效推进国内消费品统一大市场的形成,以更高程度的协调和开放推动消费品流通网络的高质量发展。因此,应加快国内骨干消费品流通所需的物流枢纽网络建设。既要注重增强城乡和区域间的物流基础设施建设,实现城乡和区域间物流体系的互联互通,推动物流体系在全国范围内的一体化网络布局,也要加强对接生产企业和消费购物中心的集散中心、配送中心的建设,提高消费品运输的物流效率,保证消费品高效、安全地交到消费者手中,实现物流体系对消费品流通网络的强力支撑。

其次,通过业态创新、功能重塑以及消费者特殊需求满足等方式突破传统消费品零售的界限,建构更加和谐高效的消费品流通体系。应解决传统的以零供关系为代表的批发商业关系中的问题,以及由数字经济发展带来的消费品线上线下流通功能问题与分工混杂问题,厘清线上与线下批发商业、零售商业等关系特征与结构,发展线上线下消费品流通的新形式,提升消费品供给体系的整体运行效率。这有助于进一步激发中国超大规模市场的优势,发挥市场竞争的积极效果,提高资源利用效率,推动消费品升级换代,为满足消费需求提供坚实保障。

二、保障消费品国内外市场供给

在畅通国内大循环的同时,应推进消费品市场国内国际双循环,充分利用国内国际双重市场优势,保障消费供给。为此,要从两方面发力:一是应培养我国市场主体的核心技术优势,摆脱关键技术和核心部件受制局面,这是确保当前消费供给的必要条件。二是面对新变局、新挑战,应提升市场主体安全可控水平,提升市场主体抵御冲击能力,确保市场主体保持产业链供应链上下游畅通无碍,建设创新力更强、更安全可靠的产业链供应链,保障供给需求两端紧密关联和动态平衡。

(一)提升市场主体自主创新能力

首先,加速提升我国市场主体自主创新能力。第一,加强市场主体的基础研究和创新能力,重点投入资金和人力资源,促进生产要素向优质创新企业集中,引导企业在更高层次和更广范围内制定创新战略,培养更多的企业科研人员和创新人才。第二,推动建立企业科技创新的资金支持体系,鼓励投融资机构加大对创新型企业的支持,吸引更多的创新要素在重点领域聚集性发展。第三,不断加强创新政策与知识产权保护。可通过制定创新激励政策,提供税收减免、财政支持等创新奖励措施,鼓励企业加大自主创新力度。应加强知识产权保护,提供有效的法律保护机制,维护创新成果的合法权益。第四,致力于营造良好的创新环境和创新氛围,为创新创业者提供必要资源和支持,加强对创新文化的宣传和教育,树立创新创业的企业形象,鼓励市场主体积极参与创新活动。

其次,加快构建市场主体的协同创新机制。应充分发挥优秀创新企业的引领和示范作用,促进企业间协调发展与协同创新。第一,积极构建创新交流平台和公共资源共享平台。通过实施技术创新、品牌创新、质量创新、标准创新和产业链建设等方面的协同创新,推广优秀市场主体的创新机制,进而提升整个行业的整体创新能力和竞争优势。第二,前瞻性、系统性地规划有利于市场主体整体发展的创新资源配置,促进创新生产要素向优质企业集中,在更高层次和更广范围内引导企业制定现代化创新战略、研发战略。第三,充分发挥优秀创新企业的带头示范作用,促进企业间创新研发行为的相互支撑、服务共享、信息共通和数据融合,带动全行业的企业创新发展。第四,支持创新型企业成长为自主创新引领的新动力,促进和支持技术创新、管理创新和商业模式创新等,从而培育形成新的竞争优势。

(二)提升市场主体安全可控水平

首先,培养市场主体独立解决产品、技术等方面的"卡脖子"问题的能力,从而有效防范企业在产业链供应链关键环节可能遇到的风险。在当前深度全球化的背景下,每个国家和地区都成为全球生产网络的一部分。为了保障自身企业的安全,必须采取相应的制度和措施,掌握产业链供应链的关键环节和重点领域的核心技术。即使面临外部产品、零部件或技术的断供和断链冲击,仍然可以依靠过硬的核心技术和稳定运行的产业链供应链满足市场所需的产品供应。

其次,需要龙头企业发挥示范作用,有效整合产业链供应链上下游资源和要素,保障产业链供应链畅通无阻。处于领导地位的企业应发挥强大的组织能力,帮助其他企业抵御外部冲击,维持稳定的市场供给。以京东为例,该企业在新冠疫情防控期间,以"负责任的供应链"为企业客户提供了强大的供应保障。京东财报显示,2022 年上半年京东净收入超 5000 亿元,连续两季增速远超行业平均增速,表现出极强的韧性。据不完全统计,京东累计投入 20亿元支援全国各地抗击疫情、保障供给。可见,龙头企业在风险面前的担当有助于提升该行业的产业链供应链运行效率和风险对冲能力，使整个行业在面临市场风险时，具备更高的应对风险能力，保障产品的持续供应。因此，占据行业主导地位的龙头企业应不断提升自身的风险抗衡能力，与产业链供应链上下游企业协同合作，利用韧性战胜冲击，保障市场供给稳定。

三、增加定制化个性化产品供给

在互联网、云计算、区块链、人工智能等前沿技术不断与商业实践深度交融的时代，企业的价值创造能力大大增强，可以依托大数据资源对需求端信息进行目标数据提取和分析，将分析结果及时传递至供给端，推动供给和需求精准适配，实现供给端为需求端提供针对性乃至定制化产品和服务。推广个性化定制、柔性化生产，有助于优化消费品供给品类，推动消费品质量从生产端符合型向消费端适配型转变。随着企业数字化转型的不断深入，可通过定位精准需求，提供相应的定制化产品和服务，为消费者消费提质升级做出重要贡献。

（一）以反向定制推进供需适配

传统产品流通的起点在供给侧，采取的是 M2C 生产模式，而现代产品流通起点转移至需求侧，由需求侧对供给侧提出相应需求，逆向推动供给侧的调整，这被称为"C2M"反向定制（M2C 生产模式与 C2M 反向定制比较分析见表 8-1）。以 C2M 为代表的新兴供应链运作模式推动了传统的"以产定销"向"以销定产"转型，通过实现消费与生产的直接交互，不仅能够更加精准地满足消费需求，极大提升供需匹配效率，更能够将传统规模化生产的数量优势与新兴个性化定制的质量优势结合，有效解决生产领域与消费市场衔接不畅而导致的供过于求或供不应求的结构性问题，实现零库存甚至是负库存目标，推进全社会范围内的生产资源高效配置。C2M 模式产生了众多成功案例，以京东为例，京东"秒杀"团队通过大数据分析，发现长粒香、稻花香、黄小米 3 个细分品类占比高且保持持续性快速增长，有较大的发展潜力与机遇。京东最终与十月稻田品牌方和采销商达成打造行业标杆、进行三方联动定产包销的共识，在品牌方原有的全产业链优势基础上，从产品源头的核心粮食原产基地挑选最优质的原粮进行了品质和口感升级，确定了新产品"黄小米"。这一新品曾创下单日销量突破 10 万件的纪录，新品上线即成为"爆品"[①]。

---

① 京东秒杀的 C2M"爆品"秘诀［EB/OL］.（2020-11-14）［2023-09-20］. https://zhuanlan.zhihu.com/p/293499228.

表 8-1 M2C 生产模式与 C2M 反向定制比较分析

类别	M2C	C2M
假设	供不应求 客户需求类似	供过于求 客户需求各异
逻辑	工厂直连渠道商 满足同质化需求	工厂直连客户 砍掉渠道周转 满足个性需求
条件	阶段性市场需求预测 规模化流水线 稳定的渠道合作	个人需求精准捕捉 柔性化流水线 动态变化的合作关系
模式	推动式生产	拉动式生产

资料来源:《数据赋能驱动智能制造企业 C2M 反向定制模式创新实现机理》(张明超、孙新波、钱雨著,《管理学报》2021 年第 8 期,第 1175-1186 页。)

(二)以个性定制引领消费升级

加快提供能够满足人民多样化、个性化需求的产品的步伐,是满足"人民对美好生活的向往"的必然要求。准确感知不同消费者的偏好和需求,突破"规模经济"的局限,依托数字化技术精准把握不同消费对象的消费需要,实现产品的差异化和个性化生产。这有助于在创造新的消费需求的同时,优化原有的消费结构,切实满足新的社会环境下的消费者需求,为消费提质升级做好坚实后盾。以青岛酷特智能股份有限公司为例,该公司致力于成为 C2M 产业互联网工业 4.0 的引领者,从 2023 年起开始布局 C2M 产业互联网生态平台,服装个性化、智能定制生产已经成为该企业的核心价值。该企业结合大数据技术,可以根据顾客的个人数据实时生成适合其自身版型的服装,并能够以高效率的工业化手段对服装进行个性化生产。目前,该公司可实现 4000 多套/件服装同时生产,仅需 7 个工作日便可完成一件服装的个性化生产,是服装行业实现个性化、智能定制生产的典型示范企业[1],极大提高了消费者消费需求的满足效率。

---

① 五个案例告诉你:别人的"个性化"生产与服务之路如何借力数字化[EB/OL]. (2019-02-12)[2023-09-20]. https://www.jnexpert.com/article/detail? id=967.

第二节　满足数字经济时代的消费需求

数字技术的发展催生了社区团购、直播购物、无人零售等众多新业态、新模式，为满足消费者消费需求做出重要贡献。在数字经济时代，消费者不再满足于物质消费，更有精神消费和绿色消费的需求。

借助数字化赋能，物质消费需求的满足主要通过促进平台经济发展实现。因此，一方面，应注重新型消费的重要载体——数字化大平台的建设。一是鼓励企业自主研发建立新型数字化平台，建立企业自身产品的数字化消费生态。二是保障数字化平台企业的健康发展，规范数字化平台企业的行为，避免平台企业无序发展造成社会资源浪费。另一方面，应借助数字化技术的蓬勃发展满足消费者的新型消费需求，主要包括精神消费和绿色消费需求，切实做到以消费升级满足人民群众对美好生活的向往。

一、鼓励平台经济发展

在数字经济深耕实体经济的时代背景下，人工智能、互联网、物联网、大数据、区块链、云计算等数字技术赋能消费领域，驱使居民消费结构和消费习惯皆发生显著改变，推动零售业业态发生重大变革。传统零售企业经营瓶颈日益凸显，零售市场及业态面临新的挑战，亟须不断革新业态模式，以适应日新月异的市场环境变化，满足不断升级的消费需求[①]。国务院制定的《加快培育新型消费实施方案》指出，应顺应消费升级趋势，进一步培育新型消费，鼓励消费新模式新业态发展，促进线上线下消费融合发展。该方案强调，支持新型消费发展，对保障居民日常生活需要、全面促进消费、培育完整内需体系和构建新发展格局具有重要意义。借助数字技术的发展，鼓励发展平台经济，能够显著提升人民群众的生活质量。随着数字技术与消费领域的融合，国家高度重视平台经济发展，不断加强平台经济发展的顶层设计（表8-2）。平台经济是依托于云、网、端等网络基础设施并利用人工智能、大数据分析、区块链等数字技术工具促进交易、传输内容、管理流程的新经济模式。常见

---

① 黎传熙.数字经济赋能"新消费新业态"商业生态体系构建：以场景体验式"新零售"企业为视角[J].企业经济，2023（6）：109-120.

的数字平台包括电子商务、网络约车、文娱、社交媒体、搜索、数字金融等。当前,购物、点餐、约车、订酒店等日常生活所需要的服务几乎全部可以在线上安排,既节省时间与开支,还能享受更为丰富的消费品类,为满足人民对美好生活的向往做出重要贡献。

表 8-2　平台经济发展相关政策文件

时间	会议、文件	相关内容
2022 年 4 月 29 日	中共中央政治局会议	促进平台经济健康发展,完成平台经济专项整改,实施常态化监管,出台支持平台经济健康发展的具体措施
2022 年 5 月 17 日	"推动数字经济持续健康发展"专题协商会	支持平台经济、民营经济持续健康发展,研究支持平台经济持续健康发展的具体措施,鼓励平台企业参与国家重大科技创新项目
2022 年 6 月 22 日	中央全面深化改革委员会第二十六次会议	支持平台企业在服务实体经济和畅通国内国际双循环等方面发挥更大作用
2022 年 9 月 7 日	国务院常务会议	支持平台经济稳就业,对依托平台灵活就业的困难人员、两年内未就业高校毕业生给予社保补贴,运用专项贷款支持平台企业
2022 年 11 月 7 日	关于进一步完善政策环境加大力度支持民间投资发展的意见	支持平台经济规范健康持续发展。鼓励平台企业加快人工智能、云计算、区块链、操作系统、处理器等领域的重点项目建设
2022 年 12 月 16 日	中央经济工作会议	大力发展数字经济,提升常态化监管水平。支持平台企业在引领发展、创造就业、国际竞争中大显身手
2023 年 2 月 27 日	数字中国建设整体布局规划	做强做优做大数字经济,支持数字企业发展壮大
2023 年 3 月 5 日	政府工作报告	大力发展数字经济,提升常态化监管水平,支持平台经济发展

资料来源:笔者根据相关资料整理。

平台经济的发展,一方面需要传统零售企业攻克数字化转型升级等难题,为我国消费高质量发展贡献重要力量,同时坚持促进发展和监管规范齐头并进,保证数字化平台规范发展、健康发展。另一方面,需要企业在产品和服务供给上创新,加强数字化产品和服务的研发投入,也需要打破传统消费模式,塑造新型消费行为和偏好,切实做到以消费升级满足人民群众对美好生活的向往。

(一)鼓励传统企业转型

首先,鼓励传统零售企业进行平台化转型。当前,大数据、5G、人工智能、云计算等新技术持续为数字平台赋能,为网络零售行业注入增长动力。近年来,我国网络零售市场发展态势良好。发展平台经济,需要传统零售企业做好三方面的工作。一是商业模式的重塑。由于零售的本质是经营顾客价值,传统零售企业数字化转型的重点应由经营商品为主转型至经营顾客为主。在当前的市场环境下,仅仅通过商品和服务去影响顾客已经远远不够,需要重塑一套经营顾客的新零售模式。二是零售企业全渠道零售形式的重塑。全渠道是以消费者为中心、重视消费者体验的新零售形式。重构全渠道零售形式,不仅能够优化消费者购物体验,还有助于利用多渠道的数据分析提高企业决策准确程度,实现企业降本增效。三是零售企业运营模式的重塑。企业的数字化、平台化转型带来了以数据驱动为主的企业运营新模式,能够实现由传统的依靠人进行决策和执行向数据驱动的决策和执行转变,极大降低企业人力成本,提升企业运营效率。

其次,规范数字化平台企业发展。作为新兴科技驱动的新型经济形态,平台经济的监管面临众多难题与挑战。数字化平台中的零售卖家投机行为严重,出售假货、虚假宣传等问题屡禁不止。淘宝、京东、拼多多等网络零售平台突飞猛进的同时,也暴露出许多与消费高质量发展相违背的严重问题。因此,为促进数字化平台企业的健康发展,应出台支持平台经济规范健康发展的具体措施。2022 年 3 月 23 日,江苏省苏州市相城区市场监管局依法对苏州阳澄湖蟹赢天下生态水产有限公司侵害消费者权益的行为做出了行政处罚。相城区市场监管局对当事人网店进行了抽查,购买了当事人在网店销售的大闸蟹提货礼券。而后,相城区市场监管局又购买了当事人在网店销售的大闸蟹鲜活螃蟹礼盒。两次抽检结果显示,大部分螃蟹均未达到其宣称的重量,存在缺斤短两行为。当事人的行为违反了《江苏省消费者权益保护条例》第二十四条的规定,相城区市场监管局依法对当事人进行了处罚①。可见,为切实维护消费者平台消费的合法权益,应加大对数字化平台的监督管理。

---

① 李颖.引导简约绿色消费 规范生产经营行为:市场监管总局公布 2022 年整治商品过度包装等问题典型案例[J].中国质量万里行,2023,357(1):18-20.

(二)创新数字产品服务

首先,鼓励企业善用数字化手段,进行自主研发和自主创新,创新数字化产品或服务供给。当前数字化进程不断加速,塑造了新的消费主体、消费客体和消费环境,有助于充分满足市场对新消费的需求,极大影响企业创新进程。为更好满足数字经济背景下产生的新型消费需求,企业应提升数字化产品和服务的研发水平,保证新型消费和服务的持续性高效供给[①]。要加快数字工业化和产业数字化步伐,建立生产端和消费端相连通的数据链路,推动供给端升级和需求端升级协调共进,形成需求牵引供给、供给创造需求的更高水平的动态平衡。例如,安顿作为数字健康服务运营商,以数字技术为依托,为消费者生命健康保驾护航。该企业开发生命健康管理系统,将中西医理论与人工智能结合,开发智能穿戴产品以采集持续性动态心率、血压、血氧等人体数据,为消费者的疾病管理、预防和干预献计献策,成为消费者私人专属的健康管理专家。可见,以数字技术推动新型消费高效高质量发展,能够不断发掘新的消费热点,极大释放内需潜力,满足消费者的新型消费需求。

其次,推动零售企业实现多种渠道的融合发展,创新消费体验和场景。目前,任何单一的线下或线上市场都不能构成某一成熟企业的完整零售空间体系,无法推动企业的长远发展,更不能有效保障消费者日益多元的消费需求。实现企业线上线下的多渠道融合发展,是新零售发展的主攻方向。2022年1月,国家发改委发布《关于做好近期促进消费工作的通知》,该通知明确指出,应推动实体商场、超市、便利店等数字化改造和线上线下协同,发展仓储会员店、"门店到家"服务等零售新业态,加快培育体验式、沉浸式消费新场景,提升消费智慧化、便利化水平。零售企业线上线下融合得以成为可能,有赖于数字技术为企业持续赋能。鼓励企业运用新兴技术,如语音识别、图像识别、AR技术、以图搜图、虚拟试衣等功能,不断优化消费场景,为消费者提供更加便捷、高效的购物体验。新的消费体验将成为吸引顾客消费的重要手段,惠及更多消费者并更好地满足消费者需求。

---

① 陈剑,黄朔,刘运辉.从赋能到使能:数字化环境下的企业运营管理[J].管理世界,2020,36(2):117-128,222.

二、满足精神消费需求

随着数字技术全面融入消费行为，消费领域产生了众多新形式、新现象。以精神消费等为代表的新型消费形式逐渐塑造着消费者的日常消费行为，引领新消费的发展方向[①]。精神消费，尤其是数字经济时代下的精神消费，主要指以数字文化产品与服务满足消费者精神文化需求，是一种以符号性和精神性为主的消费形态。精神生活共同富裕已成为推进实现共同富裕的重要内容，国家相关政策文件多次强调了发展精神消费对构建新发展格局和推动经济社会高质量发展的重要意义。如 2022 年 5 月中共中央办公厅、国务院办公厅印发的《关于推进实施国家文化数字化战略的意见》提出，应"发展数字化文化消费新场景，大力发展线上线下一体化、在线在场相结合的数字化文化新体验"。2022 年 8 月，中共中央办公厅、国务院办公厅印发的《"十四五"文化发展规划》同样提到应"全面促进文化消费，加快发展新型文化消费模式"。

以数字技术赋能消费领域，满足人民群众的精神文化需求，引领新型消费的发展方向，提升消费品质，应着力做好以下工作。一方面，企业应增加数字形态精神文化产品，推进数字技术与企业生产的深度交融，不断进行数字产品和服务的创新，以创造消费者价值为最终目标，满足消费者的个性化、多元化精神需求。另一方面，拓展社会精神文化财富总量，大力发展公共文化服务事业，提高公共文化服务的水平，以此保障人民过上更充实、更丰富和更高质量的精神文化生活。

（一）增加数字化形态的文化产品

首先，着力构建高质量、全方位、多样化的精神文化产品，丰富精神文化产品具体内容，提升消费者对精神文化产品的认同，以个性化、定制化、精准化的精神消费产品满足消费者的精神需求。数字经济的发展，不仅影响着消费者对物质层面的消费需求，也影响着消费者对精神层面的消费偏好。数字经济将大数据、互联网、人工智能、5G 等新技术全面融入消费领域，为消费者向更高层次消费需求迈进提供了支撑，推动提供更高品质、更高性价比的精神消费产品和服务。

---

① 秦开风，张陈一轩.新发展格局下数字文化消费的内涵、潜力与发展路径[J].东岳论丛，2022，43(12):17-26.

其次,借助数字化信息传播手段,消费领域信息传播速度极快,消费者的信息获取能力大大增强。这些都能极大重塑传统的消费模式,为推进精神消费奠定了基础。通过不断增加数字形态的精神文化产品,满足消费者的个性化精神要求,消费者自我实现的程度不断加深,精神给养愈加丰富。例如,2020 年 4 月,《武汉十二锣》以云端音乐会的方式与观众见面,通过 5G 直播在线演奏,在上海、武汉、纽约三地吸引了超过 7000 万名观众共同欣赏①。数字技术的发展,有助于打破时空限制,使越来越多的人民群众自由享受多层次多类型的文化产品与服务。因此,进一步推动数字形态的精神消费与物质消费协调并进,是优化消费者的消费结构、满足消费需求的重要方式。

（二）拓展社会精神文化财富总量

首先,加强企业之间的技术合作,强化数字技术赋能精神消费的深度和广度。不断增加社会精神文化财富总量,推进多主体共同参与繁荣社会文化事业,发展现代文化产业体系,是满足人民群众多元精神消费需求的重要举措。企业应不断加强关键数字技术的研发,鼓励特殊人才和高端人才将原创性、前瞻性、基础性关键核心技术应用于精神产品和服务领域,提高精神产品和服务的数字化含量,以数字技术逐步满足市场的新型精神消费要求,赢得消费者的青睐。

其次,巩固企业、高校、政府机构、科研机构之间的政产学研一体化合作机制,提高科研成果转化率,尤其是实现中华优秀文化的创新性转化,推动中华优秀传统文化的继承与发展,以精神文明建设带动精神消费需求增长。政府应以全面繁荣文化事业为方向,鼓励文化产业加快发展,保证文化领域的百花齐放、百家争鸣。与此同时,政府及相关部门也要加大对精神消费产品和服务创新的支持力度,如通过直接补贴、税收减免等措施,为精神文化产品和服务创新提供稳定的资金或政策支持,为企业的数字化精神产品和服务供给提供坚实支撑,加快满足人民群众个性化、多方面、多层次的精神消费需求。

三、满足绿色消费需求

绿色消费是以生态经济系统的整体性优化为出发点,在消费过程中以最小的自然资源消耗,实现最佳效用传递的消费过程。绿色消费体现了对可持

---

① 十余国艺术家联袂云演奏《武汉十二锣》[EB/OL]. (2020-04-16)[2023-09-20]. https://www.hubei.gov.cn/hbfb/rdgz/202004/t20200416_2223733.shtml.

续发展、人与自然和谐关系的思考①,成为当前消费领域的重要发展趋势。新型绿色消费行为,如共享单车、共享汽车和基于使用量实时反馈信息以节约水电的消费行为,与新发展理念高度契合,塑造着新型的消费习惯。2022 年 1 月,国家发展改革委、工业和信息化部等有关部门研究制定的《促进绿色消费实施方案》指出,应大力发展绿色消费,反对奢侈浪费和过度消费,扩大绿色低碳产品供给和消费,完善有利于促进绿色消费的制度政策体系和体制机制,推进消费结构绿色转型升级,加快形成简约适度、绿色低碳、文明健康的生活方式和消费模式,为推动高质量发展和创造高品质生活提供重要支撑。

推进绿色消费深入人心,形成保障可持续发展的绿色消费氛围,一方面应鼓励重点领域的消费向绿色消费转型,将绿色消费理念深度融入消费的各个领域,全周期、全链条、全体系地推进绿色消费理念,全面促进消费向绿色低碳转型升级。另一方面,应加快健全绿色消费监管体系,完善绿色消费法律法规,为绿色消费提供坚实制度保障。

(一)鼓励绿色消费行为

首先,鼓励消费领域的绿色消费转型,提倡包括企业、消费者等在内的多主体的绿色消费行为。绿色消费要求人们在利用自然环境资源时注意协调短期利益与长期后果之间的冲突,促使人们不仅要关注自身利益,还要甘愿为子孙后代的利益做出尊重和保护环境的行为。因此,绿色消费不仅能够强化企业的责任意识,履行自身的生态职责,也能够使消费者在购买、使用或处置产品时自觉考虑自身行为对环境的影响程度,最大限度地减少对环境的负面影响。

其次,完善绿色消费相关规章制度制定。例如快递过度包装问题,国家发展改革委、国家邮政局、工业和信息化部等 8 部门制定了《关于加快推进快递包装绿色转型的意见》,其中特别提出,到 2025 年,要形成贯穿快递包装生产、使用、回收、处置全链条治理长效机制,电商快件基本实现不再二次包装,可循环快递包装应用规模达 1000 万个,包装减量和绿色循环的新模式、新业态取得重大进展,快递包装基本实现绿色转型。作为回应,一些电商平台和快递公司持续推进快递包装绿色化,例如苏宁推出了更轻便、易携带、可重复使用的"共享快递盒",菜鸟网络通过菜鸟驿站推广纸箱回收行动等。这些都

---

① 周洁红,韩飞,魏珂,等.居民绿色消费研究综述[J].浙江大学学报(人文社会科学版),2022,52(9):57-68.

是有赖于企业与消费者共同推进的绿色消费行为。除此之外,绿色衣着、绿色居住、绿色交通、绿色用品、绿色电力、绿色旅游等方面的推进,都有助于在重点领域形成消费绿色低碳发展模式,使绿色消费成为企业和消费者的自觉选择。

(二)强化绿色消费监管

首先,绿色消费领域的发展需要监管部门强力作为。网络零售粗放发展带来的过度消费、过度包装、资源浪费等问题,不仅在很大程度上削弱了网络零售商以及平台企业的竞争力,损害了消费者的合法权益,更与绿色消费理念相违背,对整个国民经济的可持续发展产生不利影响。随着绿色消费受到越来越多的关注,对不符合绿色消费行为的企业,监管部门应出台完备的相关制度体系,并加大对其规范整改的力度。

其次,不断构建企业、政府、消费者等多主体共同参与,兼顾安全、可持续发展的绿色消费监管体系。例如,国家相关部门陆续制定出台《限制商品过度包装 通则》《绿色包装评价方法与准则》等国家标准,对企业行为进行严格监管。2022 年 8 月 31 日,绍兴市柯桥区柯桥清韵食品店自行制作的包装礼盒因违反了《固体废物污染环境防治法》中禁止过度包装的规定,构成了未遵守限制商品过度包装强制性标准的行为。绍兴市柯桥区市场监管局了解相关情况后,依据相关规定责令当事人立即改正[1]。完善监管体系能够更高质量地满足消费者的消费需求,为创造健康文明的高品质生活方式以及推动高质量发展提供重要支撑。

第三节　营造安全放心诚信的消费环境

消费环境是影响居民消费的重要因素,其在释放居民消费潜力和扩大居民消费中的作用日益凸显[2]。

为进一步塑造良好的消费环境,全面释放居民消费潜力,应着力做好以

---

① 李颖.引导简约绿色消费　规范生产经营行为:市场监管总局公布 2022 年整治商品过度包装等问题典型案例[J].中国质量万里行,2023,357(1):18-20.

② 龙少波,李洁雨,左渝兰.我国居民消费环境评价指标体系的构建与测度[J].改革,2023,350(4):81-98.

下两方面工作:一是促进消费公平,坚决保障全体消费者合法权益。二是推进放心消费,加快建立健全市场主体信用评判体系和产品信息追溯体系。

一、共促消费公平

2022 年 4 月,国务院办公厅印发《关于进一步释放消费潜力促进消费持续恢复的意见》,明确提出要全力营造安全放心诚信消费环境,为消费高质量发展奠定良好基础。从构建新发展格局、推动高质量发展、促进共同富裕的战略高度出发,全力打造安全、放心、诚信的消费环境,有助于提升居民消费信心和意愿,进一步促进供给体系、需求结构、流通网络和发展环境提质升级,更好地满足人民日益增长的美好生活需要,为培育完整内需体系、形成强大国内市场和构建新发展格局提供更加坚实的支撑。作为社会公平的重要体现,消费公平是推动共同富裕取得实质进展的主要途径之一,也是衡量社会真正实现公平正义的主要标尺之一。公平是实现消费者权益的基本要求,随着新技术、新产业、新业态的不断涌现,市场主体和行为日趋多元化,消费公平面临新的挑战,消费者对实现消费公平的愿望也越来越强烈。实现共同富裕,必须在消费领域推进消费公平。

维护公平、有序的市场环境,保护消费者正当利益,实现全体消费者合法权益,必须强化市场监管,让消费者不仅愿意消费,还能够放心消费。具体而言,一方面,应加强消费公平监管力度,全面加强多主体、全方位、跨地区、跨部门以及全流程的协同监管,坚决打击虚假宣传、仿冒混淆、制假售假、缺斤短两、假冒伪劣、价格欺诈、违法广告以及不公平格式条款等侵害消费者权益的行为。另一方面,应完善消费纠纷化解办法,改善消费者维权体验,降低消费者维权门槛,为消费者维权提供极大便利。

(一)加强消费公平监管力度

首先,严厉打击假冒伪劣等侵害消费者权益现象。当前,假冒伪劣等问题严重扰乱消费市场,消费者备受其扰,引发社会高度关注。必须大力整治假冒伪劣、价格欺诈、虚假宣传、违法广告、虚假认证、侵害消费者个人隐私、不公平消费条款等违法乱象。消费者协会曾发布"十大典型的消费公平维护案例",这些案例从不同方面说明了目前消费公平面临的重要挑战。这些案例包括智能电视开机广告无法关闭、燃气公司强制搭售燃气险、影楼低价引流诱导办理消费贷、培训机构擅自停业退款困难、汽车维修零配件以假充真、公路设卡限时通行收取过路费、未征得监护人同意擅自为未成年人文身、外航由于不可抗力延误退款、预售足浴包年卡无法预约退款、珠宝店向老年消费者过度推销等①。这些案件表明,我国消费市场上消费公平的实现仍存在一定阻碍,包括缺少专门针对消费领域的法律制度、相关部门缺乏强有力的执法手段以及消费者维权意识淡薄等。可见,为推动消费公平,政府、企业、消费者等多主体必须共同行动,与侵害消费者权益现象进行坚决斗争。

其次,继续加大消费领域的执法力度。充分发挥全国性执法布局、综合执法等优势,建设维护人民群众消费权益的市场铁军。相关部门应对生产制造、经营销售等所有相关环节进行调查和监管,加强多方部门的协作,同时借助社会媒体的监督作用,切实保护消费者合法权益。不仅要关注乳制品、肉制品等重点产品,关注儿童、老人等重点人群,关注校园及其周边地区等重点区域的食品安全监管,还要关注药品、医疗器械、化妆品等与消费者日常生活息息相关的领域,注重重要工业产品和特种设备的监管,强化缺陷产品的召回。以消费领域的强有力监管和执法捍卫人民群众的消费权益,为消费公平在全社会范围内的实现保驾护航。

(二)完善消费纠纷解决方式

首先,提升消费者维权体验。把改善消费维权体验提升到政府关注的高度,在全国范围内进行消费投诉公示和信用监管机制创新试点,全面启动消费投诉信息网上公示工作,充分保证消费者的知情权。开展多部门联动、多元主体介入,扩大消费者维权的广度与深度。探索线上线下无理由退换货、赔偿先付绿色通道等多种消费者维权形式,提升消费者的维权体验。同时,在国内大中城市开展消费者满意度测评,督促各地区查找消费者维权短板,并及时进行改进。以浙江省为例,2023年,浙江省启动了"数智"消费者服务行动,开发了"消费宝"这一线上一站式服务平台,其作为消费者维权的线上主要载体,极大便利了消费者维权,使网络投诉的受理时限和办结时限较法定时限缩短30%②。

其次,降低消费者维权门槛。着力扩大12315"五进"、绿色通道建设等基层维权网络,为广大消费者维权提供便利。优化行政调解方案,完善人民法

① 中消协发布"2020—2021年度消协组织维护消费公平十大典型案例"[EB/OL].(2022-03-15)[2023-09-20].https://www.ccn.com.cn/Content/2022/03-15/1607042167.html.
② "消费宝"让你"浙"里放心消费[EB/OL].(2022-10-10)[2023-09-20].http://zjamr.zj.gov.cn/art/2022/10/10/art_1229453613_6624.html.

院、仲裁机构、人民调解组织和专业组织等消费争议多元化解决机制，保障消费者能够及时维权、合理维权。如 2022 年 11 月，温州市消保委接到群众投诉，某品牌新能源汽车空调出风口飘出白色颗粒状物质，温州市消保委迅速展开调查，省、市消保委迅速启动联动维权机制，组织召开磋商会，督促厂家公开承诺为存在该问题的消费者提供免费进店检查服务，并免费更换蒸发器总成，维权成果惠及全国消费者①。此外，借助数字化技术，不断完善消费者维权方式方法，通过互联网等线上渠道，方便消费者在任何时间、任何地点进行线上投诉和举报，促进消费纠纷以线上方式快速解决。与此同时，及时完善处理消费纠纷的调解机制，完善基层消费维权网络，着力打通消费维权"最后一公里"，让百姓愿意维权、主动维权，提高消费纠纷的解决率与满意率。

二、推进放心消费

推进放心消费，是要聚焦消费者重要关切，督促市场主体在诚信守法、价格计量、质量安全、公平交易、畅通投诉、文明经营等方面具备良好表现，全力维护消费者合法权益，打造政府有为、百姓有感的消费环境，从而提振消费者消费信心，维护消费市场秩序，拉动消费增长。放心消费要求直击消费者消费的痛点难点问题，尤其针对消费新模式和新业态，增加消费者的消费获得感与幸福感，推动消费升级，为全面满足消费者美好生活需要赋能添力。

推进放心消费，一方面应加快建立市场主体信用评价体系，完善的社会信用体系是良好营商环境的重要组成部分，对有效连接供需、优化资源配置效率具有重要意义。另一方面应加快完善产品信息追溯体系，推进产品信息开放共享，引导企业在生产经营活动全过程中自觉履行自身社会责任，规范生产和经营行为，提升产品质量安全与公共安全水平，更好地满足消费者生活和经济社会发展需要。

（一）完善市场主体信用评判

首先，加强对市场主体的信用水平考核。设立严格的市场主体信用评级标准，扩大信用评价和信用监管的覆盖范围，尽可能将更多市场主体纳入信用水平考核范围，促进市场主体依法诚信经营。与此同时，应推动建立全国

---

① 浙江 2022 年度消费维权十大典型案例出炉！［EB/OL］.（2023-03-15）［2023-09-20］. sogou. com/link？ url ＝ hedJjaC291Ok-E9WTygIKsyW8xTA7EZ5Si _ 0r1xOx20prSi2c3rKmC-cvF6Q9Lsj.

范围内互联互通的市场主体信用水平分享机制,建立统一的市场主体信用信息透明交换平台,全方位综合金融、工商、纳税、社保、质量监管、交通违法、安全生产等方面的信用水平信息,实现市场主体信用信息在不同地区和不同部门的共建共享。由此,可进一步规范完善不同领域和环节的信用保障措施,实现对市场主体信用行为的约束,使企业不敢、不能、不想失信,鼓励企业诚信经营、长远发展,营造诚信的营商环境,为消费者放心消费奠定坚实基础。

其次,完善市场主体信用的奖惩措施。创新优质信用市场主体奖励政策,加大为企业融资授信、招商引资和招标投标等提供方便服务的力度。对失信市场主体采取严厉惩戒措施进行严厉处罚,并督促其及时进行整改。与此同时,鼓励市场主体积极进行信用重塑,为市场主体信用记录修复提供具体途径。以徐州市为例,截至 2023 年 7 月,徐州市市场监管局信用服务不断升级,已经能够顺利开展线上线下信用修复服务,主动对市场主体开展信用风险的行政提示,其中,发送信用修复提示的短信超 2 万条。除此之外,徐州市市场监管局允许列入经营异常名录的市场主体在办理住所变更登记后展开信用修复行为,对检查中发现的公示信息存在非主观故意的轻微差错等情形,支持展开容错修复①。

(二)建立产品信息追溯体系

首先,加快市场主体产品追溯体系的建设。市场主体,特别是食用农产品、食品、药品、稀土产品等重要行业,应积极借助数字技术,应用物联网、云计算等现代信息技术,统筹规划重要产品信息追溯体系建设,制定重要产品名录,促进企业追溯信息数据库标准化、规范化建设。例如,大北农集团与兆信科技公司合作,利用云计算、物联网和互联网信息技术,建立了对公司的物料、生产、仓储、供应链等各类业务信息进行搜集、处理、运用的信息平台,实现对产品全生命周期的及时有效监控管理,以及对现有市场体系的规范保护。与此同时,应把重要产品信息追溯体系建设列入有关法律,要为产品追溯提供有力法律保障,建设完备制度体系,对企业产品追溯体系建设给予分类指导与实施说明,提升企业质量管理能力,促进企业监管方式升级,进一步保障消费安全。

其次,建立追溯信息共享共建的透明机制。鼓励采用互联网、物联网等

---

① 徐州市市场监管局强化信用赋能激发经营主体发展活力[EB/OL]. (2023-07-18)[2023-09-20]. http://credit.jiangsu.gov.cn/art/2023/7/28/art_78318_10966204.html.

技术手段收集、保存及共享产品可追溯信息，鼓励政府、企业与社会合作，依托已有基础设施，针对不同产品生产流通特性，制定相应的建设规范，明确基本要求，采用简便适用的追溯方式，建设行业或地区追溯管理信息平台，推进各类追溯信息互通共享。例如，国家药品监督管理局发布的《关于做好重点品种信息化追溯体系建设工作的公告》指出，应建设药品追溯协同服务平台，不断完善药品追溯数据交换、共享机制，辅助实现不同追溯系统互通互享，实现药品全过程可追溯。同时，应建立更加便民的产品信息查询公共服务窗口，面向市场主体和全体消费者提供追溯信息一站式便捷查询服务，营造有利于可追溯产品消费的市场环境，提振消费者的消费信心。

第九章

中国式现代化消费的政策透析

消费是我国经济增长的重要引擎,数字时代着力扩大内需、发挥消费的基础性作用是推动国内经济运行整体向好的当务之急。当前,我国扩大消费仍存在一些制约:从消费需求侧看,中国式现代化仍存在区域发展和收入分配差距较大、消费结构不合理等问题,导致消费者不敢消费、不愿消费;从消费供给侧看,市场主体的创新发展能力仍未充分满足消费者不断优化升级的消费需求。因此,提振消费信心、恢复和扩大消费还需要持续稳定的政策支持,充分发挥相关政策的重要作用,加强财政、产业、监管之间的协调联动,以便减轻企业负担并提高创新能力、提升居民消费能力与意愿,并充分释放消费市场活力。

第一节　财政政策与消费激励

面对经济下行压力带来的消费需求不足、消费供给落后等问题,各部门需合力加大宏观调控政策力度,扎实稳住经济,积极促进消费增长。其中,财政政策作为最强有力的政府宏观调控政策,需发挥关键作用。当前,仍存在政策刺激效果不佳、方向不够精准等问题。因此,必须持续发挥积极财政政策的基础性作用,结合精准有效的货币、金融、税收等一揽子政策,推动中国式现代化消费提质增效:第一,推动消费主体调整消费需求结构;第二,激励消费客体构建全面消费市场;第三,助力优化服务于共同富裕的消费环境。

一、推动消费主体调整消费需求结构

从消费需求侧看，需继续实施积极的财政政策，并通过税收、货币、金融等政策合力，刺激消费主体调整消费需求结构。"十四五"规划纲要提出："深入实施扩大内需战略，增强消费对经济发展的基础性作用。"[①]深层次、结构性的改革能够引导并刺激消费者的结构性消费需求，建设消费需求旺盛的强大国内市场[②]。一是促进物质消费和精神消费相协调的需求结构调整。党的二十大报告指出："中国式现代化是物质文明和精神文明相协调的现代化。物质富足、精神富有是社会主义现代化的根本要求。"因此，必须完善物质消费和精神消费相协调的全面政策，促进消费从解决温饱的物质消费向追求美好生活需要的物质消费和精神消费相协调结构调整。二是引导生活消费需求向绿色低碳的需求结构调整。绿色消费是消费领域的一场深刻变革，需进一步发挥促进绿色消费工作的关键作用，推进生活领域消费向绿色低碳需求结构调整，充分发挥绿色消费对经济高质量发展的支撑作用。三是推进财政调控重点向民生公共服务结构调整。政府的文教科卫财政支出和行政管理费用都有利于增加居民消费需求，因此，财政调控重点不能总是定位于基础设施投资领域，应兼顾民生公共服务结构调整。

（一）促进物质消费和精神消费相协调的结构调整

第一，加力提效，实施积极的财政政策，推动物质消费。"加力"是指适度加大财政政策扩张力度，包括在财政支出强度上、在专项债投资拉动上、在推动财力下沉上加力。"提效"是指提升政策效能，包括：增强税费优惠政策的精准性和针对性；优化财政支出结构，有效带动扩大全社会投资，促进消费；加强政策协调配合，形成政策合力。促进积极的财政政策与稳健的货币政策协同发力、综合平衡、默契配合、统筹兼顾，注重"补短板、强弱项、固底板、扬优势"[③]，保障物质消费的运行环境，保持宏观经济健康平稳发展。

第二，加大对发展优质文化和服务的政策支持力度，刺激精神消费。一方面，推动公共文化服务实现融合发展。深入推进公共文化服务标准化建

---

① 丁茂战.加快建设强大的国内市场[N].经济参考报，2021-11-16（A07）.

② 迟福林.以消费结构升级推动构建新发展格局[N].光明日报，2020-12-23（02）.

③ 吕炜，王伟同.健全与中国式现代化相适应的现代财政制度[EB/OL].（2023-03-21）[2023-09-20].http://opinion.people.cn/n1/2023/0321/c1003-32647930.html.

设,确保财力有保障、服务可持续,鼓励地方通过经费分配、项目安排等方式,加大奖优力度。优化基层公共文化服务网络,创新拓展城乡公共文化空间,提升基本公共文化服务支出规模和质量,支持市、区(县)、乡、村各级文化基础设施的建设和文体活动的举办。以公共图书馆、文化馆为抓手,创新打造一批融合图书阅读、艺术展览、文化沙龙、轻食餐饮等服务和文创周边产品的新型文化业态,推动消费者精神消费与物质消费需求的协同融合。另一方面,发展文化和旅游融合重点业态。积极争取政策性、开发性金融,加大对文化产业发展的支持力度,建设一批文化和旅游资源丰富、产业优势明显、产业链深入融合互促的国家文化产业和旅游产业融合发展示范区,着力打通上下游产业链。用好用足现有各级各类财政支持政策,因地制宜地创新文旅基地建设政策,加强对文化和旅游消费场所的引导和扶持,丰富消费场景,刺激消费转化与客单价的提高。制定实施文化和旅游消费惠民政策措施,通过举办文化和旅游消费体验活动、发放旅游消费券等方式激发消费需求,提高文化和旅游消费支付便捷程度。加大金融支持文化和旅游消费工作的力度,创新信贷产品和服务,加大消费贷款的发放力度,激发潜在的精神消费需求。[①]

(二)引导生活消费需求向绿色低碳的结构调整

第一,促进绿色"衣食住行"消费。鼓励推行绿色衣着消费,推动各类机关、企事业单位、学校等利用财政费用采购使用绿色低碳材料制作的服装。加快提升食品消费绿色化水平,财政税收优惠向绿色有机食品、农产品倾斜。积极推广绿色居住消费,全面推广绿色低碳建材,推动建筑材料循环利用。财政补贴鼓励引导消费者更换或新购绿色节能家电、环保家具等家居产品,财政拨款的基础设施建设优先使用绿色材料。大力发展绿色交通消费,鼓励国家机关、事业单位、团体组织类公共机构率先采购和使用新能源汽车。明确将新能源汽车的车辆购置税减免政策延长至2027年底,优化设定减免限额,完善充换电基础设施财政支持政策,稳妥推动燃料电池汽车示范应用工作。[②]

第二,全面促进绿色用品消费。加快实施绿色优惠消费政策,建立绿色

---

① 文化和旅游部 国家发展改革委 财政部关于开展文化和旅游消费试点示范工作的通知[EB/OL]. (2020-10-28)[2023-09-24]. https://www.gov.cn/zhengce/zhengceku/2020-10/28/content_5555244.htm.

② 关于延续和优化新能源汽车车辆购置税减免政策的公告[EB/OL]. (2023-06-19)[2023-09-24]. https://www.gov.cn/govweb/zhengce/zhengceku/202306/content_6887734.htm.

引导机制。通过现金消费券、电子消费券等多种激励措施，引导消费者加大对绿色低碳产品的消费力度，提升绿色低碳产品在家庭生活消费中的比例。落实和完善资源综合利用税收优惠政策，鼓励有条件的地区对智能家电、节能低碳产品等消费品予以适当补贴或贷款贴息。引导消费者更换或新购绿色节能家电、环保家具等家居产品。

（三）推进财政调控重点向民生公共服务调整

第一，增加养老育幼服务消费。一方面，发展"银发"经济。财政支持推动公共设施适老化改造，财政补贴向适老化技术和产品倾斜，满足老年人多层次的养老需求，通过社区养老服务和老年产品的学习引导，刺激"养老＋"模式消费。另一方面，配套衔接生育政策与经济社会政策。财政扶持增加普惠托育供给，适当增加公共消费，提升集中管理运营的社区托育服务水平。减轻家庭生育、养育、教育负担，改善优生优育全程服务，释放生育政策潜力。[①]

第二，促进医疗健康服务和群众体育消费。建立稳定的公共卫生事业财政投入机制，落实政府对专业公共卫生机构和基本公共卫生服务经费的投入保障责任。按规定落实政府对符合区域卫生规划的公立医院投入政策，加大对中医医院和基层医疗卫生机构的财政投入倾斜力度。[②] 有效倡导全民健身战略，各级政府通过财政拨款，建设或升级国家步道体系，推动体育公园和体育馆等公共基础设施建设，引导体育服务消费。同时，结合数字时代背景下的线上渠道，发展在线健身、线上赛事等新消费业态。

第三，提高教育服务消费。教育消费能够发挥消费对经济增长的基础性作用，可以通过扩大教育服务消费来带动消费结构的优化升级。建立健全完善教育体制机制，尽最大可能全面满足人民的多样化教育需求。加强科教基础设施和产教融合平台建设，从财政上支持重点重大产学研融合成果，促进教育服务高质量消费。健全保证财政教育投入持续稳定增长的长效机制，确保财政一般公共预算教育支出逐年只增不减。优化政府公共财政教育经费的使用结构，构建系统、全面的教育经费监管体系，提高经费使用效益。

---

① 中共中央　国务院印发《扩大内需战略规划纲要（2022—2035 年）》[EB/OL].（2022-12-14）[2023-09-24]. https://www.gov.cn/zhengce/2022-12/14/content_5732067.htm.

② 中共中央办公厅　国务院办公厅印发《关于进一步完善医疗卫生服务体系的意见》[EB/OL].（2023-03-23）[2023-09-24]. https://www.gov.cn/zhengce/2023-03/23/content_5748063.htm.

二、激励消费客体构建全面消费市场

从消费供给侧看，坚持深化供给侧改革，通过多元政策的合力和财政与金融政策的联动，建设立足于数字经济时代的国内大市场，加快构建国内国际双循环新发展格局。一方面，强化财政和金融支持，结合社会资本融资，打造数字经济时代多业态新型消费市场。以网络购物、移动支付、线上线下融合等为特征的新型消费满足了居民日常生活需要，推动了国内消费快速增长。但新型消费领域发展仍存在一定问题，为着力补齐新型消费短板、培育壮大新型消费，需进一步加强财政和金融支持。另一方面，提升国产商品和服务竞争力，优化进口商品供给，构建数字经济时代国内国际双循环消费市场。习近平总书记在经济社会领域专家座谈会上强调，要以畅通国民经济循环为主构建新发展格局。需坚持以扩大内需战略为基点，保障生产、分配、流通、消费依托国内市场①，坚持自主品牌"走出去"和高质量进口商品"引进来"，形成需求牵引供给和供给创造需求、立足国内市场和延伸国际市场的更高水平动态平衡。

（一）扶持数字经济时代多业态新型消费市场

第一，加强财政政策扶持。财政部门需运用多种资金渠道、按市场化方式促进新型消费市场发展，联合商务部、发展改革委等部门，推动相关配套服务和基础设施建设。探索新型消费领域企业优化税收征管方案，发挥减税降费政策对创造新型消费市场供给的重要作用。税收优惠政策鼓励发展节能环保、新能源、生态建设等新型绿色消费产业，充分发挥税收对经营主体向绿色低碳转型的引导作用，推动绿色产业全面发展②。支持各级政府发行专项债券，支撑新型数字消费产业发展，统筹利用现有资金渠道推动相关企业数字化转型。

第二，金融政策支持配套。深化政银企合作，拓展新型消费领域投融资渠道。引导银行等金融机构在依法合规、风险管控有效和商业可持续的基础上，审慎规范发展消费金融产品和服务，加大对新型消费领域的信贷支持力度。发展股权投资基金，推动生产要素向更具前景、更具活力的新型消费领

① 习近平主持召开经济社会领域专家座谈会并发表重要讲话［EB/OL］.（2020-08-24）［2023-09-24］. https://www.gov.cn/xinwen/2020-08/24/content_5537091.htm.

② 吕炜，王伟同.健全与中国式现代化相适应的现代财政制度［EB/OL］.（2023-03-21）［2023-09-24］. http://opinion.people.com.cn/n1/2023/0321/c1003-32647930.html.

域转移和集聚。组织开展金融科技应用试点，完善非接触式金融服务，为数字时代基于互联网的交易、支付、出行等消费提供更多金融保障。[①] 同时，结合社会资本融资，拓展新型消费领域融资渠道，支持新型消费基础设施项目建设，进一步推动新型消费产业发展。

(二)构建数字经济时代国内国际双循环消费市场

第一，提升国产商品和服务竞争力。充分发挥财政资金在支持和引导科技创新、激发市场主体活力、助力绿色发展等方面的积极作用，持续做大经济高质量发展的"蛋糕"，不断夯实国内大循环和共同富裕的物质基础。其一是通过政府采购、税收优惠、人才奖补等政策措施，持续发力科技自主和关键核心技术攻关，支持企业自主创新产品推广应用，例如关键技术开发要匹配数字经济发展速度，重点加快智能芯片、操作系统、数字工具软件研发以及智能制造"卡脖子"问题的突破。其二是综合运用财政资金股权投资、风险补偿、供应链金融等多种方式，积极支持和鼓励企业创新发展，基于数字技术高效率提供更优质的商品和服务。其三是加大对中小微企业的扶持力度，通过贷款贴息、保费补贴、风险补偿、应急转贷等方式，引导金融机构加大信贷投放力度，降低中小微企业融资成本，丰富多样化产品供给。支持跨境电商卖家形成自主品牌，实现中国品牌"走出去"。[②]

第二，改善进口商品供给。其一是依托国内各类进口博览会，主动扩大优质进口商品供给。支持中心城市做强"首店经济"和"首发经济"，鼓励国际知名品牌在中国市场首发或同步上市新品。其二是完善进出口网络营销生态，为大型跨境电商平台提供税收优惠政策，引导线上平台率先实现境内外商品同款同价。其三是加强对免税业发展的统筹规划，健全免税业政策体系。切实降低日用消费品进口关税，调整和优化消费税品目征收环节，以居民收入水平提高和消费升级为依据，动态调整免税限额和免税品种类，刺激消费者购买进口商品[③]。

---

① 国务院办公厅关于以新业态新模式引领新型消费加快发展的意见[EB/OL]. (2020-09-21)[2023-09-24]. https://www.gov.cn/zhengce/content/2020-09/21/content_5545394.htm.

② 王颐.发挥公共财政作用　扎实推动共同富裕[EB/OL]. (2022-03-21)[2023-09-24]. http://www.xinhuanet.com/2022/03/21/c_1128488461.htm.

③ 发展改革委等.关于促进消费扩容提质加快形成强大国内市场的实施意见[EB/OL]. (2020-02-28)[2023-09-24]. https://www.gov.cn/zhengce/zhengceku/2020/03/13/content_5490797.htm.

三、助力优化服务于共同富裕的消费环境

从消费环境看,中国式现代化是全体人民共同富裕的现代化,必须发挥收入分配、税收制度和财政保障机制在促进消费、实现共同富裕方面的关键作用。通过财政手段优化消费和生产投资环境,服务于全体人民共同富裕这一目标。具体地,一方面,深化收入分配税收制度改革保障消费。推进中国式现代化,促进居民收入和社会财富持续增加,在继续做大蛋糕、提高广大人民群众整体收入水平的基础上,发挥好政府的再分配作用。完善收入分配结构与再分配机制,发挥税收和财政转移支付的重要作用,在更高水平上促进社会公平,缩小居民收入差距,提升整体消费能力与需求。另一方面,完善公共服务供给的财政保障机制。深入推进中国式现代化,基于我国人口规模巨大的基本国情和城乡、区域间公共服务不均衡的基本状况,优化公共服务供给的财政保障机制,提高公共服务水平,增强均衡性和可及性,全面实现共同富裕①。

(一)深化收入分配税收制度改革保障消费

第一,提高居民收入水平,加大中等收入群体占比,使收入分配从"金字塔"型向"橄榄"型转变。中等收入群体是支撑社会消费需求的中坚力量。完善初次分配制度,提高分配效率。坚持以按劳分配为主体,健全工资增长机制,提高最低工资标准,促进劳动报酬与劳动生产率同步提高。坚持多种分配方式并存,结合当前我国的基本国情与社会的主要矛盾,完善再分配机制,通过税收、社保、转移支付等方式,扩大中等收入群体规模②。

第二,优化经济结构与收入分配结构,实现收入与消费相互促进的良性循环。加速推进供给侧结构性改革,清除市场壁垒,完善市场价格决定机制,进一步提高资源配置效率和公平性,实现高质量发展。平稳调控房价,引导居民合理投资。通过创新与开放,扩大服务业与制造业规模,以财政手段引导社会资金流向;通过优化经济结构与收入分配,提高经济发展质量,增强消费能力,实现良性循环,最终实现共同富裕③。

---

① 吕炜,王伟同. 健全与中国式现代化相适应的现代财政制度[EB/OL]. (2023-03-21)[2023-09-24]. http://opinion. people. com. cn/n1/2023/0321/c1003-32647930. html.

② 王颐. 发挥公共财政作用 扎实推动共同富裕[EB/OL]. (2022-03-21)[2023-09-24]. http://www. xinhuanet. com/2022-03/21/c_1128488461. htm.

③ 陈福中,余迪. 深化收入分配制度改革,助推共同富裕[EB/OL]. (2021-08-27)[2023-09-24]. https://theory. gmw. cn/2021-08/27/content_35116158. htm.

第三，完善税制结构，更好发挥税收的调节作用。完善个人所得税制度，适当扩大综合所得征税范围，加强对高收入者的税收调节和监管，适当降低中低收入者的起征点。健全综合与分类相结合的个人所得税制度，优化个人所得税税率结构。深化增值税改革，完善留抵退税和税收优惠政策，充分调动市场活力，促进市场良性竞争①。

(二)完善公共服务供给的财政保障机制

第一，健全基本公共服务供给体系，构建供需匹配的公共服务供给机制。聚焦基本公共服务需求：其一是进一步提高养老保险参保率，推动基本养老保险全国统筹，放宽灵活就业人员参保条件，更大范围地保障中低收入人群的基本权益，促进社会公平。其二是完善城镇职工基本养老金合理调整机制，逐步提高城乡居民基础养老金标准。结合经济发展、民生需求、物价等因素逐步提升养老金标准，完善待遇确定机制，鼓励地方政府根据自身财力和当地实际进行调节。其三是加大财政对社会优抚、社会救助的资金支持力度，建立分层分类的社会救助体系，完善基本生活救助制度和专项救助制度，加强城乡救助体系统筹，持续改善中低收入人群的生活质量，增强低收入人群的抗风险能力。其四是进一步增强应对人口老龄化和社保财力不平衡问题的能力，完善划转国有资本充实社保基金制度，增强社会基金运转的科学性和可持续性，全方位改善人民生活，提升人民消费能力。②

第二，持续推进基本公共服务均等化，增强公共服务的均衡性和可及性。优化财政转移支付体系，提升公共服务水平，统筹城乡、区域基础设施和公共服务布局。增强公共服务均衡性，兜牢基本民生保障底线，满足多层次多样性的公共服务需求。着力扩大普惠性非基本公共服务供给，增强公共服务的均衡性和可及性，从而促进社会整体消费能力提升，让全体人民共享更高水平和层次的公共服务。提高专项转移支付效率，保证资金定向精准投放。加大对特殊地区的财政支持力度，健全区域协调发展的体制机制，因地制宜地实现全体人民共同富裕。

---

① 王颋.发挥公共财政作用 扎实推动共同富裕[EB/OL].(2022-03-21)[2023-09-24]. http://www.xinhuanet.com/2022/03/21/c_1128488461.htm.

② 中华人民共和国国民经济和社会发展第十四个五年规划和2035年远景目标纲要[EB/OL].(2021-03-13)[2023-09-24].https://www.gov.cn/xinwen/2021/03/13/content_5592681.htm.

第二节　产业政策与消费提质

随着人民生活水平的日益提高,消费需求结构也发生了巨大变化,出现了新的消费产业体系、新的消费业态和新的消费模式。但是,目前仍未形成适应数字产业、绿色产业和文化产业等新兴产业发展的新形式、新任务、新要求的政策体系。未来,还需要多主体共同探索,充分整合资源要素,进一步优化消费产业结构,构建中国式现代化产业体系标准与制度,引领产业向中高端发展,全面促进消费战略升级:第一,支持产业升级,激发消费主体高质量消费需求。第二,数字赋能消费客体,推动双循环格局。第三,营造数字经济时代消费产业发展环境。

一、支持产业升级,激发消费主体高质量消费需求

从消费需求侧看,为顺应居民消费升级趋势,发挥消费的基础性作用,必须有目的地形成消费产业体系,加快完善促进消费的体制机制,全方位多角度激发消费需求,助力形成强大的国内消费市场。第一,数字经济凭借其独有的高创新性、强渗透性、广覆盖性等特点,正以前所未有的速度和影响力,推动生产方式和生活方式发生深刻变革,日益成为促进消费扩容提质的重要力量。推动中国式现代化消费,必须顺应数字经济发展趋势,提升"智慧＋"数字产业消费需求。第二,绿色消费是优化消费结构和产业结构的重要途径,需在消费各领域全周期、全链条、全体系深度融入绿色理念,全面激发"绿色＋"低碳产业消费需求。第三,我国经济发展进入新常态后,扩大文化消费对我国经济社会发展的意义更加凸显。扩大文化消费符合新的消费趋势,有利于促进经济结构调整。因此,推动"文化＋"精神消费产业需求升级,能够满足人民群众日益增长的精神文化需求以及发挥拉动经济增长的关键作用。

(一)提升"智慧＋"数字产业消费需求

第一,培育线上线下融合的新型消费模式。促进新型消费,加快线上线下渠道有机融合,构建"智慧＋"消费生态体系,培育壮大智慧产品、智慧零售、智慧家装等物质消费新业态,促进智慧旅游、智慧养老、智慧家政、智慧文化、智慧体育、智慧医疗、智慧托育等精神消费新模式,促进新场景的普及应

用,拓展服务内容。① 通过数据赋能,分析不同消费群体不断升级的产品和服务需求,以需求为依托进行生产和供给,满足消费者多样化的消费需求,实现定制、体验、智能、时尚相结合的"智慧＋"消费需求升级。

第二,完善基础设施建设,支持推广"智慧＋"消费。其一是加快新型消费基础设施建设工作,完善5G、物联网、大数据中心、工业互联网等新型信息基础设施建设,加快传统产业制造和仓储等基础设施升级,增加物流服务站、无人售货机等智能终端设备。其二是优化新型消费网络节点布局,通过"智慧＋"赋能,推动技术、管理、商业模式的创新升级,规范新型消费市场秩序,扩大消费覆盖面,激活更多智能商业应用功能,提升消费者的消费体验。其三是推进人才体系建设,开展系统性、多层次、全方位的教育培训,持续扩充符合新型消费的职业人员数量,规范直播、在线教育、网约车、外卖服务等新兴行业的人员上岗标准,进一步提高服务水平,激发市场消费活力。②

(二)促进"绿色＋"低碳产业消费需求

第一,全面提升生活绿色消费需求。其一是产业支持政策向绿色有机食品和农产品倾斜。引导消费者树立文明健康的食品消费观,推动餐饮行业持续向绿色、健康、安全和规模化、标准化、规范化发展。其二是发展绿色衣着产业链,鼓励使用环保材料,倡导消费者理性消费,规范和鼓励企业与居民通过规范机构捐赠旧衣物,强化再利用。其三是推广绿色居住,推动绿色建筑行业规模化发展,积极推广绿色建材,加快建筑节能改造。其四是发展绿色交通消费,支持新能源汽车加快发展,推动公共领域车辆电动化。其五是促进绿色用品消费,产业政策引导开发绿色节能家电、环保家具等家居产品。其六是引导文化和旅游服务产业绿色消费,发布绿色旅游消费公约或指南并加强宣传引导,践行绿色旅游消费③。

第二,鼓励使用绿色智能产品。完善绿色产品及服务的评价认证标准体系,以绿色产品供给、相关绿色低碳技术创新等为重点推进绿色消费,创建绿色购物场所。加快发展超高清视频、虚拟现实、可穿戴设备等新型信息产品。

① 国务院办公厅关于进一步释放消费潜力促进消费持续恢复的意见[EB/OL].(2022-04-25)[2023-09-24]. https://www.gov.cn/zhengce/content/2022-04/25/content_5687079.htm.

② 就业司."智慧＋"赋能 新型消费动力足[EB/OL].(2022-05-26)[2023-09-24]. https://www.ndrc.gov.cn/fggz/jyysr/jysrsbxf/202205/t20220526_1325521.html.

③ 国家发展改革委等部门关于印发《促进绿色消费实施方案》的通知[EB/OL].(2022-01-18)[2023-09-24]. https://www.gov.cn/zhengce/zhengceku/2022-01/21/content_5669785.htm.

鼓励各类电子产品智能化升级,加快完善智能电子产品销售网络,为消费者提供更多的购买渠道,简化购买流程。各地区结合实际制定奖励与强制相结合的消费更新换代政策,鼓励企业开展以旧换新活动,合理引导消费预期。由促进汽车限购向引导使用政策转变,激励汽车限购地区消费者在特定时间内完成购买。

第三,加强绿色消费的科技和服务支撑。应用先进的绿色低碳技术,提升传统产业智慧化水平和运行效率。推动产供销全链条衔接畅通,便利各消费主体采购绿色产品的通道,激发主动消费绿色低碳产品和服务的内生动力。加快发展绿色物流配送产业,积极推广绿色快递包装,创新绿色低碳、集约高效的配送模式。拓宽闲置资源共享利用和"二手"交易渠道,支持相关平台建设与运行,有序推动共享经济产业健康持续发展。构建废旧物资循环利用体系,合理布局、规范建设回收网络体系,稳步推进"无废城市"建设①。

(三)推动"文化+"精神消费产业需求升级

第一,激发高质量中国特色文艺产业需求。广大文艺工作者要增强文化自觉,坚定文化自信,加强扶持和引领文艺创作,推动各种文艺形式大发展、大繁荣,坚持推动中华优秀传统文化创造性转化、创新性发展。坚持以人民为中心的创作导向,全面繁荣新闻出版、广播影视、文学艺术、哲学社会科学事业,力争打造新型中国特色文化消费精品力作和文化消费形态,充分满足民众更加多样化、品质化的文化消费需求②。

第二,创造特色文化旅游产品与服务产业需求。构建文旅多产业多领域融合互通的休闲消费体系,建设文化产业和旅游产业融合发展的"网红"旅游示范区。推动非物质文化遗产保护传承,打造具有中国文化特色的旅游购物场所。推动重点城市加快文化休闲街区、艺术街区、特色书店、剧场群、文化娱乐场所群等建设,发展集合多种业态的消费集聚区。培育新型文化和旅游业态,鼓励博物馆游、科技旅游、民俗游等文化体验游,开发一批适应境内外游客需求的旅游线路、旅游目的地、旅游演艺及具有地域和民族特色的创意

① 国家发展改革委等部门关于印发《促进绿色消费实施方案》的通知[EB/OL].(2022-01-18)[2023-09-24].https://www.gov.cn/zhengce/zhengceku/2022/01/21/content_5669785.htm.
② 赵海英.增强人民群众文化获得感幸福感推动文化产业高质量发展(专题深思)[EB/OL].(2021-09-16)[2023-09-24].http://opinion.people.com.cn/n1/2021/0916/c1003-32228316.html.

旅游商品①。

第三，满足多样化文化教育产业需求。在传统文化教育模式的基础上，结合数字技术，发展新业态新形式，形成多层次多样化的教育产业结构。鼓励社会各界举办在线教育机构，开发在线教育资源，构建网络化、数字化、个性化、终身化教育体系，有利于满足消费者"处处可学、时时可学"的精神文化需求。坚持培育优质在线教育资源，实施"教育大资源共享计划"，汇聚互联网教学、科研、文化资源，拓展完善国家数字教育资源公共服务体系，提升消费需求②。

二、数字赋能消费客体，推动双循环格局

从消费供给侧看，《中华人民共和国国民经济和社会发展第十四个五年规划和2035年远景目标纲要》提出"加快推动数字产业化"和"推进产业数字化转型"。这是以习近平同志为核心的党中央把握世界科技革命和产业变革大趋势做出的战略部署，为打造数字经济新优势指明了方向。以数字经济为抓手，促进供给侧结构性改革，积极推动数字经济赋能消费升级，进一步提升供给质量，加速构建双循环新发展格局。加大数字经济对传统产业链数字化、自动化、现代化、协同化的赋能力度，以新型基础设施建设为着力点，提升生产要素流动性，重构优质供给端。数字经济有机结合生产和消费，不仅改造了旧有生产力，而且发展了新的生产力，进一步释放国内市场需求，激发生产转型升级。

第一，产业数字化是指利用现代数字信息技术、先进互联网和人工智能技术对传统产业进行全方位、全角度、全链条改造，使数字技术与实体经济各行各业深度融合发展。随着消费日益升级，积极推动数字经济赋能消费升级，满足高标准高质量的新消费需求，成为引领实体产业变革的重要动力。因此，需重构传统消费产业体系，驱动传统消费产业与数字经济融合创新。第二，数字产业化是指为产业数字化发展提供数字技术、产品、服务、基础设施和解决方案，以及依赖于数字技术、数据要素的各类经济活动③。数字消费

---

① 发展改革委等.关于促进消费扩容提质加快形成强大国内市场的实施意见[EB/OL].(2020-02-28)[2023-09-24].https://www.gov.cn/zhengce/zhengceku/2020-03/13/content_5490-797.htm.

② 教育部等十一部门联合印发《关于促进在线教育健康发展的指导意见》[EB/OL].(2019-09-30)[2023-09-24].https://www.gov.cn/xinwen/2019-09/30/content_5435245.htm.

③ 叶堂林,王雪莹.数字经济对协调性均衡发展的影响:兼论共同富裕的实现路径[J].经济学动态,2023(1):73-88.

成为推动我国数字经济发展的关键动力,是促进国内需求加快恢复、持续扩大的重要力量。丰富优质的数字产品和服务是促进数字消费扩容提质的重要条件,需通过数字赋能与消费产业融合,打造中国数字消费产品和品牌,激发国内消费活力。同时,借力数字媒体,将数字消费产品和品牌带出国门,实现国际化战略布局,推动国内国际双循环格局。第三,产业互联网已成为数字产业化和产业数字化的重要载体,是数字经济发展的更高阶段。为了使双循环更加顺畅,必须实现国内与国际市场信息资源的安全整合,实现消费互联网与产业互联网在全球化背景和趋势下的全面有效对接。

(一)驱动传统消费产业立足数字经济融合创新

第一,推进传统消费产业数字化转型。引导和鼓励企业利用数字技术发展柔性化制造和智能化生产,全面提升企业对市场需求的快速响应能力和产能灵活转换能力,推动形成供给与需求、生产与消费互促互动的良性循环。鼓励大型平台企业加强对中小商户数字化运营的技术支持和技能培训,加快传统线下业态数字化改造和转型升级。加大对消费品制造业中小企业数字化转型的支持力度,以高质量供给创造引领新需求。例如,鼓励企业利用物联网、云计算、人工智能等数字技术推动各类电子产品智能化升级,加快发展虚拟现实、可穿戴设备等新型信息产品。

第二,充分释放数据要素价值。一方面,推动智能化技术集成创新应用。加速发展大数据、云计算、人工智能、区块链等数字技术,引导企业采用云计算和数据平台赋能生产、运营、销售等各个环节,促进新兴信息技术产业的发展融合。鼓励数字化场景广泛应用于传统消费服务领域,增强对传统消费行业转型过程中的技术与服务管理支撑。另一方面,安全有序推进消费数据商用。提高信息数据安全保障,制定信息数据资源服务流通和使用的法律法规,加大数据资源开放、共享和整合开发力度[①]。结合公共数据、企业数据、消费者数据等不同主体特点,发展消费大数据平台服务,有效破除数据壁垒和"孤岛",提高消费信息数据共享商用水平,为传统企业提供算力资源支持和优惠服务[②]。

---

① 国务院办公厅关于以新业态新模式引领新型消费加快发展的意见[EB/OL].(2020-09-21)[2023-09-24].https://www.gov.cn/zhengce/content/2020-09/21/content_5545394.htm?trs=1.

② 于凤霞.以数字经济驱动消费升级[EB/OL].(2023-06-21)[2023-09-24].https://www.xinhuanet.com/politics/20230621/47283df9259241a289642fc96abc6a8b/c.html.

(二)打造数字消费产品与品牌助力双循环

第一,创新数字产品和服务供给。在数字生活服务、网络支付等传统数字消费领域基础上,顺应需求高端化、个性化、融合化趋势,支持数字企业加快技术、产品、服务和场景创新,积极探索融合型数字服务新业态新模式,壮大平台经济、共享经济和无接触经济,带动数字农业、智能制造加快发展,构建更加完整的"数字+"产品和服务生态,形成数字消费新亮点。同时,需健全数字消费标准管理体系。推动数字消费标准化,优化市场监测、重要产品追溯等机制,提高数字产品和服务的供给质量[①]。

第二,加快打造一批数字消费品牌并利用数字媒体走出国门。推动数字消费产品和服务增品种、提品质、创品牌,加快培育一批有世界影响力的中国数字消费品牌和企业。结合推进"一带一路"建设和《区域全面经济伙伴关系协定》(RCEP)合作机制,助力中国数字消费品牌有效触达海外消费者。加快培育国际主播达人与网红品牌,通过国货国潮品牌出海、海外仓直播等方式,帮助品牌厂商快速建立口碑,提高产品销售转化率,进一步提升本土品牌的国际影响力,聚力双循环。同时,面向公共服务、行业等领域数字消费需求,遴选一批数字消费示范项目,激发并满足更多高品质的数字消费需求。

(三)数据链接消费互联网与产业互联网

第一,产业互联网借力消费互联网,科学发展产业集群。一方面,深耕重点产业垂直服务平台,顺应中国式现代化产业体系发展趋势,整合产业资源和服务优势,打造专业平台服务并支持产品创新。提升电子信息全链路数字化水平,优化医药全渠道供给能力,提高高端装备服务效率,发展汽车全场景服务,构建先进材料产业链服务体系,加强时尚消费品供需对接。另一方面,推动产业数字服务平台扩品增量。强化产业互联网平台全链条赋能,打通产业互联网与消费互联网在底层技术侧和业务需求侧的链条,支持基于在线交互、订单交付、个性化定制的平台建设,数据驱动规模化产品创新和敏捷制造[②]。增强专业服务平台创新能力,打造一批数字采购模块,提供多感官交互

---

① 王磊.打造数字消费强劲引擎[EB/OL].(2021-05-21)[2023-09-24]. https://theory. gmw. cn/2021-05/21/content_34863113. htm.

② 吴丽琳.上海:2025年产业互联网平台交易额力争突破3.3万亿元[EB/OL].(2023-07-25)[2023-09-24]. http://www. cena. com. cn/ssxw/20230725/120934. html.

的沉浸式线上购物体验,确保国内产业互联网实现大循环①。

第二,促进跨境消费产业数字服务平台发展。响应"一带一路"倡议号召,推动头部"丝路电商"加快国际化战略布局。结合贸易产品特点,打造"小单快返"式柔性供应链生产模式,打通生产、库存、仓储管理等渠道,完善数字营销、数据服务、进出口通关功能,加快企业"走出去"步伐。鼓励平台布局完善海外物流仓储设施,为上下游企业提供出海配套服务。发挥跨境平台海外购的数字化优势,通过国内外信息和数据资源共享,打通消费品制造企业的采购渠道,提升产品集采分销效率,促进国内国际双循环。

第三,完善制度供给和政策扶持。支持产业互联网平台及上下游企业参与"全面数字化的电子发票"试点。加大对产业互联网平台创新发展的扶持力度,鼓励因地制宜,出台产业互联网平台配套支持政策。发挥国家、地区两级政府专项资金引导作用,对行业级产业互联网平台建设、技术研发攻关、应用转化落地等按规定予以支持。

三、营造数字经济时代新型消费产业发展环境

从消费环境看,消费作为畅通国内大循环和促进国内国际双循环的关键环节及重要引擎,对经济具有持久拉动力,事关保障和改善民生。为积极推进消费提质升级,需不断增强消费发展综合能力,全力营造数字时代优质的消费产业发展环境。为保障消费产业的有序健康发展,需制订实施消费产业标准提升规划,加快推进国内消费领域标准制定和修订工作。更进一步地,消费需求升级催生了新型消费产业,为推动培育新型消费产业发展,需统筹完善新型消费产业的制度建设,优化新型消费产业的服务标准体系。一方面,加强消费产业标准化是推进全国统一大市场建设、持续扩大内需、实现国内国际双循环的重要举措。因此,需出台并持续优化消费领域产业标准,规范消费产业标准化生产。另一方面,随着中国式现代化消费的不断发展,行业问题也逐渐暴露。需要相关部门锚定问题、对症下药,深化"放管服"改革,加快建设市场化、法治化、国际化一流营商环境,顺应新型消费发展规律,创新经济治理模式,系统性优化制度体系,构建健康、安全、放心的新型消费产

---

① 上海市经济信息化委 市商务委 市发展改革委关于印发《上海市促进产业互联网平台高质量发展行动方案(2023—2025 年)》的通知.[EB/OL].(2023-07-18)[2023-09-24]. https://www.shanghai.gov.cn/gwk/search/content/6590672312844aa0949ff9b98020701c.

业发展环境,为数字化转型企业提供有力的保障和支持,最大限度激发市场活力①。

(一)修订出台消费领域产业标准

第一,提升国内消费产业标准化水平。一方面,筑牢产业发展基础,不断提升消费品标准和质量水平,推进产业结构优化升级。引领新产品新业态新模式快速健康发展,例如围绕食品、医疗、交通等领域智慧化转型需求,加快完善相关标准。增强产业链、供应链的稳定性和产业综合竞争力,助推新型基础设施提质增效。另一方面,推进信息技术与传统消费品制造业深度融合,加强产业数字化、网络化、智能化标准研制。引导数字化助力消费品工业增品种、提品质、创品牌"三品"行动,保障消费内循环提质增效。②

第二,推动消费产业标准"引进来"和"走出去"。一方面,积极引导我国消费品标准与国际接轨,按行业、产品逐个开展重点领域主要消费品标准与国际标准比对分析,加快转化先进适用的国际标准,定期组织标准一致性程度评估。另一方面,推动中国消费产业标准制度型开放,实现中国消费品标准国际化。加强对外交流,开展共建"一带一路"国家主要消费品标准化研究,助推消费品贸易便利化。支持我国标准化技术机构、企业等积极参与国际标准化活动,推动中国标准与国际标准体系兼容,承担国际标准组织技术机构相关工作,促进优势技术和科技成果转化为国际标准,提升国内国际双循环能力。

(二)构建新型消费产业支撑保障体系

第一,规划搭建新型消费产业网络节点。一方面,依托国家重大区域发展战略和政策规划,着力打造辐射带动能力强、资源整合优势大的消费中心,培育新型消费产业增长点,建设大中小型消费城市梯队。支持城乡融合共建新型消费网络节点,引导新型消费产业适度集聚,加强城乡商业网点的信息网络基础设施和便民消费设施建设。另一方面,优化完善数字化商贸流通体系,降低物流综合成本。积极推进供应链创新升级并投入应用,搭建电子商

---

① 国务院办公厅关于以新业态新模式引领新型消费加快发展的意见[EB/OL]. (2020-09-21)[2023-09-24]. https://www.gov.cn/zhengce/content/2020/09/21/content_5545394.htm?trs=1.

② 国家标准化管理委员会 工业和信息化部 商务部关于印发《加强消费品标准化建设行动方案》的通知[EB/OL]. (2023-05-26)[2023-09-24]. https://www.sac.gov.cn/xw/tzgg/art/2023/art_bcfd72f377d54b30aced8147d14f2012.html.

务、物流快递、仓储设施网点,提升新型消费产业商品流通现代化水平。

第二,提升服务标准并简化行政审批流程。推进新型消费产业服务标准化、规范化、便利化,需要国家发改委、商务部、工业和信息化部等多部门持续进行制度创新,进一步放宽新型消费产业资源提供者的市场准入条件。鼓励平台企业、行业组织、研究机构等共同研究及制定新型消费的服务标准和规范,强化服务意识,丰富服务内容,拓展服务渠道,创新服务方式,提升新型消费行业发展质量和水平。简化办事环节和手续流程,优化零售新业态新模式营商环境,探索实行"一照多址"。各地结合实际,试点推行告知承诺制。①

第三节 监管政策与消费创新

当前的监管体制尚不完全契合中国式现代化消费体系的演进逻辑,尚未很好地适应消费新业态与新模式的迅速发展,迫切需要持续完善现有的监管政策。面向未来,在监管政策的制定与优化上,应该坚持审慎监管,顺应市场规律和消费趋势,契合中国式现代化消费特征,推动新消费产业成长:第一,加快建设全国统一大市场的监管机制,持续优化营商环境。第二,健全绿色低碳产品生产和推广的监督机制,有序推进绿色消费快速发展。第三,构建个人、企业、行业、社会和政府全域结合的消费治理机制,创新监管工具,有力、有序、有效服务消费创新。

一、健全国内统一大市场的监管机制

全国统一大市场是新发展格局的基础支撑和内在要求,更是实现消费高质量增长的重要基础性保障,是消费创新的基石。完善的监管机制有助于顺利建设全国统一大市场,有效实施公平竞争,优化要素市场资源配置和自由流动,促进经济循环畅通,推进中国式现代化消费的高速发展,激活消费创新。

(一)完善全国统一大市场的市场规则

第一,当前国内产品和服务供给能力、供给体系还不能与居民需求完全匹配,无法有效适应和满足人民群众对美好生活的需要。市场主体创新活力

---

① 国务院办公厅关于以新业态新模式引领新型消费加快发展的意见[EB/OL]. (2020-09-21)[2023-09-24]. https://www.gov.cn/zhengce/content/2020-09/21/content_5545394.htm?trs=1.

是否充足、市场竞争是否公平有效等，直接影响了供给的水平和质量。在监管上，要保护消费创新土壤，彰显公平公正。要健全全国统一大市场的公平竞争制度框架以及政策实施机制，坚持平等对待各类所有制企业，强化反垄断执法，未经公平竞争不得授予经营者特许经营权①。及时清理和废除妨碍消费新模式新业态发展的含有地方保护、市场分割、指定交易等不公平竞争的政策，持续优化营商环境。

第二，消费创新、高质量消费的实现离不开高标准的全国统一市场体系。在监管上，要严格落实"全国一张清单"的管理模式，审慎研究与分析消费领域各行业各企业的特征、发展规律与创新机制，规范消费创新"禁区"，推出针对新消费业态的更科学、更精准、更权威的实施措施。严禁各地区各部门以任何形式自行发布具有市场准入性质的负面清单，消除地方保护主义。严格维护市场准入负面清单制度的统一性、严肃性、权威性②。

第三，放心消费是推动消费创新升级、释放消费潜力的前提。健全的消费信用体系是放心消费的基础，也是全国统一大市场建设的基础目标。在监管上，要完善社会信用激励与约束机制。全面推广企业与个人的信用承诺制度，将企业承诺、履约信息和个人消费信息纳入信用记录，发挥信用激励机制的作用，提升信用良好企业与个人的获得感。健全失信行为纠正后的信用修复机制，给予企业和个人同等的修复机会。同时要完善政府诚信履约机制，建立政务失信记录和惩戒制度，将失信信息纳入全国信用信息共享平台③。

（二）建立健全跨区域监管合作机制

第一，建设全国统一大市场能够打破地区保护壁垒，重塑国内分工格局，让产业有更多落地选择，有效促进消费创新。在监管上，要探索建立跨区域的协同监管机制，探索有效合作方式，促进不同地区实现协调统一的监管体系。鼓励各地区构建跨区域的统一市场准入服务系统，统一身份实名认证互认、统一名称自主申报行业字词库、统一企业经营范围库，实现跨区域注册登

---

① 中共中央 国务院关于促进民营经济发展壮大的意见[EB/OL].（2023-07-14）[2023-09-24]. https://www.gov.cn/zhengce/202307/content_6893056.htm.

② 中共中央 国务院关于加快建设全国统一大市场的意见[EB/OL].（2022-04-10）[2023-09-24]. https://www.gov.cn/zhengce/2022-04/10/content_5684385.htm.

③ 国务院印发《"十四五"市场监管现代化规划》[EB/OL].（2022-01-27）[2023-09-24]. https://www.gov.cn/xinwen/2022-01/27/content_5670794.htm.

记无差别标准^①。

第二,建设消费都市圈有利于打造韧性活力消费体系,创新消费场景,丰富多元消费体验。在监管上,要推行重点区域市场监管一体化,以示范区辐射带动周边新消费发展,助力消费创新。率先在京津冀、长三角、成渝等重点区域推行市场监管协同治理,加强监管联动,试行更高水平更大范围的跨省通办、联合执法等措施。建立健全区域市场监管一体化机制,推进消费都市圈健康快速有序发展。

(三)构建全国统一大市场的数据要素监管机制

第一,数据要素市场是实现我国庞大线上数据与线下消费市场协同发展的重要保障,也是消费创新的基石。在监管上,要建立合理高效的数据要素市场开放机制,激励数据主体开放数据,避免数据垄断。实现数据要素相关权益合理分配,缩小区域间、行业间差异。引导数据商和第三方机构提供统一数据接口和安全传输途径,合力实现跨域数据的互联互通,参与数据交易流通环节,发掘数据应用需求,提供覆盖交易全产业链的数据服务,为消费创新做好数据保障。

第二,保护市场主体知识产权,提振数字经济领域市场主体参与信心是消费创新的前提。在监管上,要建立健全数据安全、权利保护、跨境传输管理、交易流通、开放共享、安全认证、数字知识产权评估与交易机制等基础制度和标准规范^②,深入开展消费领域的多维度数据资源调查,推动数据资源安全合理开发利用,不断创新基于高质量数据要素挖掘的产品设计与服务模式。

二、多维发力促进绿色消费监管提质增效

绿色消费是推动可持续发展的新趋势,也是中国式现代化消费的特征之一。在监管上,要建立健全绿色消费制度保障体系,完善绿色消费激励约束制度,构建绿色消费的长效机制,促进消费向绿色低碳转型升级,促进绿色消费创新。

---

① 国务院印发《"十四五"市场监管现代化规划》[EB/OL].(2022-01-27)[2023-09-24]. https://www.gov.cn/xinwen/2022/01/27/content_5670794.htm.
② 中共中央 国务院关于加快建设全国统一大市场的意见[EB/OL].(2022-04-10)[2023-09-24]. https://www.gov.cn/zhengce/2022/04/10/content_5684385.htm.

（一）建立健全绿色消费制度保障体系

第一，绿色生产和消费重点领域的相关法律法规是绿色消费发展与绿色消费创新的基础。在监管上，要加快健全绿色消费相关法律法规，遵循减量化、再利用、资源化原则，清晰界定围绕绿色消费所进行的采购、制造、流通、使用、回收、处理等各环节要求，明确政府、企业、社会组织、消费者等各主体责任义务。① 以健全的绿色消费法律法规，保护绿色消费创新的土壤。

第二，促进绿色消费，要让消费者更容易分辨出绿色产品和服务。在监管上，要优化完善绿色标准认证体系，加强与国际标准的衔接。完善并强化绿色低碳产品与服务标准、认证、标识体系，大力提升绿色标识产品和绿色服务市场认可度及质量效益。健全绿色能源消费认证标识制度，引导提高绿色能源在居住、交通、公共机构等终端能源消费中的比重。探索建立重点产品全生命周期碳足迹标准，引领带动全域产品和服务持续创新，提升绿色化水平。② 通过完善的绿色标准认证体系，引导绿色消费领域合理合规创新。

第三，绿色消费发展与消费创新需要对市场趋势做出研判，需要前瞻性的政策指导。在监管上，要探索建立绿色消费统计监测评价体系，完善与优化绿色消费信息平台。各政府、各授权企业需加强对绿色消费数据的合规收集、统计监测和分析预测。研究建立综合与分类相结合的绿色消费指数与评价指标体系，科学评价不同地区、不同领域绿色消费水平和发展变化情况③，制定面向未来绿色消费创新的针对性措施。

第四，公开透明的绿色信息披露是推动绿色消费长效机制构建与消费创新的基础。在监管上，要探索全国统一的绿色消费信息平台信息披露机制，统筹指导并定期发布绿色低碳产品清单和购买指南，提高绿色低碳产品生产和消费透明度，让绿色消费相关群体可以便利选择和采购。同时，也为相关企业的绿色消费创新提供了指导方向，促进其高速健康发展。

---

① 国家发展改革委等部门关于印发《促进绿色消费实施方案》的通知[EB/OL].（2022-01-21）[2023-09-24]. https://www.gov.cn/zhengce/zhengceku/2022/01/21/content_5669785.htm.

② 国家发展改革委 司法部印发《关于加快建立绿色生产和消费法规政策体系的意见》的通知[EB/OL].（2020-03-17）[2023-09-24]. https://www.ndrc.gov.cn/xxgk/zcfb/tz/202003/t20200317_1223470.html.

③ 商务部国际经贸合作研究院发布《全国绿色消费积分制度与监管标准研究》课题报告[EB/OL].（2023-02-20）[2023-09-24]. http://www.cncenn.com/html/2023/02/20/27369.html.

(二)完善绿色消费约束机制

第一,在绿色消费发展过程中,不能盲目出台不适应绿色消费有序科学发展的举措。在监管上,要强化责任落实。要把加强党的二十大"实施全面节约战略,发展绿色低碳产业,倡导绿色消费"战略理念全面贯穿在促进绿色消费的各领域和全过程。各地区主要政府机关要切实承担起主体责任,各企事业单位要加强与政府联动,共同促进与完善绿色消费的体制机制和政策支持体系,激活绿色消费创新。

第二,在促进绿色消费与消费创新过程中,不能弄虚作假,不能制造虚假繁荣,要真正实现高质量消费。在监管上,要强化对各种涉及"漂绿"的违法违规行为进行处罚约束。严厉打击虚标绿色低碳产品行为,严格依法处罚生产、销售列入淘汰名录的产品和设备行为。将相关处罚信息等纳入全国信用信息共享平台和国家企业信用信息公示系统。完善短视频直播、直播带货等网络直播标准,进一步规范直播行为。禁止各种欺骗、制造"绿色消费陷阱"诱导消费者过度消费的行为,倡导理性、健康的直播文化。

三、健全与创新全域协同的消费监管机制与工具

中国式现代化消费强调物质消费和精神消费协调发展。在监管上,应健全与创新治理机制,推动全社会共同参与监管,进一步激发市场主体活力和发展内生动力,促进消费升级与创新。

(一)创新公众参与的新型监管模式

第一,中国式现代化消费是物质消费和精神消费相协调的消费,有效的监管方式有助于促进物质与精神消费创新。在监管上,要把握物质消费与精神消费的内涵、特征与演进趋势。坚持放管结合、放管并重,推进"放管服"改革,深化商事制度改革,有效降低制度交易性成本[①]。推动物质消费与精神消费相协调的新消费模式、新消费业态不断涌现。

第二,中国式现代化消费是个性化、多元化、定制化的新消费。在监管上,要创新社会监督引导方式,推动形成全社会共同参与监管的环境和机制,引导有关方面对违法失信者进行市场性、行业性、社会性约束和惩戒,形成全

---

① 国务院关于加强和规范事中事后监管的指导意见[EB/OL].(2019-09-12)[2023-09-24].https://www.gov.cn/zhengce/zhengceku/2019-09/12/content_5429462.htm? ivk_sa=1023197a.

社会广泛参与的监管格局①。注重发挥行业协会、商会专业优势，支持协会、商会加强行业自律。

（二）创新各类主体全周期的监管工具

第一，中国式现代化消费各类主体的监管要适应消费发展的新场景、新理念和新需求。在监管上，要完善阶梯式监管工具。针对各类企业不同违法倾向、违法阶段和违法程度，创新和丰富行政指导、行业公约、约谈、警告、检查执法等监管手段，实现规范市场行为、降低执法成本、形成执法震慑的综合效果②。制定符合市场规律和企业全周期发展的针对性监管政策，进一步创新引导市场主体自我规范的监管方式。

第二，中国式现代化消费是数字经济与实体经济融合的新消费。在监管上，要充分运用和发挥各类信息技术诸如互联网、云计算、大数据、人工智能等的特色与优势，以现代技术手段和消费大数据为驱动，全面整合市场监管领域信息资源和业务数据，加快推进智慧监管，提升市场监管效能。同时要深入推进市场监管信息资源共享开放和系统协同应用，发挥智慧监管优势，促进放心消费，助力消费创新。

---

① 国务院办公厅关于运用大数据加强对市场主体服务和监管的若干意见[EB/OL].(2015-07-01)[2023-09-24]. https://www.gov.cn/xinwen/2015/07/01/content_2888232.htm.

② 国务院印发《"十四五"市场监管现代化规划》[EB/OL].（2022-01-27）[2023-09-24]. https://www.gov.cn/xinwen/2022/01/27/content_5670794.htm.

生动实践篇

第十章

数字技术促进中国式现代化消费场景创新案例解析

中国式现代化消费是立足于数字经济时代双循环新格局的消费，即数字技术成为构建新格局的重要引擎。本章基于中国式现代化消费具有的数字内生特征，重点介绍三个典型案例。三个案例分别从数字技术促进国内大循环消费、数字技术促进国际外循环消费、数字技术驱动消费场景全面创新三个方面出发来进一步阐述数字技术如何成为中国式现代化消费场景创新的奠基石和加速器，目的在于提炼和总结数字技术赋能消费场景的一般性经验，为政府进一步完善数字基础设施和企业创新消费场景提供借鉴和启示。

第一节　数字技术促进国内大循环消费——灵伴科技的实践

传统文旅产业的消费过程大多"走马观花"，面临着服务产品单一性、体验范围有限性等问题，而随着 5G、人工智能等新技术的应用，"科技＋文旅"的融合为消费者提供了新兴的文旅消费体验，数字文旅产业也摇身一变，成为国内消费新赛道。单从字面上看，"数字文旅"似乎就是"数字化＋文旅"的简单叠加，实则不然，"数字文旅"是指数字技术对文旅产业的深度赋能，包括利用数字技术对文旅产业进行全方位、多角度的改造。基于数字技术的深度应用，文旅产业能开发出更丰富、更新颖的文旅产品和服务，进而优化用户的文旅消费体验，全面促进文旅消费并畅通国内大循环。本节以杭州灵伴科技为例，讲述 AI 和 AR 技术如何巧妙地应用在博物馆、展览馆等场景，通过对物理场所的技术改造，大幅提升用户消费体验，以期为其他企业的数字技术应用之路提供指导和借鉴。

一、案例背景

杭州灵伴科技有限公司创立于 2014 年，是一家专注于人机交互技术产品的公司，其业务包括 5G＋AI＋AR 领域的软硬件产品开发。通过开发软硬件并将其与具体行业应用相结合，从而实现对传统产业的消费场景改革和创新。目前，杭州灵伴科技赋能的行业包含电力行业、石化行业、汽车行业、智能制造行业等，其智能产品已在全球 80 余个国家和地区投入使用。虽然发展不足十年，但是杭州灵伴科技有限公司已出现在 2023 年 4 月 10 日发布的"2023 杭州独角兽与准独角兽企业榜单"上，新晋为"独角兽企业"。

在这家公司的产品序列中，为文旅产业插上赋能翅膀的是智能 AR 眼镜系列。其中，Rokid Air Pro 眼镜作为全球最轻量化双目 AR 眼镜，更加适配于培训、文旅展陈等传统产业场景。戴上 Rokid AR 眼镜，游客不仅可以体验到 1500 多年前古人赶集的热闹场景，还可以体验到"革命烈士在牺牲前振聋发聩的演讲"这种令人潸然泪下的感人场景。回溯其发展史，良渚博物院是它的第一个合作伙伴，也是其走上赋能文旅产业之路的共创伙伴。在充分了解当前博物馆业务的一系列痛点后，杭州灵伴科技为良渚博物院打造了全球首个基于 AR 眼镜的智慧导览系统，包括基于 AR 眼镜的地图导览、模拟导游等功能，从而打开了赋能文旅产业的序章。

在此之后，杭州灵伴科技不断完善其合作版图，先后与山东博物馆、西安博物院、喀什古城景区、开封博物馆、敦煌博物馆等国内百余家知名博物馆和人文景区开启合作，根据不同博物馆的特点，为其量身定制基于 AR 眼镜的智慧文旅解决方案，从而实现了多元化消费场景创新。截至目前，Rokid AR 眼镜已经赋能国内头部博物馆 100 多家，提升了物理场所的可探索性，增强了文旅消费的趣味性，打造了线上线下融合的数字景点，大大提升了参观者的游览体验。

二、加速传统文旅行业国内大循环消费的创新实践

目前，杭州灵伴科技的 Rokid Air Pro 眼镜，已与全国大多数博物馆、展览馆及人文景区进行了深度合作。借助 AR、VR 等技术与相应的移动电子设备，杭州灵伴科技不仅增强了这些物理场所的可玩性，还实现了游览过程的"虚实结合"，帮助传统的文旅场馆重获"新生"。以博物馆为例，智能 AR 眼镜可以与展示的文物等静态物品进行深度的技术链接，从而给游览者呈现出美

轮美奂、活灵活现的虚拟画面,提供了新的观展方式,满足了用户的好奇心和求知欲。本节聚焦于杭州灵伴科技这一案例,通过阐述其如何在良渚博物院、敦煌艺术大展、云南省博物馆等场景中应用 AR 眼镜及其智能系统,充分展示数字技术对国内文旅产业消费场景的赋能与改造,进而提炼出企业如何基于数字技术促进国内大循环消费创新实践的建议。

(一)良渚博物院:AR 眼镜助力体验"一眼千年"的良渚文化

良渚博物院是对良渚 5000 年璀璨文化的集中展现。自 2019 年 7 月良渚古城遗址成功申遗以来,越来越多的消费群体逐渐认识良渚文化并渴望了解良渚文化。杭州的良渚博物院内,展览了良渚古城时期的各类珍贵文物,包括玉器、石器、陶器和漆木器等。然而,良渚文化属于新石器时代的考古文化,距离现代太过久远,发掘出土的相应时期的文物,需要深厚的文化知识作为支撑去加以理解。对普通游客来说,如果没有相应配套的专业知识讲解,将很难理解文物背后的文化和文明,这会使得良渚博物院的文化传承作用大打折扣。

在引入杭州灵伴科技的 AR 智能系统之前,良渚博物院的文物知识讲解大多靠人工,而人工讲解员的数量有限,遇到节假日或是旅游旺季游客众多时,不仅讲解效果会大打折扣,而且会出现讲解员短缺的情况。起家于杭州本土的灵伴科技,最先灵敏地观察到消费者的一系列观览痛点与需求,进而迅速地与良渚博物院管理人员接触,共同探讨如何通过数字技术的 AR 智能系统改善用户的观博体验。在充分了解博物馆运营方、管理方、用户方等多方意见之后,灵伴科技迅速上线了智能 AR 眼镜系列。

智能 AR 眼镜的大小跟普通墨镜差不多,但是内部却大有玄机。首先,从结构上看,智能 AR 眼镜可以随时折叠,方便游客携带和保存,具备可穿戴的特点。其次,智能 AR 眼镜的内部搭载了 AR 智慧导览应用,能以更加人性化的方式进行知识讲解,具备个性化的特点。当游客戴上 AR 眼镜后,AR 眼镜立马会在游客眼前显示机器人第一视角,该机器人随时接受游客的咨询和提问,包括询问地图导览、请求模拟导游讲解等。这些功能与传统的语音讲解和平板讲解相比,其人机交互模式更加令人印象深刻。除了语音交互外,佩戴者还可以通过语音控制实现更多的场景切换,包括从图片场景切换为文字场景,再切换到视频场景和 3D 全息场景。换言之,当游客走进博物馆并戴上智能 AR 眼镜后,就仿佛置身于另外一个世界,在这个世界里独享个性化的 AR 大屏和虚拟私人讲解。与传统的人工讲解相比,智能 AR 眼镜帮助呈现截然不同的互动模式,并带来全新的用户体验。

良渚博物院上线了 AR 眼镜及其智能系统后,以一种"沉浸式"的游览模式吸引了大批用户前来体验并得到了广泛好评。在具体的感受上,游客只需将目光看向馆内陈列的文物,眼前就会清晰地浮现出雕刻在文物上的符号、图腾、花纹、篆刻等信息。以良渚玉礼器"鸟立高台"刻符玉璧为例,该实物的玉璧上刻有立鸟、飞鸟、高台柱等纹饰,然而经过岁月的侵蚀,这些图案花纹已经被磨得深浅不一,单凭肉眼已经很难看清玉器上图案的具体轮廓。然而,智能 AR 眼镜的画质修复功能可以弥补这些遗憾。当参观者戴上 Rokid AR 眼镜后,玉器上的图案一下子变得清晰无比。游客不仅能清晰地看到玉璧上勾勒出来的鸟形刻符、阶梯状高台柱等,还能观赏到动态图,不一会儿,一只小鸟从玉璧中活灵活现地飞出,围绕在游客身边叽叽喳喳地叫唤,这种仿佛置身于良渚文化时代的沉浸式体验让游览者兴奋不已。

良渚博物院通过应用智能 AR 导览系统,将直观的图片、灵动的视频影像附着在真实的文物上,如同为文物注入生命一般,让游客有不同寻常的博物观览体验。与传统博物馆提供的人工讲解服务相比,Rokid AR 眼镜更加智能,更懂游客,更能与游客进行一对一的深入交流,提供更加完整、创新的文旅产品和服务,让游览者在虚实结合的视觉场景中更深入地了解良渚历史文化。

(二)敦煌艺术大展:莫高窟艺术在 AR 眼镜里被"唤醒"

莫高窟是中国古代文明的璀璨艺术宝库,是中国丝绸之路上不同文化碰撞的典型代表。令人遗憾的是,历史上的人为破坏、近代游客的涌入、戈壁沙漠气候的侵袭,都逐渐侵蚀着莫高窟的原始样貌。如何既在全国范围内宣传并展示莫高窟,让更多旅客见识到莫高窟的文化之美,又保护石窟不受到更多的人为破坏,成为文化传播者当前的棘手难题。借助杭州灵伴科技的 Rokid AR 眼镜,敦煌研究院所属的敦煌石窟文物保护研究陈列中心工作人员顺利解决了这个大难题,既广泛传播了敦煌文化,又有力保护了莫高窟文物。

2022 年,"文明的印记——敦煌艺术大展"在北京举办,杭州灵伴科技为其量身打造的"敦煌 AR 智能导览"系统,让游客们在不进入莫高窟实地的情况下,也能欣赏到莫高窟历史真迹。当游览者走进展览馆并戴上 AR 眼镜后,显示屏上马上显现虚拟数字讲解员"敦敦",逐一为游客讲解石窟背后 1400 多年前西魏时期的故事。以莫高窟第 285 窟 1∶1 复制洞窟为例,壁画上最有名的故事是《五百强盗成佛因缘》,"敦敦"为游客们讲解古印度憍萨罗国五百人造反成为强盗，烧杀抢夺、残害村民，最终得到惩罚并在佛的感召下放下屠刀的故事。随着故事的演进，"敦敦"会实时播放相应的历史影像和文化图谱，达到辅助讲解效果。在整个讲解过程中，显示屏上的壁画变得活灵活现，兵器、马匹、人物不断变换，官兵穿着、战马造型、兵器设计等细节被逐渐放大，在背景音乐的衬托下，一帧帧画面跳跃出来，全方位地展示了壁画背后的历史与文化，让游客深入了解了魏晋南北朝时期的历史渊源和风土人情。

除了第 285 窟的真实模拟外，在此展览馆里还能体会到第 220 窟、第 45 窟等经典洞窟的历史故事。在智能 AR 眼镜的赋能下，每个石窟的故事都可以经由一幕幕活灵活现的 3D 场景呈现在游览者眼前：轻盈巧妙的敦煌飞天，活灵活现的九色鹿，还有伏羲、女娲、朱雀神兽、持节仙人……Rokid AR 眼镜采用了单目 SLAM 技术，突破了当前摄像头深度算法的有限性，与传统的两个摄像镜头相比，能够为观众提供更加精准的视觉定位和更加持久稳定的视觉展示。这种展览方式，相当于在云端建立了虚拟而平衡的敦煌数字世界，大量的数字化资料能够实现永久保存，同时能够减少线下人流对敦煌石窟带来的物理性伤害。杭州灵伴科技对展览馆的 AR 赋能，极大提升了展陈效率，让游览者更沉浸式地"走入"敦煌壁画的故事当中，感受具有生命力的敦煌文化。

（三）云南省博物馆：在 AR 眼镜里回顾党的百年峥嵘岁月

云南省博物馆成立于 1951 年，是云南省最大的综合性博物馆，也是首批国家一级博物馆。为了庆祝中国共产党百年华诞，云南省博物馆以"不忘初心、牢记使命"为主题，举办了"庆祝中国共产党成立 100 周年成就展"，并在 2021 年 7 月 1 日正式对外开放。与其他博物馆举办的传统成就展览不同的是，云南省博物馆在这次成就展中正式上线 AR 智能系统，让游览者通过"静态实物＋动态场景"的模式，回顾我党浴血奋战的百年峥嵘岁月。

在这次党的百年华诞成就展中，云南省博物馆陈列的大多是照片与文物。这些带有历史痕迹的文物虽然确实能诉说一部分党的奋斗史，但还是很难让游览者体验到有血有肉的历史，游览者很难完全感同身受我党所走过的艰辛之路。为了打造更加逼真的历史场景效果，杭州灵伴科技联合云南省博物馆打造了一套个性化的 AR 智能导览系统，将陈列的所有静态照片、文物，通过图片、视频等多种形式变成动态的图像、声音。在具体操作上，游客只要戴上 Rokid AR 眼镜并看向展品，智能系统便会自动触发识别功能，精确地识别出当前陈列的物品大小、形状、颜色等，与该展品相关联的背后历史故事便

第二节　数字技术促进国际外循环消费——蚂蚁科技的实践

我国作为全球第二大消费市场和全球货物贸易第一大国,是国际外循环的重要组成部分。然而,后疫情时代下,跨境业务、外贸业务等面向国际市场的行业领域开始面临更为错综复杂的国际市场环境,如何保持国际外循环消费的稳定增长和持续繁荣,成为构建中国式现代化消费格局的核心环节。在全球贸易增长放缓的大背景下,数字技术亟待发挥关键的赋能作用,包括如何赋能不同类型的商家在业务层面顺利出海以及控制金融风险,如何赋能全球消费渠道双向畅通,如何赋能用户在交易层面提升交易效率。在此背景下,数字平台企业应积极发挥"引路人"作用,利用各项数字技术搭建大数据平台、交易平台、创新平台等,精准、有效地帮助海外商家在出海领域顺利应对各种风险,同时要为海外商家提供满足东道国制度要求的定制化的金融产品和服务,也要为海外用户提供能链接中国商家的生态基础设施。本节聚焦于蚂蚁科技这一典型案例,阐述其如何通过产品出海、技术出海、模式出海为跨境商家的全球化发展增添新动力以及为全球用户的顺利采买提供保障,从而提高跨境商家在国际市场上的竞争力,保障了国际外循环消费市场的稳定性。

一、案例背景

蚂蚁科技集团股份有限公司源自 2004 年成立的支付宝(简称"蚂蚁科技")。经过近 20 年的发展,蚂蚁科技的业务范围大幅拓展,服务范围不断扩大。根据 2023 年 6 月的数据,蚂蚁科技旗下业务不仅包括大众熟知的余额宝、花呗、借呗等,而且在全球范围内拥有 Alipay、万里汇等国际金融业务。它的金融服务范围涉及了全球 40 多个国家和地区,覆盖超过 15 亿用户。此外,蚂蚁科技基于五大技术领域为海外商家和中小企业输出完成的金融科技解决方案,推出定制化云计算服务、蚂蚁链服务、大数据安全平台、企业财务造假识别等金融产品。

蚂蚁科技的全球化之路可以追溯到 2007 年,蚂蚁科技便开启了全球化的国际布局。2015 年,蚂蚁科技尝试进入印度市场,没想到获得用户的积极认可与市场的良好反响,2016 年蚂蚁科技宣布启动全球化战略,力争在 10 年内覆盖全球 20 亿消费者,并在同年进入泰国市场。2017 年,蚂蚁科技的全球化布局进入快车道,其相继完成在韩国、菲律宾、新加坡、印度尼西亚、马来西亚五个国家的本地布局,并取得了较大的业务进展。截至 2018 年底,蚂蚁科技开始稳健地大规模铺开海外市场,旗下的支付宝及其合作伙伴服务了全球累计 10 亿用户。2022 年初,蚂蚁科技成立了数字科技事业群,并在 11 月公布了数字科技业务全景图,该体系围绕区块链、云原生、隐私计算、安全科技等六大科技研发金融产品,助力各大产业协作数字化。此外,多年打磨的面向海外企业赋能的技术系统也首次亮相,未来将以更加专业的技术解决方案服务海外企业以及想要出海的中国企业。

二、服务商家畅通国际外循环的创新实践

(一)跨境支付 Alipay 畅通全球购买渠道

随着中国经济的快速发展,居民收入水平的提高,居民对海外商品的消费需求逐步升级,跨境商品的购买规模也呈现逐年增多的态势。当年,海外电子支付市场仅有 PayPal、万事达卡和 Visa 三大产品,加上我国居民的人均信用卡持有量较低,如何在跨境电商中提供便利的支付选择成为跨境商品购买过程中的难题。在此背景下,蚂蚁科技开始谋划跨境支付业务,担负起了畅通全球购买渠道的重任。蚂蚁科技源自支付宝,是当初为阿里巴巴电商体系服务的金融服务商。经过多年的发展,支付宝也不再仅仅是阿里巴巴专属的支付宝,而成了全球金融支付基础设施提供商。

为了更好地畅通全球消费渠道并服务中国的跨境商家,蚂蚁科技需将 Alipay 的金融体系推广至全球,因而陆续推出了"全球付"与"付全球"的项目。具体来看,在"全球付"项目方面,支付宝与全球各大知名金融机构合作,支持不同类型的商家在速卖通、来赞达(Lazada)、达拉兹(Daraz)和天猫海外等主流国际电商平台开通个性化支付渠道,服务全球不同国家的消费者,实现全球付、全球买、全球卖。支付宝的这一系列举动为世界电子贸易平台的顺利搭建贡献了重要力量。此外,支付宝开发的"付全球"项目,成为嫁接全球商家和全球消费者的重要桥梁,不仅可以让中国消费者在地球上任何国家实现快速、便利的移动支付,而且也能让全球消费者在中国选择喜欢的多元化支付方式,由此可见,支付宝用跨境支付和数字营销解决方案服务了中国乃至全球各国的商家,帮助他们吸引、获取多元化的消费者。

从中国兴起的"双 11"购物节不再是中国消费者的专属,而成为国际消费

者的共同福音。换言之,"双11"购物节已成为全球购物狂欢节,如何助力中国的跨境中小微企业把握这一重要的促销契机,让它们借力各种金融服务,服务好消费者,进而促进全球消费,是蚂蚁科技亟待思考的重要议题。具体来看,蚂蚁科技做了三件事,首先为各地商家提供了定制化的、符合当地消费习惯的金融技术解决方案,其次开发了以"一点接入"为代表的多种技术模板,顺利解决了"双11"购物节的支付峰值技术负荷问题,最后还提供了多种跨境支付和营销解决方案。蚂蚁科技的诸多做法为推动并构建国际外循环新格局做出了重要贡献。

经过十多年的努力,截至2023年6月,Alipay+为超250万全球商户和超10亿亚洲消费者提供服务,尤其是2022年的"双11"购物节,已成为名副其实的全球狂欢节。全球超过7个国家和地区的1000多个商家及上亿名消费者深度参与了此次购物节促销活动,为了保证瞬时间的并发流量不会导致支付延迟问题,蚂蚁科技的Alipay+系统调度了全球的基础金融设施,利用超过10家海外钱包,保障了全球"双11"购物节的顺利举行。在技术应用上,蚂蚁科技针对商家端和消费端分别应用了不同种类的金融技术,针对商家端主要应用了自动化、智能化等领先技术,针对消费者主要利用了与资金安全相关的领先技术,包括标准化安全技术、风险管理技术、合规管理技术等。基于此,蚂蚁科技不仅能解决不同地区购物节滚动波峰的技术压力,还能解决不同地区同时存在的多峰值压力。此外,蚂蚁科技也为全球消费者提供了全方位的资金保障和数据保障。蚂蚁科技的Alipay+全球业务布局,真正让全球消费者"一个钱包走遍世界",让全球商家"一个账户卖遍全球"。

除了完成畅通全球消费渠道的使命外,Alipay+还承担了在全球范围内普及普惠金融的社会创新使命。数据显示,全球约17亿成年人无法享受基本的金融服务,包括储蓄服务、贷款服务、信用卡服务等,而这些人大部分生活在欠发达国家。为了在全球范围内推广普惠金融业务,蚂蚁科技充分利用其在中国多年积累的技术经验、行业经验和运营经验,通过在东道国本地寻找合作金融伙伴,输出金融培训体系并大力培养本地金融人才,目前已经助力多个发展中国家搭建了基本的普惠金融技术平台。

(二)"万里汇"功能助力微型跨国企业顺利出海

2019年,英国跨境支付公司万里汇(WorldFirst)被蚂蚁科技以7亿美元的价格收购,成为蚂蚁科技旗下的全资子公司。万里汇的成立要追溯到2004年,该公司成立于英国境内,一开始主要是服务英国境内从事外贸的企业和个人，为他们提供货币兑换业务。随着业务规模的扩张，万里汇逐渐开始拓展业务领域，并发展了跨境支付业务、转账业务等。在英国境内成长起来后，万里汇开始国际扩张，并于 2010 年进入中国境内。万里汇为中国商家提供多种主流货币的国际收款业务，逐步衍化为国际收款平台。随着中国互联网金融的蓬勃发展，万里汇于 2018 年 5 月向央行递交了第三方支付牌照申请，并于同年 7 月获得第三方支付牌照，其业务范围扩大到移动电话支付、互联网支付等，也成为中国首个申请支付牌照的外商投资支付机构。

被蚂蚁科技收购的万里汇，现已发展为服务全球跨境中小企业的一站式数字支付和金融服务平台，目前可支持 10 大类常用币种收款，覆盖全球 70 多个国家和地区，支持 120 多个海外电商平台，合计服务全球过百万商户。万里汇的顺利收购成为蚂蚁科技国际化历程中的里程碑事件，万里汇也成为蚂蚁科技赋能海外商家顺利出海的排头兵。2022 年一份针对外贸企业的调研报告显示，90% 的中国外贸企业都面临着三大核心考验——供应链波动、外贸需求萎缩、大宗商品价格波动压缩利润。所有跨境企业都非常关心两个问题：货如何卖出去？钱如何收回来？针对商家的这些担忧，万里汇推出了"全球远航计划"，该计划覆盖全球各大优质跨境电商平台，为商家开通了人民币结算服务、外贸企业综合服务、一站式开店收付款服务等，成功解答了商家的两大困惑。

与此同时，万里汇也在服务 B2B 外贸商户的数字化转型上发力。针对这些外贸商户，万里汇开发了一系列功能，包括资金追踪、快捷入账、账户互转等新功能，助力外贸生意收款零门槛、秒到账，目的是助力传统外贸用户的数字化转型，并帮助这些微型企业商家实现数字化出海。目前，想要出海的中国外贸企业，尤其是微型跨国企业，完全可以通过万里汇的全球企业账户，轻松实现全球收款、全球付款、外汇风险管理、供应链融资等多种需求，从而有效节约资金成本、提升周转效率，更方便地在全球范围内开展业务、拓展市场。

（三）本地化技术服务助力海外商家提质增效

随着数字化理念和生态逐渐成熟，蚂蚁科技的"技术出海"也同样将国内业已成熟的数据库、云计算、移动开发、安全等技术，顺利迁移到海外市场，成为国外商家拓展国际业务的数字化好帮手。以南非为例，蚂蚁科技在 2021 年 10 月为该地打造了本地化钱包 VodaPay，大大提升了本地商家和消费者的金融服务体验。VodaPay 有多种基础功能，对商家和消费端均有移动支付、转账充值等金融服务,此外还能让消费者利用本地钱包实现订餐、购物、买咖啡等日常生活消费。其实,这个产品在国内的技术非常成熟,已被应用到富滇银行、新华保险、上海地铁等数百家机构及企业。蚂蚁科技为了顺利将国内金融业务迁移到海外市场,将这些国内应用成熟的技术进行本地化改造后加以应用。为了更好地化解海外商家对资金安全服务的担忧,蚂蚁集团旗下安全产品蚁盾(ZOLOZ)打造了包含身份安全、交易安全、合规安全等在内的产品及解决方案,通过"技术出海",蚂蚁科技的技术解决方案已助力几十家海外金融机构与企业解决亿级开户难题。

与此同时,为了进一步促进国际贸易市场发展,蚂蚁科技尝试将区块链技术应用在订单履约、港口提货等国际贸易供应链场景中,并取得了良好成效。通过蚂蚁区块链技术将贸易侧和物流侧的关键环节连接起来,让每一步贸易执行数据可信存证,打通烦琐的反复验证过程。全球航运商业网络GSBN的各参与方"上链"后,原来2—3天的放货流程缩短到了1—2小时。由此可见,起步于支付宝的蚂蚁科技已经通过投资、技术支持等方式,形成了"出海造船"的全球化模式。

蚂蚁科技的"互联网推进器"计划,正是为满足海外商家的金融技术赋能需求而做出的前瞻性举动。该计划目标并不是海外商家,而是金融机构。未来五年内,蚂蚁科技需要服务1000家金融机构,助力它们在平台运营、数据管理、技术能力等方面成功转型为金融平台,实现技术能力的全面对外输出,从而为海外商家提供更完善的金融服务体系。为了更好地完成这一目标,蚂蚁科技早在2017年就布局了BASIC五大技术开放战略,分别是区块链技术、物联网技术、人工智能技术、安全技术、云计算科技。这些技术的应用,可以全方位地搭建起完善的科技金融服务的基础架构。具体来说,区块链技术可以对大数据进行储存、交换和处理,从而形成可靠的全球互联金融系统;物联网技术通过链接实体事物和数字技术,从而打造出虚实联动的数字孪生世界;人工智能技术通过各种AI/AR技术的应用,从而提供智能化、自动化的金融服务;安全技术通过各项底层技术的夯实,从而保障整个金融系统的信息安全;云计算科技通过云端数据的整合与分析,从而提供全方位的解决方案。由此可见,蚂蚁科技的技术赋能布局着力于金融机构,发力于跨境商家,通过五大技术帮助金融机构逐步培养金融、信用、链接三大能力,从而为海外商家提供全方位覆盖的各项金融服务。

三、蚂蚁科技对促进国际外循环消费的启示

在双循环的新发展格局下，跨境电商、对外贸易等国际外循环消费已成为不可忽视的重要组成部分。这些行业的蓬勃发展，离不开数字金融平台的赋能与助力，例如在跨境支付结算过程中，需要数字平台服务者把境内外支付结算通道整合起来，形成链路完整的处理流程，从合规、安全、高效等各方面为这些出海商家和全球商家提供更丰富的金融服务。

从蚂蚁科技的案例来看，越来越多的地区和国家在共享技术的发展成果。得益于中国良好的互联网基础设施、金融政策环境以及对科技创新的包容，中国的互联网金融行业在过去十年实现了超快速发展，移动支付普及率达到 86％以上，数字金融产业发展水平位列世界前茅。基于此，中国的数字科技企业应该有更大担当，为全球合作发展增添新动力，充分利用其在中国市场为小微企业和消费者服务的运营经验、技术经验、管理经验，将其拓展到全球市场，通过本地化改良，来更好地服务当地消费者和小微企业，从而促进全球范围内实体经济的健康发展以及数字经济的全球合作。

本节案例的蚂蚁科技正是利用了其在中国发展数字支付基础设施的经验，并将此经验复制到全球范围内，以更专业、更高效、更符合当地制度的数字化金融服务，征服了全球消费者和小微企业。基于蚂蚁科技的案例，笔者认为，在当前复杂的全球化背景下，数字平台企业需要有效地利用数字技术并助力国际外循环的商业连接，这样不仅可以为海外消费者和跨境小微企业创造更大价值，还能为中国经济的复苏注入强大动力。

相较于传统的外贸业务，当前的跨境外贸新业态带有"小额、高频、海量"的交易特征，针对这种业务的金融服务，无论是金融业务的审核还是金融风险的规避，难度都较大。同时，随着我国对国际外循环业务渠道的大力拓展，跨境业务交易规模越来越大，海量交易的订单数据需要更加先进、创新的数字技术保驾护航，数字金融平台也需要创新各种管理手段，对出海企业进行更加智慧的赋能。例如，在风险控制方面需要有效识别虚假和违规交易，才能确保跨境业务平稳、健康、长远发展。由此可见，在双循环新格局下，服务海外商家和出海商家的跨境金融成为我国的重要抓手，发展好跨境金融服务，不仅可以有效地服务好出海的中小企业，而且还能保障外贸等产业链的持续发展。数字金融平台要如何把握这一重要契机？在平台层应该秉持"赋能"理念，在技术层应该以"科技"为核心，最重要的是，在合作层应该以"开

放"为原则，通过与生态圈内各服务商的通力合作，从而输出完整的、完善的平台金融服务，助力跨境电商这一产业链健康、持续、稳定发展，也为我国的实体经济走出国门、走向国际并实现国际外循环发展提供坚实的基础。

第三节　数字技术驱动消费场景全面创新——微医的实践

人工智能等数字技术的快速迭代，正在带动"数字医疗"的发展，并为医疗健康行业向一体化、全流程、大融合变革打下坚实基础。数字技术从一开始仅仅在医疗行业实现简单应用，到现在已经在一些细分市场上实现深度融合，如在线问诊电商平台、在线非处方药电商平台，近年来甚至涌现出独占鳌头的数字医疗平台企业。由此可见，数字化医疗已从规模扩张过渡到细分深耕。这些医疗平台的涌现，不仅能极大地优化我国医疗资源的均等化分布，为偏远地区的患者提供有效的医疗资源和医疗信息，而且还能简化当前不合理的就医流程，改善偏远地区患者的就医体验，提高当前的疾病诊断效率，推动医疗健康服务迈向更高阶的模式。中国式现代化消费是满足人民美好生活需要的消费，医疗领域的消费场景创新能让人民获得更多安全感、幸福感。本节聚焦于杭州微医平台案例，阐述微医如何利用数字技术实现医疗领域的消费场景创新，从而提升全民医疗消费体验。

一、案例背景

微医起家于 2015 年，当时创办了中国第一家互联网医院。经过近十年的发展，微医目前已成为国内最大的数字医疗服务平台，持续秉承着"健康有道、就医不难"的使命。在微医平台上，患者可以进行在线处方、在线复诊、远程会诊等，这些功能开创了在线医疗领域的创新先河。目前，微医已拥有 27 家互联网医院，其中 17 家是医疗定点机构，与大部分公立医院打通了支付系统和报销系统。2020 年疫情期间，微医的互联网医院在高峰时承担了武汉 40.8 万慢性病重症患者 97% 的在线复诊及购药需求，有效降低了线下就医交叉感染的风险，确保了慢性病患者疫情期间的按时、规范用药。

截至 2021 年初，微医旗下的全国互联网医院已超过 1100 家，微医已然成为新时期医疗机构开展医疗服务的"必选项"。最重要的是，微医首次战略性地践行了医疗领域的三大创新模式——互联网＋医疗、互联网＋医药、互联网＋医保,有效地解决了我国医疗资源分配不均、医疗服务体系低效、医疗就诊资源浪费等诸多现实问题,积极推动了我国互联网医疗产业的健康发展,有效激发了其他互联网医疗平台的迅速成长。

二、赋能公共服务行业消费场景的创新实践

(一)构建单体互联网医院、慢病医联体场景

微医的起源是 2015 年的乌镇互联网医院,在乌镇互联网医院的新型模式下,不同层级的医生得以在线上分享协作,小县城的病患也可享受到大城市医生的诊治,无论是治病效果还是效率均得到大幅提升。微医利用数字技术的赋能特性,搭建了平台模式,通过对医疗资源进行流程赋能、交互赋能,提高了医疗资源的匹配效率。

通过利用数字平台的双边架构特征,微医迅速构建了平台解决方案。在这期间,微医特别关注行业动态并应用与之匹配的前沿技术。例如,最开始患者群体的核心诉求是预约挂号,微医就迅速搭建了预约挂号服务平台,同时利用平台的网络效应快速占据市场。其他具体行为还包括:(1)27 家落地互联网医院(17 家纳入医保定点)、18 万名在线执业医生、2.2 亿注册用户、2000＋大中型医院、日均响应 20 万＋次、3.3 万＋合作药店、2.6 万＋基层医疗机构。(2)百姓就医时间从 2—3 小时下降至 10—20 分钟,次均用药费用下降 12.7％,医院门诊压力下降约 20％,慢病医保支出相对节约 10.2％。(3)福建三明市 8 年累计相对节约药耗费用约 120 亿元,2017 年至今福建全省累计节约药品费用超 100 亿元,三明联盟平均节省 20％—40％采购成本。(4)通过家庭医生签约新模式完成河南郏县 98％人口(58.73 万人)的健康建档,受援地区因病致贫、因病返贫比例从 45％下降到 20.1％,健康扶贫项目落地 8 省 10 余市。

此外,微医积极向地方政府靠拢,尤其是具有改革精神区域的地方政府,通过一系列措施的合作,与他们携手共同推进医疗服务平台的落地。首先,微医以经济利益为切入点,阐述创新模式可以为当地创造多少经济效益。其次,微医以监管风险为切入点,风险是否可控是政府最关心的,可观的经济效益加上可控的监管手段,很快就能得到当地政府的大力支持。例如,上海市政府、浙江省政府都先后与微医进行了紧密合作。值得一提的是浙江桐乡市政府。在上海市政府与微医合作成功后,桐乡市政府主动向微医靠拢,打造了集在线诊疗、处方流转、医保在线支付、送药上门于一体的全流程闭环医疗服务模式。

针对我国的中部地区和西部地区，微医继续从最基础、最根本的挂号服务入手，通过预约挂号、在线问诊等基础服务的创新模式推广，利用平台网络效应获取种子用户，再进一步持续优化医疗服务。

（二）构建有地方特色的全国互联网医疗平台模式场景

随着微医的持续发展，它现已搭建了完善的线上医疗基础设施，推动互联网医疗行业进行了深刻的变革，践行了互联网医疗、慢病医联体、互联网＋健康扶贫等创新模式，获得了社会的大范围正面认可。随后，微医继续针对医疗行业存在的痛点和顽疾进行改革，构建起一套完善的、全方位的综合医疗保障服务体系。

面对医疗行业存在的陈年顽疾，微医提出了模块化技术解决方案。通过技术模块化的自由组合的定制创新，实现三大创新模式的平稳落地。具体包括：（1）针对医药方面的患者药价负担重、医药原料溯源困难等问题，在厦门构建海西医药平台、集采试点"4＋7"平台和云药房等。（2）针对医疗方面的跨院协作难度大、医生诊疗任务重、中医传承难、就诊等待时间长、医疗报销烦琐等问题，创办唐桥云平台（远程会诊、专科联盟）和基层医疗健共体。（3）针对医保方面的医保监管难、各地医保基金穿底严重等问题，构建医保基金监管系统，进行多维度控费。此外，微医基于很多互联网医疗公司的云医院信息系统、临床决策支持系统、慢病管理中心、问诊服务、开放服务等，成立内部开发团队，根据不同的场景进行组合，提供有针对性的解决方案。

（三）构建全国的"互联网＋医药""互联网＋医保""互联网＋医疗"场景

随着微医规模的逐渐壮大，它开始在全国范围内进行业务布局，利用数字平台之间的技术重叠性、用户重叠性特征，成功实现医疗平台的多重包络。此外，微医基于数字化平台的紧密型互联网医联体，逐渐改变医疗机构的运行模式，以健康结果为导向，构建起全新的健康责任机制，推动了按病种人头支付的医保支付方式改革。具体来看，微医首先通过根据市场调研确定了医疗用户最需要的功能模块，然后对这些功能模块进行技术研发并尽快上线抢占市场，种子用户的积累使得微医可以持续向用户推广其他功能模块。微医将这些可组合、可变迁的技术模块进行场景复制和迁移，涉及家庭、社区、区域等不同场景层次。随后，微医通过强有力的地推团队对其创新医疗模式进行大范围宣传，不仅包含线上的社会化媒体宣传，还包括线下团队的快速推广和商务接待，实现了良好的宣传效果。最后，微医的创新模式得到了大多数人的认可,更多的医院、患者、医生等利益相关者积极加入,创新模式得到了进一步推广。

迄今为止,微医构建的三种模式得到了整个社会层面的认可,许多区域开始主动联系微医并积极推广。数据显示,微医的"互联网＋医药"模式,从2016年开始实行,短短两年已经覆盖了"4＋7"个试点城市,2019—2020年覆盖了12个省区市,2021年至今实现了覆盖全国;"互联网＋医保"模式从2016年开始实行,用了两年时间覆盖泰安市,2019—2020年覆盖山东全省,2021年至今实现了覆盖全国;"互联网＋医疗"模式,从2016年开始实行,用时四年覆盖天津市,2021年至今实现了覆盖全国。

此外,微医的平台包络策略也可给其他互联网医疗平台的创新模式推广提供重要借鉴。总的来说,这种策略包含了两步:第一步是抢占种子用户,通过为用户提供最关键、最急需的医疗功能,实现种子用户的积累,在稳定市场的基础上逐步向用户群体提供其他相关的功能模块;第二步是将技术模块进行用户迁移和场景迁移,尤其是与政府等关键的利益相关者建立紧密联系,可以大范围实现创新模式的广泛推广。

三、微医对驱动消费场景全面创新的启示

健康是幸福之源,健康是强国之基。习近平总书记曾形象比喻,健康是1,其他是后面的0,没有1,再多的0也没有意义。面对如何实现基本公共服务均等化的任务,尤其是如何满足医疗资源、教育资源、养老资源的扩容和区域均衡布局的诉求,数字平台企业驱动公共服务行业消费场景创新举动成为优化制度设计的重要机制和关键抓手。作为消费场景全面创新的关键主体,平台企业可以充分运用各种创新要素和资源创造的新模式,转化激活公共服务行业资源的活力,助力双循环新发展格局加速构建。

平台企业兼具生态经济、数字经济、规模经济、范围经济等特点和开放、平等、普惠、免费的特征,具备驱动消费场景全面创新的天然基因。因此,平台企业对公共服务行业的赋能行为,可以在更大程度上、更宽范围内有效率地、公平地优化医疗服务、教育服务、养老服务等公共服务的资源配置。平台企业在解决基本公共服务不均等、不公平上扛起重任,并成为助力我国实现共同富裕的中坚力量。微医的案例进一步凸显了以数字技术为特征的数字平台企业在基本公共服务领域(医疗、教育、养老等)的改革优势,通过发挥平台优势以及数字技术赋能,推动该领域的创新消费场景落地。可以说,微医

是典型的驱动消费场景全面创新的数字医疗平台企业，也是充分利用各种数字技术来赋能现有医疗行业服务体系、提升医疗资源利用效率的范本，给百姓提供了创新的、全面的、全生命周期的健康管护。

"健康中国"战略是当今时代中国提出的最为关键的国家战略之一，事关国家的全面发展和民族复兴。如今，微医的"数字健共体"探索仍然在路上，其探索过程却为其他数字技术平台提供了模范带头作用，凸显了数字平台赋能公共服务行业并带来良好社会福利的关键作用。微医平台通过统一的数字化管理，融合了"医疗、医药、医保"三大数字化能力，为大医院分担压力，提升基层医院能力，提高医保和商保支付效率，实现了区域健康指数的整体提升。在微医这一典型案例的启发下，其他与公共服务行业相关的数字平台企业，也可以利用数字技术不断提升公共服务的可及性、有效性和可负担性，构建区域内优质高效的整合型公共服务体系，为人民群众带来更加公平化、均等化的公共服务。

第十一章

共同富裕的消费实践案例解析

本章在前述中国式现代化消费理论、特征和战略路径揭示的基础上,重点介绍了三个典型案例。三个案例分别从农产品上行、农企融合和消费下沉来进一步阐述实现全体人民共同富裕的消费实践。目的在于提炼和总结"共同富裕"消费实践中的一般性经验,为政府和相关企业推进中国式现代化消费实践提供启示。

第一节　农村直播电商带动农产品上行——浙江衢州的实践①

中央一号文件多次提出,把发展农村电商作为促进农产品上行、实现农民增收的重要手段。然而,在促进农产品上行的过程中,农村电商依然面临着整体市场成效不高的困境。近两年来,浙江省衢州市创新打造了"红小播"农村电商直播模式,为破解农产品上行困境提供了实践经验。

一、案例背景

浙江省衢州市位于浙江西部,南接福建省南平市,西连江西省上饶市、景德镇市,北邻安徽省黄山市,是四省交界地带。衢州市是浙江省的农业大市,农产品资源丰富,但过去受制于农产品品牌力不强、附加值低、销售方式传统等因素,农产品上行困难。2019 年,衢州市柯城区建立了农村直播电商基地。

① 本案例为国家社科基金项目(21CGL020)研究成果。

截至 2022 年底，直播电商基地带动了近 14 亿元的农特产品销售[1]，并撬动了"它经济"产业发展。衢州市创新打造出"农民当主播、手机变农具、直播成农活、数据为农资"的农村直播电商销售模式，带动了农产品上行，形成了农村直播电商促消费的模式。

二、打造农村直播电商的"人、货、场"

"红小播"农村直播电商模式的建立起源于 2019 年 7 月。当时，浙江省商务厅、浙江省发展和改革委员会等联合阿里巴巴举办了一场脱贫攻坚盛典。阿里巴巴把当时全网 10 个流量最高的主播邀请到了盛典现场，免费给一些农特产品做直播带货。衢州市也有一家企业参与其中。不过，当时农村直播电商对很多农民以及官员来说，还处于启蒙状态，大部分人没有意识到其在促进农产品销售上的重要作用。衢州这家企业为本次活动提供了 5000 份货品，平时需要一周销售完，结果在这次活动开始后的几秒钟内就售罄了。这大大颠覆了当地农企和农民个体对直播销售模式的看法。柯城区政府也通过这次活动，看到了农村直播电商带动农产品上行的重要作用和机遇，大会结束之后就付诸行动，开始筹划布局农村直播电商的建设工作。不过，农村直播电商基地如何建？衢州市用 3 年时间走出了一条经验之路。总结下来，就是重点围绕农村直播电商中的"人、货、场"三大要素进行赋能。

（一）"育人"：让农民变主播

1. 搭建村播学院

主播是直播电商模式最核心的资源之一。但对农村直播电商建设而言，主播人才资源往往比较匮乏，依靠超级个体（如全网头部网红）的短期带货很难产生持续经济效应。因此，如何让农民成为优质主播，成为带动直播销售的关键问题。围绕这个关键问题，衢州市在 2019 年 7 月成立了全国首个村播学院，专门负责培养农民主播。同时，为提升村播学院的培养水平，他们邀请阿里巴巴提供技术指导和师资帮扶[2]，并安排有针对性的课程。培训课程分为直播基础理论和实践操作演练两大部分，涵盖了直播技能培训、农创 IP 实战训练、短视频电商带货三大核心培训模块，包括直播经典案例分析、电商直播研究报告、主播人设搭建、主播情绪管理、直播销售技巧、直播间"粉丝"运

---

[1] 资料来源：笔者调研获得的数据。由衢州市柯城区"红小播"农村直播电商基地提供。

[2] 衢州市政府和阿里巴巴签署了战略合作协议。

营技巧等十几门课程。培养对象除了有传统作坊或工厂的老板、普通农户以及返乡创业青年(包括大学生)外,还有政府管理人员。让政府人员参加培训主要是为了拓展其专业知识,提升服务直播电商企业的能力。返乡创业青年具备一定的互联网基础,且学习能力较强。而小作坊或工厂的老板具有很好的直播产品基础,且学习的主动性较强。另外,那些不喜欢出镜或者对做主播兴趣不大的普通农民,可以学习运营、管理、品控、策划、服务和现场辅助等知识。很多农民即使不适合成为主播,也可以从团队中找到适合自己的发展方向。这些培训人员可以共同构成一个直播团队。

2. 举办直播大赛

除了本地人才培养外,衢州市还举办了大学生直播创业大赛,吸引青年大学生来衢州进行直播电商创业。目前大赛已成功举办三届。大赛采取"以赛代训"的方式,既让参赛大学生掌握了直播技能,同时也为当地选拔了一批适合的人才。在第一届大学生直播创业大赛上,主要参赛者是来自衢州本地的大学生,比赛主题围绕衢州本地农特产品销售展开。在第二届大学生直播创业大赛上,基于衢州市地处四省(浙江、安徽、江西、福建)边际的地理位置特征,主办方将赛事的参赛范围扩大到了四省四地的五所高校,共有600多名学生参与比赛。2023年第三届大赛又在第二届的基础上做了升级,邀请了一些供应链企业参加。在大赛举办期间,很多企业家观摩学生比赛后,直接在现场与这些学生建立了联系,邀请学生在大赛结束后帮他们直播带货。第三届大赛搭建起了学生与企业联系的平台,让学生们在比赛结束后就有可能获得就业机会,进而使一批"新农人"加入了农村直播电商大军。

(二)"优货":优化农产品品牌,发展"它经济"

1. 践行"潮侬集市"的理念

优质的货品是直播销售的第二大关键要素。但对传统农产品的销售而言,大多存在三大痛点:有品质,没品牌;有产量,没销量;有增产,没增收。为了解决"货"的痛点问题,衢州直播电商基地提出用"潮侬集市"的理念,来提升农产品品质,打造农产品品牌。具体来说,"潮"代表了国潮农创,主要是对现有农产品的外包装设计进行升级更新。为此,直播电商基地联合阿里巴巴请来产品设计师,为当地特色农产品设计出了带有中国文化元素的国潮农产品外包装,将中国传统文化和衢州当地文化结合起来。例如,"三头一掌"是衢州当地的特色美食,具有品牌开发的基础。在做法上,设计团队将该产品命名为"田野冲鸭"新品牌,其品牌标识就是一只取自金庸元素的会功夫的武侠鸭。除此之外,他们还将"三头一掌"打包设计成一个礼盒，在礼盒包装上，印有三种文化元素，分别是代表武侠文化的武侠鸭形象、代表衢州的衢州江郎山元素、代表当地人文的余东县农民画元素。"依"指的就是继续培养农民，让农民做主播。通过对农人的培训和孵化，重塑农人的思维和知识结构，提升他们的新技能，形成从卖产品到塑品牌的思维转变，为传统农人赋能。"集"取集中、集合、集聚的含义，代表了衢州市作为四省边际中心城市的地理特征。衢州市整合四省边际城市的优质农特产品，建立起农特产品的供应链体系，做好品控、品质和品牌，建立起四省边际的品牌馆。"市"代表的是市场，利用数字化技术和手段发展全新的市场商业模式。新市场模式将研发、生产、设计、宣发、销售、物流等环节融合到一体化运营中，为农人、农企、农产品的开发拓展全新的市场。

2. 打通"它经济"货品全产业链

一方面受制于农产品标准化难，另一方面受制于直播流量成本逐年增高，直播带货农产品存在一定的增长瓶颈。如何用直播撬动全产业链发展成为直播电商面临的新问题。于是，在2021年底衢州柯城区第九次党代会上，政府对直播电商基地发展工作提出了新目标："支持电商产业加快发展，拓展提升柯城电商产业园，大力发展村播全产业链。"地方政府开始对直播产业基地发展模式进行升级。沿着"直播＋产业链"思路，政府开始了新的布局。那"直播＋"什么产业？又应该如何"＋"？在分析电商大数据和地方产业基础后，柯城区选择了"直播＋'它经济'"的产业赛道。市场数据显示，近年来，"宠物经济"快速发展，市场具有很大的增长空间，而衢州有瓦楞纸的生产基础优势，这些是生产宠物相关产品（如宠物住房、宠物玩具等）的主要原材料。另外，在柯城区还有一个萌宠网红主播，在宠物直播赛道中小有名气，具有很强的销售能力。在确定发展"它经济"后，政府适当调整了主播培养的重点方向，从单一培养普通主播向重点培育"它经济"主播转变，不定期为萌宠主播提供定向培训，培养会饲养、会拍摄、会销售的主播群体，打造头部萌宠生活服务、内容输出、直播营销达人。与此同时，政府还与宠物直播、宠物摄影、宠物美容、宠物社交、宠物医院等服务企业以及宠物产品的生产企业对接，为其提供优惠政策，并引入直播产业园。

（三）"造场"：打造直播创业基地，进行场景赋能

1. 改造直播创业街

村播学院为当地培育了一批优秀的农民主播人才，但是如何引导这批主播将所学的直播知识实现真实的转化呢？在完成直播培训之后，部分农民有了通过直播销售农产品的想法，但从"想法"到"实践"还缺乏一环。为了实现从"育人"向"孵化"的转变，衢州柯城区政府打造了一个人才转化的平台——"直播创业街区"，为农民直播创业提供平台，为农村电商直播打造场景。直播创业街区选址在一个已闲置六年的商业街区，政府将这些闲置的资产进行改造，打造成多样化的直播间，并提供直播相关设备。创业街主要吸纳包括直播运营、短视频宣传拍摄、直播内容策划等方面的人才和公司入驻。为了更好地打造街区，当地政府提供"保姆式"的服务工作。入驻企业需要直播场地资源时，街区可以提供免费公共资源；需要直播设备时，街区搭建共享直播间；直播有了相关销售业绩时，政府还会给予政策奖励。优厚的街区环境和政策支持，促进了直播创业街区快速发展。

2. 建设直播产业园

随着直播销售业务的不断扩大，为了满足企业场地和产业发展的需要，衢州市柯城区在 2021 年就开始筹备建设新的直播产业园，2023 年直播产业园已建设完成。园区为企业提供多场景的直播服务，特别是全产业链直播场景服务。以衢州市现在重点打造的"它经济"为例，园区引进了与"它经济"相关的企业，包括从原料生产、产品加工到直播销售全产业链的近七十家企业入驻。为满足企业需要，园区还打造了厂播、户外播、直播间播等多种直播场景设施，为企业提供直播培训、招商运营、企业入驻、创业指导等一站式集成服务。

三、衢州经验对带动农产品上行的启示

衢州市柯城区的农村直播电商带动农产品上行的实践，形成了具有推广价值的经验。政府从政策、组织和外部资源对接三个层面，紧紧围绕主播、产品和场景三大市场要素进行深度赋能，助推农产品上行，实现消费的共同富裕（图 11-1）。

在政策层面，出台针对性扶持政策，完善农村电商基础设施。为支持农村直播电商发展，衢州市柯城区政府调研了相关企业最迫切的需求，在整体电商扶持政策基础上，又专门出台了支持农村直播电商发展的十三条政策和细则，这些政策和细则在更大程度上满足了相关企业的实际需求。另外，衢州市柯城区政府还投入大量资源，每年按定向拨款方式来扶持直播产业发展，着力建设和完善农村直播电商基础设施。例如，成立共享直播间、创建直播创业街区、建立电商直播产业园、搭建村播学院、改善流通体系基础设施等。

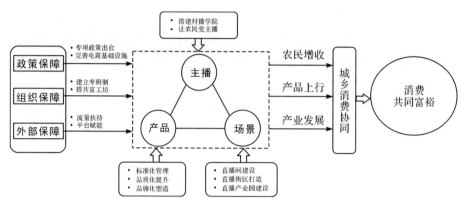

图 11-1　农村直播电商推动消费共同富裕的基本经验

在组织机制层面,建立政府专班与市场机构协同管理机制。在组织架构上,衢州市柯城区政府从各个部门抽调了具有一定专业背景和丰富的相关工作经验的人员,成立了农村直播电商发展专班。这些专班人员都要经过专业化的知识培训,要对行业有较深的认知,以及较强的市场行情研判能力。管理专班负责直播产业基地的日常工作管理,同时在战略性的决策上向分管的区领导直接反馈,形成一个自下而上和自上而下的双向管理机制。在专班制基础上,直播基地建设过程中还引入了专业化的市场机构,负责具体的市场运营工作。管理专班会根据市场研判给运营机构下定市场目标,在双方协商后,签署对赌协议。在日常运营中,由市场主体机构为企业或个体户提供市场运营上的帮助,而专班主要进行过程管理。政府和市场各司其职。

在外部资源层面,与大型电商平台合作,进行外部赋能。衢州市柯城区农村直播电商的发展,离不开大型平台的技术和流量扶持。2019年底的一场疫情,倒逼了衢州农村直播电商的发展。当时,为了解决农产品销售困难问题,衢州市政府联合阿里巴巴发起了一场帮助衢州农民卖椪柑的活动。阿里巴巴发动全网主播,特别是衢州本地头部主播同当地农民主播一起助力衢州椪柑销售。除了阿里巴巴,当时拼多多平台也主动提出帮助销售衢州农产品,他们去农场进行视频拍摄和直播,还对接了央视资源。这一系列动作取得了很大的成效,不仅让滞销的椪柑几乎在这次活动中全部销售完毕,更重要的是让发展电商的意识深入人心,推动了整个直播电商产业生态的发展。

在运行层面,围绕主播(人)、产品(货)、场景(场)关键要素进行赋能。衢州市柯城区在建设农村直播电商中,将资源投入放在主播、产品和场景三个关键要素上。围绕"主播"要素,重点建设了村播学院,打造了进阶式的课程体系和人才培养体系,让农民真正成为主播。围绕"产品"要素,重点在产品标准化、品质化、品牌化方向上下功夫。例如,制定了产品标准表,创建了地理标志性品牌。围绕"场景"要素重点在直播间场景布置、直播间建设、直播产业园等场所场景上做文章。人、货、场三个要素的有效运行,确保了衢州市柯城区"红小播"农产品直播电商模式的良好运行。

从结果上看,衢州市柯城区农村直播电商发展成效显著。截至 2022 年底,共培养学员近 8000 人,孵化出本土主播达 200 多人,500 多位主播月收入超过万元,10 余位主播年收入破百万元,直接带动 1000 多人就业。同时,打响了"三头一掌""衢州椪柑"等区域地理品牌知名度,带动农特产品销售近 14 亿元,全区 20 个村集体收入增长超过百万元①。

第二节 "农企融合"促共同富裕——浙江泰顺的实践

在实现共同富裕式消费中,"做大蛋糕"(增收)和"分好蛋糕"(分配)是两大关键。泰顺县是浙江省经济发展不平衡、不充分的典型区域,存在"蛋糕做不大"及"蛋糕分不好"的问题。近些年来,其创新"农企融合"模式,在夯实农业产业基础的同时,以多种形式促进了农民增收。

一、案例背景

泰顺县位于浙江省最南端,温州市西南部,为浙南闽东山区。森林覆盖率达到 76％以上,地貌呈现九山半水半分田的特征。地处偏远山区,山多地少,工业产业基础薄弱,且作为生态功能分区县,其工业发展受制约。泰顺县是浙江省经济发展不平衡、不充分的典型区域。在这一背景下,近些年来,泰顺县立足地方特色和农业资源禀赋,深入实施"六个一"生态农业体系发展战略,创新建立"农企融合"生态发展模式,通过扶持、引进优质农业企业,发展农业合作社等方式,连片盘活农村闲置资源,打造了新农业富民产业,带动了农产品销售,实现了村集体和山区农民"双增收"。泰顺县创新"农企融合"模式,为实现共同富裕式消费提供了宝贵经验和启示。

---

① 资料来源:笔者调研获得的数据。由衢州市柯城区"红小播"农村电商直播基地提供。

二、创新三大"农企融合"模式

基于自身资源禀赋，泰顺县重点打造了"六个一"生态农业体系，即"一罐茶（茶产业）、一篮水果（水果产业）、一瓶蜂蜜（中蜂产业）、一包干菜（蔬菜产业）、一箩薯芋（旱粮产业）和一服草药（中药材）"。围绕"六个一"特色生态农业体系，通过土地流转、山林权流转、农房产权租赁等方式，盘活农村闲置土地、山林和民房，形成了"订单农业""入股合作""三产融合"等"农企融合"模式，并取得了很好的实效。

1. 模式一：搭建"三联"平台，"订单农业"促共富

泰顺县政府积极引导"农民—企业"搭建"联村共赢、联户共享、联企共建"平台，创建"企业负责＋订单定制＋农户分包生产"体系，形成"企业＋订单""基地＋企业＋农户""农户＋村集体合作社＋企业"的订单农业模式，让农民分享全产业链增值收益，夯实经营性收入。这种模式的代表性案例是浙江一诺农业科技有限公司的"跑步鸡"订单农业模式。

浙江一诺农业科技有限公司成立于 2018 年，是一家专注于肉鸡养殖、销售和加工的农业企业。公司创始人唐平冬创新采用数字化手段，通过智能"鸡脚环"记录鸡在成长过程中的步数等数据，并将相关数据传输至物联大数据平台，监控鸡的养殖周期，建立健康档案，为养殖、加工、检测、流通、营销等环节提供一体化的数据服务，帮助养殖户对养鸡场进行智能化管理。科学化的养殖管理，让"牢笼鸡"成为"跑步鸡"，提升了肉鸡品质。在实际做法上，一诺公司依托"跑步鸡"项目，推出了"基地＋农户""公司＋合作社""企业＋村集体"的"3＋"订单农业模式，助力共同富裕。具体地，在"农企融合"过程中，一诺公司围绕市场销售、养殖技术、日常管理和风险管控等方面，展开了一系列工作。在市场销售方面，一诺公司负责市场开拓，获得市场订单后，与农户、村集体和合作社签订养殖、回购销售合同，解决农户养殖后的市场销售问题。在养殖技术方面，一诺公司免费给农户提供鸡苗、智能脚环和养殖技术培训，制定养殖标准，解决农户养殖技术和产品质量管控问题。在日常管理方面，一诺公司和当地政府负责搭建养殖基地，将建好的基地提供给农户使用，在减少农户投入的同时，很好地解决了分散管理的问题。在养殖风险管控方面，一诺公司和政府承担了农户养殖保险费用，为农户风险兜底。同时，一诺的"跑步鸡"整体养殖周期为 8 个月，由公司养 2 个月后再交由农户养殖 6 个月，一年养殖 2 季，这样可以避免前 2 个月农户养殖不当导致的高死亡

率,减轻了农户养殖的困难。

一诺公司的"农企融合"模式有效带动了农民共富。从参与主体数量看,2019年参与"跑步鸡"项目的农户共8家,而到2022年,合作农户数量达到307家,整体实现了农户增收500多万元。自2021年开始,一诺公司开始做深加工业务,研发自热鸡汤等产品;打造了农创客创业园,带动农户创业;新增农家乐项目等,从多方面提高农户收入。2021年底,泰顺当地农场农户存栏"跑步鸡"近10万只,年创收近800万元,带动农家乐、民宿及其他农产品销售近350万元。截至2022年底,已招商入驻20家企业、23个项目,辐射带动周边1500多家农户,提供了100多个就业岗位。[①]

2. 模式二:流转盘活农村资产,村民"入股合作"促共富

泰顺县政府锚定标杆头部企业,通过土地流转、山林权流转、农房产权租赁等方式,连片盘活农村闲置土地、山林和民房。同时,鼓励企业引导村民以地入股、全员参股、联合经营,让村民共同享受发展收益,实现山区土地、闲置房产从"荒地"到"宝地"的华丽变身。这种模式的代表性案例是温州瑞雪农业开发有限公司(简称瑞雪公司)打造的"瑞雪模式"。

瑞雪公司是由泰顺商人薛锦松2011年创建的。薛锦松依托泰顺当地的山茶油资源以及山茶树种植历史,通过规模化、市场化和产业化手段,改变了当地农户家庭式粗放经营方式,实现了农企合作促共富。在具体做法上,瑞雪公司打破单一的土地租金反哺形式,积极构建"泰商＋公司＋集体＋农户"的"四位一体"新型农业合作发展共同体。在土地流转、公司管理机制以及收益分享机制层面进行制度创新。具体如下:(1)将"土地流转为股份"。在公司股份构成方面,薛锦松作为公司牵头人,联合十余位自然人,以现金入股约200万元,占股51％,牵头组建成立了瑞雪公司。薛内村村集体和全体村民将土地经营权折成入股本金约160万元,按照每人1000元至30000元不等分别入股,占股49％。全村共计7000多亩土地已全部流转给公司,全村220多户村民通过农民专业合作社或联合搭股等形式成为公司股东。(2)在公司管理机制方面,坚持村企分开。瑞雪公司引入现代企业管理制度对全村资源要素进行统一规划、统一生产、统一销售、统一管理,实行村企共建。(3)在利益分享机制方面,提供多来源利益共享。在瑞雪模式中,农户可以获得三种收益:一是股份分红收益;二是土地固定租金报酬;三是作为公司员工获得的劳务

---

① 资料来源:笔者调研获得的数据。由泰顺县农业农村局提供。

收入。村民以地入股、联合经营，共享企业化运作，这给他们带来了很好的经济效益。

瑞雪模式覆盖到了 7000 多亩土地，220 多户村民成为公司股东，基本实现"土地全覆盖、村民全覆盖"，村民实行"月月领工资，年终有分红"的收入模式。以地入股的村民不仅每年均可获得分红收益，还能按其入股的土地的流转年限每年从公司获得 300—500 元/亩的固定租金回报。参与公司生产的农民、技术工还可分别获得 100—140 元/天的报酬，月工资达 2500—4000 元，与外出务工人员的工资水平相当。2011 年，瑞雪公司所在的薛内村全村人均收入 6870 元，而到了 2020 年，全村人均收入达 22000 元。[①]

3. 模式三：构筑"一区三园"产业发展平台，"三产融合"促共富

泰顺县政府积极打造"一区三园"产业发展平台，创新"厂区"联结"景区"思路，探索"农业企业＋农业旅游"发展新路径。鼓励和扶持大型龙头企业的产业融合，从而催生出更多新产业、新业态、新模式，拓宽了农民增收新渠道，完善了农企利益联结机制，带动了农户在家门口就业创业，实现了山区农村从"空心村"到"网红村"的变身。这种模式的典型案例是浙江康鸿生物科技有限公司"产业基地＋旅游富农"模式。

浙江康鸿生物科技有限公司成立于 2016 年。依托泰顺县及周边山区丰富的黄栀子资源，康鸿生物成为专业从事黄栀子综合项目深加工的企业，主要产品有栀子花精油、纯露、冷凝皂等。公司坐落于泰顺彭月工业园内，在泰顺县设有生产基地和研发中心。作为一家生物制品企业，康鸿生物一直重视农业产业链的整合，通过与当地农民合作，构建了完整的生态链，实现了产业链的高效运转。在"农企融合"实践中，康鸿生物实施"产业基地＋旅游富农"的共富模式：(1)围绕栀子花深加工，打造多种产业形态，做大共富产业蛋糕。例如，从栀子花中提制芳香浸膏，用于日用化妆品产业。从黄栀子果实中提取的栀子黄色素，可在染料行业中应用，也可在化妆品等产业中用作天然着色剂原料。(2)探索"农业企业＋农业旅游"发展共富新路径。康鸿生物在泰顺打造了全国首个以栀子花为核心主题的"三产融合"项目，集成建设由栀子花深加工观光工厂、产品 DIY 体验馆、基地花海景观等组成的创新工厂。(3)组建联盟，撬动浙闽边共同富裕杠杆。康鸿生物通过党建联盟，与省际边界栀子花产业上下游 12 个企业党组织、50 多家种植大户成立浙闽边栀子花

---

① 资料来源：笔者调研获得的数据。由泰顺县农业农村局提供。

产业链党建联盟,同时联合彭溪镇,形成了"农户种植、公司收购"的模式,与种植户签订长期收购协议,保障了企业原料的稳定,扩大了产业覆盖面。现如今康鸿生物"三产融合"项目,打造集种、产、销、游于一体的花海经济,每年实现产值 2 亿元、接待游客 10 万人次,带动浙闽边 5000 多户农民致富增收。原本卖不了钱的栀子花,现在每斤价格在 2.5—3.5 元之间,每亩黄栀子仅栀子花收入可以达到 7500 元以上,公司所在的彭溪镇约有 3000 户黄栀子种植户,仅种植收益,户年均收益达到 1 万元,给农户们带来了实实在在的增收。①

三、泰顺经验对促进共同富裕的启示

泰顺县首先把做大"蛋糕"、夯实产业作为共同富裕的起点。在此基础上,创新了"订单农业""入股合作"与"三产融合"三种"农企融合"模式,在进一步激活"联村带农"产业动力的同时,完善利益分配机制,注重"分蛋糕",最终形成了"双向共赢"的共富路径,为实现共同富裕式消费提供了一个实践样本(图 11-2)。

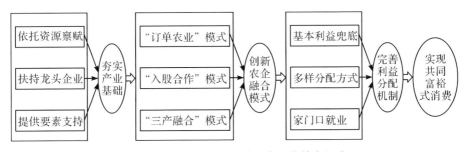

图 11-2 "农企融合"促共同富裕的基本经验

1. 结合地区比较优势推动产业发展,夯实共富基础

"分好蛋糕"的前提是"做大蛋糕"。打造优势产业是夯实共同富裕的基础。泰顺县在打开"农企融合"促共富的新局面中,第一,确定农业优势产业发展方向。泰顺县充分利用当地的气候、地理等生态资源条件,重点发展了以"茶"为核心的"六个一"产业,围绕产业方向拓展"农企融合"模式。第二,发挥龙头企业的产业带动作用。在原有的农业产业基础上,泰顺县通过引进、扶持优质企业,发挥企业在市场资源配置和产业链中的带动作用,不断提升产业附加值。做到让企业拉动生态产业,让生态产业反哺山村经济。例

---

① 资料来源:笔者调研获得的数据。由泰顺县农业农村局提供。

如，康鸿生物围绕栀子花，打造集种、产、销、游于一体的三产融合项目，花海经济扩大产业规模，夯实了共富基础。第三，在夯实产业基础的同时，泰顺县着力推动整县的"企业＋农户"共同富裕产业链改革，确保产业发展实现农民普遍获益。在产业链改革中，泰顺形成了"企业结村、部门扶村、干部联村、乡贤帮村、山海兴村"五大致富法则，实现村集体和农户"双增收"。2021年，泰顺县农村居民人均可支配收入为22789元，同比增长了12%。低收入农户人均可支配收入同比增长了14.3%，所有村村集体经济总收入均达25万元以上。2022年，农村居民人均可支配收入为24375元，同比增长了7%。①

2. 创造农企融合"双向共赢"的共富局面，构建利益共享的共富长效机制

农企融合促共富，不仅农民要增收，农业企业也要发展。两者之间"双向共赢"是实现共同富裕持续、长效的基础。第一，扶持农企做大做强，打造"共赢"起点。在"农企融合"的推动下，泰顺县大力推行政策直通车100条，农商银行助力共同富裕15条、金融强村10条等一揽子政策，支持新型产业主体特别是龙头企业发展壮大，从而让农民在全产业链增值中受益。第二，创新多种合作模式，满足农企双方多样化需求。在农企融合中，泰顺县根据产业、企业、农户的不同情形，创新发展了"基地＋企业＋农户""农户＋村集体合作社＋企业"等多种方式，增加了农户的选择方式，扩大了农企融合覆盖面。第三，完善多种利益分配机制，实现农企双方风险共担、利益共享。在推进农企融合促共富中，泰顺县完善了"合同""合作"和"股份"等多种利益分配机制。例如，通过"订单农业"模式，降低农户市场风险，进行基本利益兜底。通过"瑞雪模式"，展开股份合作，创新多种收入来源，形成更紧密的利益共同体。

3. 催生"家门口就业"的增收模式，惠及更广泛共富群体

人才是制约农企融合发展质量的重要因素，合作发展成效惠及更多人群是共富的体现。泰顺县在促进农企融合发展中，首先，以重大项目、泰商回归为突破口，吸引在外乡贤和本地青年返乡就业创业，做到引人才、留人才。目前，泰顺具有典型示范作用的企业，例如瑞雪公司、康鸿生物都是泰商回归创业，带动本地农民致富的典型案例。其次，通过重大项目的落地，丰富农村经济业态和农民就业渠道，让农企融合发展惠及更多人群。例如，云岚牧场项目解决了90%以上的本地村民就业问题，企业融入本地，促进了自身发展。

---

① 资料来源：笔者调研获得的数据。由泰顺县农业农村局提供。

康鸿生物项目,不仅带动了彭溪镇约 3000 户黄栀子种植户就业,还通过浙闽边栀子花产业链党建联盟带动了周边地区就业。

第三节　电商平台打开下沉市场——拼多多的实践

我国下沉市场人口众多,市场潜力大。激活下沉市场需求是促进消费扩大的重要方式。拼多多在洞察市场环境的基础上,把下沉市场作为其战略方向,通过营销创新激活了下沉市场需求。目前,其已成为中国第三大 B2C 电商零售平台。

一、案例背景

拼多多创立于 2015 年,其定位为一家"为最广大用户提供物有所值的商品和有趣互动购物体验的'新电子商务'平台"。拼多多在成立之时,选择了错位竞争,抓住了移动互联网下沉的时代背景,把三线及以下城市中追求"极致性价比"的用户作为主要目标顾客。在竞争激烈的电商市场,拼多多通过满足下沉市场用户需求而获得了爆发式增长。截至 2022 年底,拼多多商品销售总额(GMV)达到近 3.5 万亿元,营收超过 1300 亿元,利润达到 315 亿元[①]。拼多多的实践为中国电商企业打开下沉市场提供了宝贵经验和启示。

二、下沉战略与营销创新实践

在打开下沉市场过程中,拼多多主要实施四大下沉市场战略:平台目标市场战略、平台需求端运营战略、平台供给端运营战略及平台治理战略。

1. 平台目标市场战略:以三、四线及以下城市为突破口

在 2015 年左右,中国消费市场呈现出一个明显的区域差异特征。在一、二线城市,居民的消费特征已从商品消费为主转到服务消费为主。而在三、四线及以下市场,居民消费能力整体上还相对不强,品牌意识也相对较弱。而从当时的平台竞争者看,先期进入电商市场的天猫、京东等平台,它们牢牢占据了一、二线的城市市场,大量品牌企业也入驻了这些头部平台。在此背

---

① 拼多多季报图解:营收 398 亿同比增 46% 年研发投入超百亿[EB/OL]. (2023-03-20)[2023-09-24]. https://xueqiu.com/S/PDD/244983609.

景下,拼多多洞察市场需求,看到了移动互联网下沉的时代背景,它选择错位竞争,将三、四线及以下城市市场消费者作为其主要目标,并据此制定相应的营销战略。

企鹅智酷的拼多多用户分析报告显示,拼多多初期的平台用户很多都是淘宝(天猫)和京东现有用户以外的移动互联网增量用户。与传统电商平台相比,拼多多的用户群体表现出了新的差异(图 11-3)。

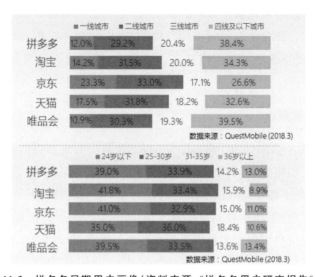

图 11-3 拼多多早期用户画像(资料来源:《拼多多用户研究报告》[①])

第一,在年龄和性别细分上。与淘宝、京东的用户画像相比,拼多多用户中 24 岁以下年轻人比例更低,而 36 岁以上用户比例更高。从性别上看,拼多多拥有更高比例的女性用户,占 70%。而淘宝和京东的女性用户比重分别为52% 和 34%。

第二,在地理细分上。与京东等购物平台相比,拼多多虽然在一、二线城市也有着相当大的用户群体(占 41.2%),但在三线及以下城市的用户比重相对要更大(58.8%)。而淘宝和京东在三线及以下城市用户的比重分别为 54.3% 和 43.7%。

第三,在行为细分上。拼多多用户选择拼多多的最大原因是"折扣"(59%),这一数值高于选择淘宝、京东的比例。拼多多用户中有接近 14% 来

---

① 拼多多用户画像报告,揭秘电商新红利大数据[EB/OL].(2018-08-05)[2023-09-24]. https://socialbeta.com/t/103038.

自以线下购物为主的人群。这些用户中,很多人的首次网购是通过拼多多平台实现的,这显示出拼多多对互联网购物增量人群有着较强的吸引力。拼多多销量百万以上的爆款类型以日用百货、小吃零食、服饰鞋帽为主,这些商品的特点就是单价低。一半以上拼多多用户的购物习惯,是从首页的含有"便宜/折扣"性质引导词的区域进入购买,这一点比起传统电商主打的"搜索式目的性"购物有明显区别。

2. 平台需求端运营战略:"游戏+社交分享+低价+爆款"

在选择以三、四线及以下城市为平台战略突破口后,拼多多制定了其平台需求端运营战略。在需求端运营上,拼多多采用了"游戏+社交分享+低价+爆款"策略。这种模式以消费者利益为导向,通过更低的价格、拼团和游戏的方式来凝聚人气,使用户体会到更多的实惠和购物乐趣,让"多实惠,多乐趣"成为消费主流。这种战略在很大程度上降低了拼多多的获客成本,契合了三、四线及以下城市用户的需求。

具体地说,"游戏"是为了实现拼多多"多乐趣"的定位。拼多多在平台上推出了多款娱乐购物产品。除此之外,拼多多还通过这种玩游戏或者得红包的方式引导用户进行微信好友分享,而好友替朋友免单需要通过下载拼多多App或打开微信小程序才能实现。这种"社交分享"策略使得拼多多的获客成本较传统电商大幅降低。实际上,相比一、二线城市,三、四线城市更类似于一个"熟人社会",熟人之间的社交分享行为也加快了拼多多的用户渗透率。"低价"是拼多多吸引用户的一个关键策略。拼多多用户通过限时秒杀、搜索方式选出低价产品,然后通过拼单的方式获得这个价格。在拼多多上,单购的价格优势相比淘宝并不明显,而拼单价格会更低。低价所产生的效应往往是形成"爆款"。为吸引人气,实现"极致性价比",拼多多还将大量用户流量倾斜到爆款产品的生产。拼多多将减少的成本让利于消费者,实现"多实惠"的定位。

3. 平台供给端运营战略:"中小企业品牌+农产品+品牌馆"

在将需求端作为平台战略突破口后,拼多多进一步匹配了平台供给端。拼多多平台供给端主要包括中小企业品牌、农产品品牌及中大型品牌馆三类。2018年,中国电商市场已经过了互联网人口红利快速增长期,这时一些中小企业想在淘宝、京东等头部平台上获得流量红利已比较困难,而拼多多的需求端定位和社交电商模式给了这些企业新的机会。为了更大程度提高平台网络效应,拼多多对平台供给方采用了零成本入驻的策略。与淘宝(天猫)和京东等头部平台相比,拼多多对商家让利更多,这些最终会反映到给消费者的优惠上。低成本入驻,再加上依靠微信入口和社交分享方式,企业可以在拼多多平台上获取更低的流量成本,这些优势在一开始就吸引了大量中小企业入驻。

除此之外,与现有头部的电商平台不同,农产品拼购成为拼多多供给端运营的特色。水果生鲜等农产品已成拼多多平台上的第一大品类,2022年财务报告显示,其GMV占比高达18%。立足农业和下沉的电商市场,拼多多试图把自己定位于中国最大的农产品上行平台。需要指出的是,农产品市场也是当时头部平台未重点关注的市场。

为改善平台的品牌结构和形象,拼多多从2018年8月开始,加大了对大品牌的引进力度,成立了拼多多的"品牌馆"。特别是在2019年,实施了"百亿补贴"计划。拼多多联合品牌商推出了百亿元补贴,直接拿出100亿元预算补贴手机数码、美妆、母婴百货等多个品类。不过,与其他平台上的品牌馆不同,拼多多平台上的品牌馆依然把"低价"作为吸引消费者的主要手段。拼多多一方面要求入驻的商家为拼多多的用户做专门的生产线供货,想办法降低价格,另一方面直接给予消费者补贴。实际上,一些入驻拼多多平台的品牌商也会根据平台用户特征来调整营销策略。

4. 平台治理战略:消除"假货"质疑

零成本的入驻策略导致了平台供给端商品质量的参差不齐。在平台发展初期,管理能力的不足导致了一些不法现象,"假货""山寨"一直是平台致力解决的重点问题。在2018年的"假货危机"之后,拼多多把假货治理放在了实施下沉市场战略的重要位置。在具体做法上,一方面大规模关闭违法违规店铺,建立"假一赔十"的惩罚制度。在惩罚制度上,拼多多在行业内首次实施了"假一赔十"的制度。商家入驻拼多多平台时,都需要签署包括"假一赔十""劣一赔三"等在内的消费者赔付金制度。对于外界所质疑的这些非知名品牌存在的"山寨"问题,拼多多实施了严格的商标注册制管理。入驻拼多多平台的品牌首先要通过商标注册。虽然在这一过程中,也会存在一些商标伪造的行为,但其平台监控系统一旦发现这些行为,就会对相关产品实行立即下架处理。另一方面,从技术上建立了假货监控系统。也是从2018年"假货危机"开始,拼多多全面升级了商家入驻系统,并接入公安系统验证商户的身份信息。通过这项商家身份的视频图像识别技术,拼多多有效拦截了凭证造假行为。对于"山寨"问题,拼多多通过专项研发,将搜索框的"山寨词"指向正规品牌,倒逼"傍名牌"商家知难而退。除此之外,拼多多平台还基于海量数据进行挖掘和分析,开发并完成了假货识别算法,研发并构建违规商家与商品识别、假货识别、劣品识别等一系列模型矩阵,有效预警对买家有潜在危害的违规商品和恶意商家,这些实时数据都可以通过拼多多的数据大屏实时查看到。

三、拼多多经验对打开下沉市场的营销启示

从企业营销视角看,拼多多爆发式的成长遵循了"洞察下沉市场环境—匹配下沉市场供需—创新下沉市场营销策略"的基本逻辑,它为帮助相关企业打开下沉市场、激活下沉市场需求提供了营销启示(图11-4)。

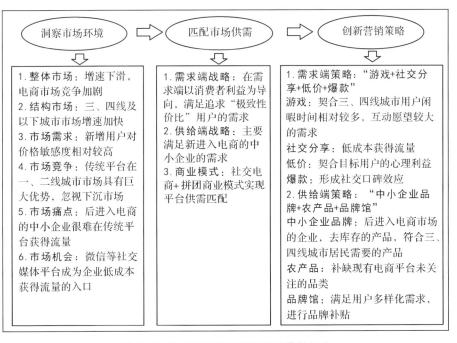

图 11-4　拼多多打开下沉市场的营销经验

1. 洞察市场环境,精准找到下沉市场需求痛点

拼多多在进入电商市场时,就洞察到了中国电商市场环境的变化,避开了与天猫、京东等大平台的竞争。借助社交电商裂变的方式,攻占下沉市场,并精准找到电商平台服务下沉市场用户需求上的两个痛点:第一,在需求端,传统电商牢牢占据了一、二线城市市场,而互联网下沉的三、四线及以下城市未被传统平台特别关注。第二,在供给端,新进入电商市场的中小企业很难

在传统平台获得流量，且流量成本较高。拼多多在分析痛点之后，开始制定和实施下沉市场战略。

2. 匹配市场供需，发挥平台网络效应

成功匹配下沉市场的需求和供给，从而激发平台网络效应，是拼多多平台下沉战略成功的关键。在商业实践中，拼多多把平台需求方定位为：三、四线及以下城市居民；中年以上女性；休闲时间较为充裕；对价格非常敏感。把平台供给方定位为：品牌知名度不高，难以在传统平台获得流量的中小企业；以销售生活必需品和快消品为主的企业；追求薄利多销或者去库存的企业。拼多多搭建平台为这两者实现供需匹配，同时他们为拼多多提供了市场增长动力。

3. 创新营销策略，有效激发下沉市场需求

在实施下沉市场战略的过程中，拼多多创新设计了多种营销策略，迎合了市场需求。在需求端，采用"游戏＋社交分享＋低价＋爆款"的策略。游戏策略主要契合了三、四线城市用户闲暇时间相对较多、互动欲望较大的需求，社交分享是低成本获得流量的方式，而低价契合目标用户追求"极致性价比"的心理利益点，爆款是为了形成网络口碑效应。在供给端，采用"中小企业品牌＋农产品＋品牌馆"的策略。中小企业品牌主要瞄准后进入电商市场的中小企业，帮助销售库存量大同时又符合三、四线城市居民生活广泛需要的产品；农产品主要是填补其他电商平台品类销售的空白点（不被这些平台重点关注的品类）；品牌馆主要是通过品牌补贴满足用户多样化需求。

第十二章

物质与精神消费协调促进中国式现代化消费案例解析

实现共同富裕不仅仅是物质积累的过程,同时也需要文化为其提供精神支持。在人民消费层面,消费市场正在向追求物质消费与精神消费并重的阶段转变,实现物质富裕和精神富足的均衡发展是促进中国式现代化消费的重要手段。本章借鉴国内外消费模式创新的实践,分别从国货品牌发展、新国潮品牌开发以及国际消费中心城市建设三方面探讨如何实现物质文明和精神文明相协调的中国式现代化消费。

第一节　文化与技术并重促进中国式现代化消费
——金字火腿的实践

近年来,产品市场兴起一阵"国潮风",多个国货品牌的关注度大幅上升,折射出消费者新的需求变化、文化认同与价值归属,国货品牌迎来了发展的"新春天"。国货品牌的崛起传递出我国经济发展迅速、国货品牌焕新、消费需求升级的信号。[①] 为探讨国货品牌未来发展的可行之路,本节以"金字火腿"品牌为例,分析中国式现代化消费背景下国货品牌的创新实践,并为国货品牌更好地诠释"中国力量"提供有效借鉴。

---

① 市场劲吹"国潮风"——老字号焕新　新品牌崛起[EB/OL]. (2021-10-20)[2023-09-25]. http://www. xinhuanet. com/fashion/20211019/5195a3f7474443aba90a97bb8d78e6a4/c. html.

一、案例背景

金华火腿是金华最具知名度的地方特产，具有 1200 多年的历史，与西湖龙井茶、绍兴黄酒并称为"浙江三宝"，更是中华民族瑰宝，是国家级非物质文化遗产。金华火腿是中式火腿的鼻祖，具有丰富的文化内涵。金华金字火腿有限公司（简称金字火腿）是金华火腿行业的龙头企业，在几十年的发展历程中，金字火腿历经坎坷，在一次次危机中主动变革、不断创新，成为拥有品牌、技术、生产、市场、资金和团队六大优势的领导企业。

金字火腿创建于 1994 年，在浙商"四千"精神的影响下，创始人不畏艰险、奋力拼搏，带领金字火腿走向一条创新实践发展之路，打破了产品销售的地域限制。同时，凭借敏锐的市场洞察力和强大的创新思维，团队将精力和金钱主要花在了研发火腿制作工艺、生产设备上，经过一系列试验，成功地自由控制火腿生产过程中的温度和湿度，实现全年生产。这项制作新技术不仅为金字火腿带来了更多的市场机会，也使金华火腿获得了新生。1999 年，金字火腿仅成立 5 年就从同行业 500 家企业中冲杀出来，成为行业的佼佼者。①

但是 2003 年，金华地区的火腿均陷入"毒火腿"事件信用危机之中。一时间，所有火腿企业的声誉均极大程度受到牵连，金字火腿也难以幸免。为了挽回企业声誉，金字火腿带头进行企业内、外部整改。为了提高产品市场区分度，避免区域品牌受到影响时再次波及自身品牌，金字火腿加强技术创新，抓住当下消费"风口"，对比国内外技术差异，积极引进相关人才与设备，开展大规模产品研发，接连几年相继研发出低盐火腿、巴玛火腿、"植物肉"、预制菜等迎合大众物质需求的产品。此外，金字火腿还成立了火腿博览馆，开展火腿展览会，与"宋文化"联名推出"金字·宋韵潮礼"文化联名礼盒等，秉持初心，积极推广与创新火腿文化来满足消费者的精神需求。

作为中国杰出的国货代表，金华火腿是我国宝贵的非物质文化遗产，金华火腿产品价值成为金字火腿自身的一项宝贵财富。随着大众生活方式和饮食习惯的改变，金字火腿注重对金华火腿传统技艺和品牌内涵的挖掘，不断满足人民群众的物质与精神需要。这不仅是金字火腿保持品牌活性的目标，也是国货品牌进一步坚守深厚文化底蕴与匠心精神的主题（图 12-1）。

---

① 专访金字火腿施延军：从月薪 27.5 元，到上市公司董事长［EB/OL］.（2020-09-08）［2023-09-25］. https://www.thepaper.cn/newsDetail_forward_9063349.

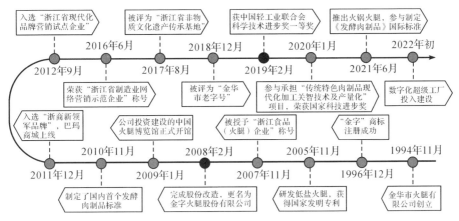

图 12-1　金字火腿的发展历程（依据企业资料绘制）

二、"变"与"不变"：现代化消费背景下金字火腿的创新实践

新时代下，人们对美好生活的热切期待更多地在消费中得以体现。这需要让人们作为消费者拥有优越的物质发展环境、富足的精神成长空间、更高的教育水平；让人们在消费过程中的获得感更足、幸福感更可持续、安全感更有保障，进而驱动消费不断优化升级。金字火腿在其发展历程中，致力于满足当下消费者对丰富美好生活的物质与精神需求，并以此为目标进行创新实践。在把握时代发展"变"与"不变"的同时，金字火腿更将满足新时代下消费者的物质和精神需求作为重中之重，从而提高人民幸福感。

（一）化虚为实：守正应"不变"，坚定文化自信

1. 坚守初心，厚植火腿文化

金华火腿具有相当浓厚的历史文化底蕴。唐代开元年间《本草拾遗》记载："火腿，产金华者佳。"自元朝起，火腿的制作工艺被传至欧洲、日本、东南亚及美洲各地，其名声也慢慢响彻全国，成为当地知名特产。随着时代的发展，金华火腿不断进行改良升级，2008 年金华火腿腌制技艺被列入第二批国家级非物质文化遗产名录[①]，为金字火腿品牌发展奠定了文化价值基础。

在中国式现代化背景下，金字火腿不忘初心，始终牢记"食品工业是道德工业"的使命。作为金华地区的地理性标志产品，金华火腿有着自身的文化。

---

① 金华火腿［EB/OL］.（2022-09-22）［2023-09-25］. http://www.jinhua.gov.cn/art/2022/9/22/art_1229159912_60243609.html.

从 1994 年公司创建至今，创始人始终牢记"做高质量火腿、打造金字招牌"的初心，在正式使用"金字火腿"这一品牌时便以"守正、创新"为其核心价值。发展至今，金字火腿致力于弘扬和传播火腿文化，高层次、全方位地满足群众的精神需要。2009 年，金字火腿建成我国第一座火腿博览馆——中国火腿博览馆。中国火腿博览馆由金字火腿于 2008 年初开始兴建，历时 1 年，总投资达 1000 万元，占地 1500 多平方米。金华火腿作为金华的名优特产和非物质文化遗产，是金华这座城市的名片。博览馆以丰富的图文与实物，全方位、详细地展现了火腿的历史人文、生产工艺、商业流通、食用与保存知识，重点展示了金华火腿"色、香、味、益、形"五大特色，以及金华火腿在中国美食中的应用、世界各国知名火腿、中国其他火腿品牌等内容，兼具知识性、趣味性、互动性。博览馆成为外界了解金华火腿的平台和桥梁、市民学生接受地方历史文化教育的重要基地、宣传推广金华城市形象的一个重要窗口（图 12-2）。

图 12-2　中国火腿博览馆中的陈列①

2. 深耕美育，托举火腿文化

伴随国潮兴起，国货品牌又开始焕发新的气象。金字火腿既传承老字号传统精神，也不断捕捉消费者的心理变化，变革创新、与时俱进，在立足传统文化的基础上推动文化创造性转化、创新性发展。2022 年 10 月，金字火腿重新升级了礼盒包装，推出"金字·宋韵潮礼"文化联名礼盒。从中国十大传世名画之一的《千里江山图》中汲取灵感，将宋式青绿山水画美学的特征提取和再译，再现火腿匠人们在宛如仙境的江南美景下，制作火腿、售卖火腿的繁华场景。修坯、上盐、洗晒、整形、发酵、闻香，制作火腿的六大核心代表工艺被

---

① 中国火腿博览馆［EB/OL］.（2023-06-20）［2023-09-25］. http://www.jinzichina.com/custom/45.

——展现，无论千年前的宋朝还是如今，始终以做好一条火腿为初心。将火腿美食文化演绎出新国潮，呈现出"兴于宋"的文化感、"宋之美"的价值感、"宋之韵"的精致感，焕新系列包装，最终呈现"宋之有礼"的全新理念，这一联名也吸引了大批国潮爱好者。这一产品一经推出，金字火腿的股票价格在一周内上涨了 1.79%[①]。

（二）化实为虚：创新应"万变"，展示中国力量

1. 协同创新，满足人民需求

近年来，国内外火腿工艺技术发展迅猛，传统金华火腿缺乏后续创新能力，其生产制作面临着严峻挑战。金字火腿始终以消费者需求为导向，以技术为内核，以"独特、营养"为创新理念，不断对产品进行创新升级。2005 年，金字火腿对自身专利技术进行改造，引进国外生产线，潜心研究世界级低盐发酵火腿，率先实现传统中式火腿升级。自此，金字火腿正式开启其技术变革之路。2008 年，金字火腿创始人带领团队进行工艺变革，通过对意大利发酵火腿制作工艺的引进和多年的精心筹备，推出了国内高端发酵火腿——巴玛火腿。随后的多年时间里，金字火腿也未曾停下创新的脚步。2019 年，金字火腿与国外研发公司达成合作协议，率先制定植物肉产品标准，获得生产许可。同年 10 月 16 日，金字火腿在上海发布"人造肉"植物肉饼，消息一经发出，预售产品就售罄，其备受健身、素食及养生人士的关注和期待。由此，金字火腿成为国内首家真正上市销售人造肉的企业。2023 年中央一号文件公布，首次提出培育发展预制菜产业，金字火腿迅速抓住消费新"风口"，发展火腿预制菜产业，满足了快节奏时代人们的物质消费需求。统计数据显示，2022 年金字火腿营业总收入超过 4.45 亿元，实现了新冠疫情后公司利润的新增长，金字火腿的创新实践成效显著。

2. 接轨国际，引领行业发展

近十多年来，中国火腿行业发展迅速并开始跻身国际市场，逐步从中端市场向高端市场迁移。在现代化消费背景下，各级政府一直很关注中式火腿的发展，鼓励火腿企业与国际接轨，走向国际市场并参与国际标准制定。要接轨国际市场，首先要做的是完善国内火腿行业制度体系。金字火腿为推动产业发展做出了不少努力，从制定地区规范到全国规范，公司内部组建金华

---

① 搜狐证券[EB/OL].（2023-08-25）[2023-09-25]. https://q. stock. sohu. com/cn/002515/lshq. shtml.

火腿标准化建设小组，负责技术支持和文件起草工作，并明确了火腿质量检测方法。经过 3 个多月的密集调研和 6 个多月的紧张起草与反复修改论证，2008 年 6 月，一部由金字火腿起草的《金华火腿国家标准》终于出炉。金华市政府和火腿协会对这部由企业起草的规范非常重视，并以此为蓝本，于 2009 年 3 月印发了《金华火腿企业管理规范》，对火腿制作的要求、机器的标准做出了相关规定，对火腿工厂的设置、人员资质、腌制设备、制作流程、产品包装等进行了规范。在国家标准的制定和实施过程中，金字火腿对标准的理解也随之发生了变化。标准不仅是门槛，更是分水岭，将很多技术含量低、质量欠佳的产品挡在了市场之外，切实保障了消费者的食品安全，提升了消费信心。之后的几年内，金字火腿也未曾停下推动火腿产业走向规范化道路的脚步，先后参与起草《中式肉制品国家标准》《中式香肠》《发酵肉制品》国际标准等规范，成为国内第一个发酵肉制品的标准制定者。

金字火腿依托金华火腿文化，融合数字技术进行的一系列营销创新大大提高了企业影响力。如今，金字火腿已突破区域品牌带来的限制，能够独当一面引领火腿产业发展，并带领火腿产业走向国际合作的舞台，更高层次、更大范围地满足人们的物质和精神需要。

三、金字火腿经验对促进消费的启示

金字火腿的传承与创新带动了国货品牌长远发展的创新实践，形成了具有推广价值的经验。政府从满足人民美好生活需要、协调物质与精神消费、提升人民获得感三个层面，把握现代化背景下品牌发展中的"变"与"不变"，以守正应"不变"，以创新应"万变"，实现中国式现代化消费。

（一）构建差异性与共生性均衡的消费格局

从消费主体来看，针对不同消费群体的差异性与共生性，推动制度型开放，提升国际循环水平。在现代化背景下，消费主体增长、消费市场下沉，数字技术推动线上线下融合发展，数字消费者规模不断扩大。在数字经济时代，要充分利用数字技术为消费主体赋能，扩大内需，充分释放消费潜力，构建全国统一大市场的新消费。具体来说，可以通过数实融合，提高品牌文化内涵和供给品质。在中国式现代化消费背景下，消费者更期待能提升获得感和幸福感的产品，更加注重品牌和产品的体验价值。国货品牌面对群众的新消费需求及数字经济时代的发展趋势，要在迎合年轻群体的时尚需求的基础上，加强对中华文化的渲染，让产品成为品牌及消费者表达自身文化态度的

新载体、展现自我情怀的新媒介,满足消费者差异化、个性化的消费需求。金字火腿与"宋文化"联名推出的"金字·宋韵潮礼"文化礼盒,向大众展示了"新中式美学"的风雅。此外,金字火腿也积极探索数字化技术。2020年金字火腿开启全渠道销售模式,运用O2O、电商销售等模式,构建去中间化的销售体系,将产品从工厂直接送达用户手中,提高了企业国际化水平,切实提高了人民幸福感(图12-3)。

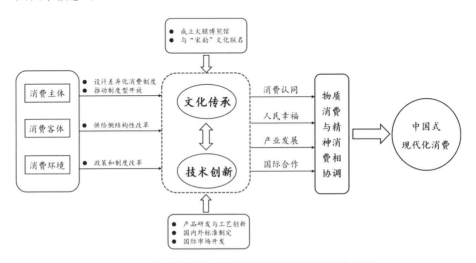

图 12-3　金字火腿推动中国式现代化消费的基本经验

(二)培育供给侧结构性高质量的供给体系

从消费客体来看,通过供给侧结构性改革适应需求变化,创造更好的物质与精神需求。在现代化背景下,消费逐渐从低层次的物质消费向高层次的精神消费转变,从大众消费向个性化消费转变。消费主体对物质文明、精神文明、绿色可持续发展等美好生活的需要,对优化与提升消费供给提出了新的要求。为了满足消费者的物质文化需要,2021年10月,国务院办公厅发布《关于发挥品牌引领作用　推动供需结构升级的意见》,文件强调提高供给体系的质量和效率,满足居民消费升级需求。在宏观政策的引导下,金字火腿通过应用新技术、新材料、新创意,加快融合及创新消费场景,发展消费新业态,更好地满足消费者日益变化的物质需求。此外,金字火腿还积极培育文化创意产业,从供给侧提高产品的供给质量,立足当下,全方位发展精神消费市场,扩大精神消费市场规模。

(三)打造物质与精神消费协调的消费市场

从消费环境来看,政府应当做好政策和制度保障工作,扶持企业更好地融合数字化技术,推动中国式现代化消费的发展。在数字经济时代,技术发展空前繁荣,更多消费新场景、新模式、新业态不断涌现,国货品牌面临着技术性、适应性挑战。为了构建物质与精神消费相协调的新发展格局,金华市出台了各项扶持政策,助力企业更好地融入数字经济时代。首先,2023 年 5月,金华市经济和信息化局新出台企业技术改造资金补助政策以推动数字经济创新体制"一号发展工程"的实施①。在政策的扶持下,金字火腿新建年产 5万吨肉制品数字化产业基地,该项目建成后将全面提升公司数字化、智能化水平,满足公司生产发展的需要,推动企业高质量发展。其次,为了鼓励企业打造精神消费市场,金华市政府制订了金华市提振消费促进经济稳定增长的实施方案,强调要创新数字消费动力、扩大精神消费市场等。② 最后,金华市政府还加大了基础设施建设,推动精神文明建设,并为促进品牌消费注入专项扶持资金。这些举措彰显了金华文明城市的独特魅力,打造物质与精神消费协调发展的消费市场,切实解决好人民最关心、最直接、最现实的消费问题,更好地满足人民对美好生活的向往。

总体来看,金字火腿在这些政策的支持下,在文化和技术创新两方面均取得卓越成效。金字火腿企业年报显示,近年来,金字火腿企业毛利率一直远超同地区的竞品企业。自 2000 年起,公司还相继规划和开发了八大类近百种产品,成为业内产品种类最多的火腿公司,目前拥有合作客户 1000 多家。此外,金字火腿也在努力接轨国际市场,出台多项火腿标准,获得国外火腿行业的认可,并取得了国外多家研发公司的合作邀请,未来将进一步推动中国式现代化消费发展(表 12-1)。

---

① 金华市经济和信息化局关于印发《金华市本级工业企业技术改造资金补助实施办法(2023 年版)》的通知[EB/OL]. (2023-05-26)[2023-09-25]. http://www. jinhua. gov. cn/art/2023/5/26/art_1229160385_1795572. html.

② 金华市人民政府办公室关于印发金华市提振消费促进经济稳定增长实施方案的通知[EB/OL]. (2020-06-02)[2023-09-25]. http://www. jinhua. gov. cn/art/2020/6/2/art_12292898-53_57176710. html.

表 12-1　2019—2022 年金字火腿与竞品华统股份的毛利率对比①

项目	年份			
	2019	2020	2021	2022
金字火腿	43.59%	24.56%	20.35%	26.17%
华统股份	5.35%	3.37%	2.73%	4.62%

第二节　国潮新风尚助推文化消费升级
——《唐宫夜宴》的实践

新时代背景下,中国经济实力跃上新台阶,制造业的转型升级为国潮消费的崛起提供了坚实的物质基础。党和政府高度重视人民的精神文化建设,在"十四五"规划中明确提出到 2035 年建成文化强国的战略目标。经济与文化实力的双重加持,使国潮发展迅速进入 3.0 时代。在这一时期,新国潮的消费领域持续扩大,从科技制造到文化领域,新国潮品牌的适时出现满足了消费群体对产品功能和符号象征价值的双重需求。

一、案例背景

2021 年河南卫视春晚凭借一支时长 5 分钟的舞蹈《唐宫夜宴》强势出圈,共产生了超过 25 亿次的话题浏览量和高达 20.4 亿的视频观看次数②。节目主办方河南广播电视台立足中华优秀传统文化传承,将中国传统古典舞与数字媒体技术相结合,创新舞蹈节目的视听呈现形式,在节目播出后收获国内外观众一致赞誉。河南广播电视台乘势而上,不断实现文化消费需求端和供给端的双向促进,不仅将《唐宫夜宴》中的传统文化符号与现代艺术设计结合进行文化创意产品开发,还利用"唐宫夜宴"精品文化 IP 的场景化价值,推动了河南当地文旅产业的发展。"唐宫夜宴"打造出"科技赋能、媒体融合和跨

① 智研咨询.2022 年中国火腿行业重点企业分析:华统股份 VS 金字火腿[EB/OL].(2023-03-16)[2023-09-25]. https://www.chyxx.com/industry/1138820.html.
② 河南春晚互联网出圈始末[EB/OL].(2021-03-03)[2023-09-25]. https://culture.ifeng.com/c/84L0sh3VhVp.

界联动"的新国潮品牌发展模式，为传统文化演出模式创新引入"活水"，也为扩大内需、促进文化消费升级提供了实践借鉴。

二、新国潮品牌促进文化消费的实践

(一)科技赋能：创新视听呈现形式

1. 营造文化美学新空间

2021年河南卫视春晚将"华夏文明现代表达"作为晚会主题，推出以《唐宫夜宴》为典型的新国潮节目，打造兼具传统文化的历史厚重感与沉浸式体验感的文化节目新形态。《唐宫夜宴》参考"唐乐舞俑"形象，以大唐盛世夜宴为创作背景，让1300多年前的女乐官做了主角，用舞蹈生动演绎了她们在赴宴路上发生的趣事。在节目内容创作方面，节目制作组从传统文化和历史文物中汲取文化元素，高度还原了盛唐时期的人文风貌。在文化元素的符号化表达上，14位饰演唐朝女乐官的演员统一穿着以一组黄色、绿色为主色调的"唐三彩"服饰，面部饰以唐朝女性的"斜红妆"，各自持笛、竖箜篌、五弦琵琶等中国传统民族乐器。在人物舞美设计与道具、灯光、布景等舞台设计的结合下，勾勒出大唐盛世应有的雍容气度，描摹了一群活泼娇俏又不失诙谐的少女相互打闹着去赴宴的场景，独具一格的美学空间顿时令观众眼前一亮。基于历史背景创作的《唐宫夜宴》采用现代生活方式来描绘故事情节和人物性格，成功引发了观众们的情感共振并得到了文化认同。

2. 打造"文化＋科技"质感

《唐宫夜宴》运用现代舞蹈讲述古代文物故事，又通过数字媒体技术赋能舞蹈展示形式。利用抠像、3D、5G、AR等多种数字化技术，将历史名画《捣练图》《簪花仕女图》《备骑出行图》《千里江山图》，以及出土于河南的文物，如妇好鸮尊、莲鹤方壶、贾湖骨笛等融入演出场景，实现虚拟场景与现实舞台无缝对接。《唐宫夜宴》以现代化交互式场景为观众打造了一场别开生面的大唐宫廷盛宴，向观众徐徐铺展中华文明历史悠长的文化底蕴，展现文化自信。河南广播电视台没有一味迎合"流量密码"，而是匠心打造文化艺术节目，将文化元素与数字媒体技术创新融合，从而契合了消费者新的审美需求。数字媒体技术让千年前的历史文化场景和万里之外的考古文物变得可视化、动感化。创新视听呈现形式，让传统文化以更加年轻化、现代化的方式展现，拉近了传统文化与消费者的距离，增强了观众对中国历史文化的认同感(图12-4)。

图 12-4 "唐宫夜宴"网页搜索词云图①

（二）媒体融合：拓展多元传播渠道

舞蹈作为一种艺术表现形式，往往具有小众化的特点。然而，以传统文化为创作基础、创新视听呈现形式的国潮舞蹈节目《唐宫夜宴》却能大众化传播，这离不开河南广播电视台适应新媒体传播形式、改革传统媒体传播思路、主动推进媒体深度融合的魄力。

1. 打造品牌传播矩阵

早在 2020 年，河南广播电视台全媒体营销策划中心正式运营，创建了包含图文、音频、视频以及多种媒体形式的多媒体传播网络，实现"融媒体统筹、新媒体首发、全媒体跟进"的运营方式。2021 年河南卫视春晚，采取移动先行策略，手机终端提前半小时开播，并在微博、快手、抖音、哔哩哔哩等社交媒体上率先展开预热活动。河南广播电视台根植于中华传统文化，致力于传承和发扬中国传统文化，持续创作"老少皆宜，喜闻乐见"的文化节目。为了文化节目传播效果的立体化、最大化，河南广播电视台在品牌传播矩阵打造上，形成了以官方微博、微信公众号和短视频平台官方账号为主的核心传播，以 B 站、抖音、新浪微博、今日头条客户端等社会化媒体平台为辅的社交化传播。同时，将最精彩的片段式内容根据每个平台差异化的内容风格进行多平台分发，《人民日报》、共青团中央等多家主流媒体也纷纷加入节目相

---

① 图片来源：华商网. 唐宫夜宴、三星堆强势出圈 是什么击中年轻人的心？[EB/OL].（2021-04-08）[2023-09-25]. https://zhiku. hsw. cn/system/2021/0408/3194. shtml.

关视频的转发。至此,河南广播电视台逐渐拓展出"唐宫夜宴"文化品牌的多元传播渠道。

2.引导受众参与互动

自在2021年河南卫视春晚首次亮相以来,《唐宫夜宴》便迅速获得了广泛好评。节目后续的影响力依赖于节目视频的"裂变式"传播推广,形成了长尾效应。在新媒体时代,舞蹈作品从制作、编曲,到排练、出演全流程均可用于宣传,《唐宫夜宴》的台前幕后花絮以及创作采访等视频能帮助受众进一步了解作品,感受舞蹈文化的魅力。河南卫视主动与年轻受众互动,对受众的需求及时进行反馈,推动网民更加积极地参与传播活动中。河南卫视通过发起如"♯全民当编剧♯"网络超话等活动,让粉丝对节目的热情渗透到节目创作的过程当中。同时,在抖音、B站等平台发起"内容创作激励计划",创作者可在节目原创视频的基础上,制作具有新意的视频内容,为观众提供作品的二次解读。此后,公众开始再次对河南卫视的其他文化类节目产生兴趣,这也引发了新一轮的自发传播,确保了文艺节目持续的话题热度(图12-5)。

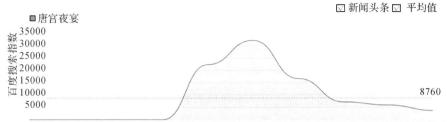

图 12-5 《唐宫夜宴》首播 10 日内百度搜索指数①

(三)跨界联动:延伸多文化产业链

河南卫视立足"文化中国"的品牌定位,秉持"传承中华文化,讲好中国故事"的原则,深耕传统文化节目制作。为了维持"唐宫夜宴"文化品牌的热度,创新采用"网综+网剧"的编排形式,结合实景拍摄和现代科技,选取春节、元宵等代表性中国传统节日,推出"中国节日"系列节目。截至 2022 年 10 月 5 日,"中国节日"系列视频节目全网总阅读量已突破 500 亿②,并被《人民日报》

---

① 百度指数官网制作[EB/OL]. (2023-09-25)[2023-09-25]. https://index.baidu.com/v2/index.html.

② 河南台"中国节日"系列节目持续"出圈"[EB/OL]. (2022-10-07)[2023-09-25]. https://hct.henan.gov.cn/2022/10-07/2617932.html.

等多家权威媒体转载，其中《端午奇妙游》《中秋奇妙游》的全网阅读量均超过60亿，《2022河南春晚》全网阅读量高达100亿，实现了新国潮传统文化节目的持续"破圈"①（图12-6）。

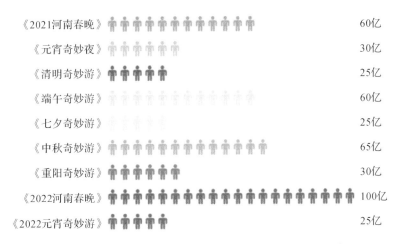

《2021河南春晚》		60亿
《元宵奇妙夜》		30亿
《清明奇妙游》		25亿
《端午奇妙游》		60亿
《七夕奇妙游》		25亿
《中秋奇妙游》		65亿
《重阳奇妙游》		30亿
《2022河南春晚》		100亿
《2022元宵奇妙游》		25亿

图 12-6　2021—2022 年"中国节日"系列全网阅读量一览②

1. 开发传统文化 IP

借着新国潮文化节目的话题热度，河南广播电视台成立了河南唐宫文创传媒有限公司，专门负责"唐宫夜宴"及系列 IP 的运营工作，成功塑造了"唐小妹""唐宫夜宴""中国节日"等传统文化 IP。唐宫文创联合河南博物院，找到受众关注的话题元素与唐文化的契合点，结合唐宫仕女的形象开发了"唐宫仕女乐队"系列盲盒及手机壳、表情包等衍生文化创意产品，满足了消费者的文化消费心理。

对整体的文化产业链而言，传统文化 IP 具备独特语境、深厚的文化内涵和阐释空间，这使得传统文化 IP 能够在不同媒介形式，如电视、漫画、数字收藏中灵活转换，还能与不同领域的品牌开展跨界联名，带动彩妆、食品、服装等领域的授权产品消费。截至 2022 年底，唐宫文创已经与 200 家头部品牌和

① 2022 新演出·消费趋势报告|Z 世代演出消费进入 2.0 时代：国风正在成为年轻人的生活方式［EB/OL］．（2022-03-14）［2023-09-25］．https：//www．nbd．com．cn/articles/2022-03-14/2165592.html.

② 2022 新演出·消费趋势报告|Z 世代演出消费进入 2.0 时代：国风正在成为年轻人的生活方式［EB/OL］．（2022-03-14）［2023-09-25］．https：//www．nbd．com．cn/articles/2022-03-14/2165592.html.

机构达成合作，联合开发文创产品 300 余款，涉及美妆服饰、汽车科技、食品快消、生活家居、盲盒潮玩等不同领域。其中，IP 合作企业销售突破 5 亿元，品牌曝光超 500 亿次，签约数字藏品的企业达 50 余家。[①] 唐宫文创正在利用跨界品牌的影响力，将"唐宫夜宴"文化品牌的声量进一步扩大，也让唐宫文化内涵在品牌联合中得到丰富和延展。

2. 拓展文旅消费场景

取材于热门文艺演出的传统文化 IP，因其场景化、故事性叙事的内容价值，能为相关文旅产业赋能。数据显示，《唐宫夜宴》播出后，河南博物院的关注度大幅提升，甚至与中国国家博物馆的平均搜索指数基本持平。[②] "中国节日"系列节目的话题热度有效促进了河南省的文化旅游消费。例如：在 2021年，郑州首次跻身于端午旅游热门地区前十；河南省在国庆期间的热度上升最为迅速，携程平台上的旅游景点预订量相较上一年同期增长了 127%。2022 年，唐宫文创与河南省文旅厅合作成立创意工作室，为河南省具有文脉资源的乡村提供文创产业发展及乡村旅游振兴策划等服务。2023 年 3 月，唐宫文创推出"元典少年"研学项目[③]，涉及国学、美育、心理等领域，以文化教育形式向新生代传递文化价值观。河南广播电视台通过传统文化 IP 全产业链联动，实现了文化价值、社会价值与产业价值的良性循环。

三、《唐宫夜宴》对助推文化消费升级的启示

在"新国潮"经济背景下，以"唐宫夜宴"为代表的文化消费，反映了消费市场对传统文化创造性转化与创新性发展的价值认同。推进物质与精神消费相协调的中国式现代化消费，应大力提升文化产品的新内涵，积极构建媒体融合的文化传播，以及着力拓展国潮消费的新场景，并将它们作为繁荣精神文明消费的着力点（图 12-7）。

---

① 河南台以"中国节日"为契机，开启大视听产业运营新格局［EB/OL］.（2023-05-20）
［2023-09-25］. https://new.qq.com/rain/a/20230520A00VJV00.

② 河南博物院爆红逆袭，博物馆"一超多强"格局生变？［EB/OL］.（2021-03-04）［2023-09-25］. https://www.sohu.com/a/453942646_467197.

③ 河南台以"中国节日"为契机，开启大视听产业运营新格局［EB/OL］.（2023-05-20）
［2023-09-25］. https://new.qq.com/rain/a/20230520A00VJV00.

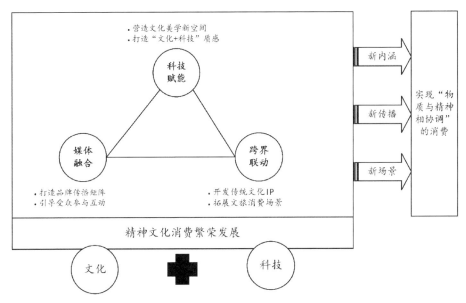

图 12-7　新国潮品牌促进文化消费的基本经验

（一）提升文化符号和现代表达的文化内涵

新国潮品牌通过特定的物质或精神产品成为满足人民美好生活需要的载体，其关键在于赋予文化产品新的内涵。这需要文化创作者从历史文化中汲取文化资源和智慧，将中华美学精髓与现代审美追求相结合，持续激发中国传统文化的创造力和生命力。然而，很多新国潮品牌的创作者容易陷入将新国潮等同于某个具体的传统文化符号的误区，或是脱离文化符号的实际应用场景而乱用传统文化元素，无法将文化的独特内涵和精神价值赋予新国潮产品。

以《唐宫夜宴》为代表的文化节目，提供了赋予文化产品新内涵、提升文化创意供给质量的两种路径——要素融合创新和呈现形式创新。在要素融合创新上，需要创新中国文化元素的合理利用方式，将中国元素与时代理念融合，打破文化圈层壁垒，找到审美上的"最大公约数"。在呈现形式创新，即传统文化的现代化表达上，将以前陈列在博物馆的文物、记载在典籍中的文字，转化为兼具知识性和趣味性的视听艺术，并通过数字化新媒体进行广泛而有效的传播，促使传统文化在新时代语境下从小众化向大众化演变。

（二）推进媒体融合和文化自信的文化传播

传统文化资源开发以优质文化内容的创造为导向，而新媒体技术的应用是传统文化资源创造性转化的重要驱动因素。一方面，早期电视媒体所制作的传统艺术节目主要以单向形式播出，文化传播效果相对有限，节目的观众年龄层逐渐偏向老年化。借助数字新媒体与新技术的力量，《唐宫夜宴》等一系列文化节目成功改变传统文化的传播模式，让年轻消费群体自主地接受和认同传统文化价值，坚定文化自信。在新时代语境下，主流传统文化找到了新的话语表达方式和内容呈现形式，中国传统文化生动有趣的一面被展现在大众视野中。

另一方面，河南广播电视台主动推进媒体融合向纵深发展，广泛对接有利的社会资源，寻找传播风格契合的网络平台，集结跨平台传播文化内容的优势力量，实现了文化传播覆盖范围的最大化、文化传播影响力的立体化。此外，加强精神文明消费需要避免"技术理性"，即对新技术、新要素的简单叠加。内容创新是精神文化消费的内核，精神文化消费的繁荣发展最重要的还是体现在优质内容本身，体现在文化创作时坚定文化自信、坚守中华文化立场。

（三）延伸科技赋能和文旅融合的消费场景

新国潮消费既是一种注重人文内涵与情感共鸣的文化消费，又是注重多重感官体验的感官消费。坚持"文化创意＋科技创新"双轮驱动，将新兴的数字化技术作为实现交互式、沉浸式文化产品体验的外部支撑。通过文化产业与多元业态的融合，不断拓展国潮文化消费新场景，为消费场景价值创造更多的消费获得感，从而提升人民生活幸福感。

在文化与科技融合方面，运用数字化技术和数字新媒体手段发展数字化文化消费新场景，改善数字化文化消费服务质量。提供文化消费"云"服务，推出博物馆云展览、虚拟博物馆、古乐云赏等线上活动。为了避免文化创意产品的侵权问题，文化创作单位可以积极利用区块链等新兴技术，确保数字藏品和其他数字创意产品在发行、购买、收藏以及使用等全生命周期中都能真实可靠地运作，从而有效提升数字创意产品的衍生价值。在文化与旅游融合方面，将历史文化元素融入旅游产品设计，并通过具有文化特色的空间载体和地方特色活动，拓展"研学旅行"等个性化、品质化、定制化的文化教育服务功能。围绕区域和地方文化特色，打造沉浸式的新国潮艺术展演空间，建设新型文旅消费集聚区。

第三节　国际消费中心城市协调物质与精神消费
——新加坡的实践

2021 年,商务部宣布,在上海、北京、广州、天津和重庆率先开展国际消费中心城市培育建设。以消费升级推动我国经济的进一步转型发展,国际消费中心城市建设是最好的载体和实施路径。本节从物质消费、精神消费、宜居环境和贸易环境四个方面介绍新加坡打造国际消费中心城市的实践经验,同时结合中国实际和中国特色,以期为我国当前国际消费中心城市的建设提供启发。

一、案例背景

中国式现代化消费背景下,建设国际消费中心城市势在必行。首先,中国的经济发展由于受到疫情的冲击等因素,面临着需求萎缩、供应短缺以及预期低迷等各种压力,而总需求的短缺更是在当前经济运行中显现出重大问题。与此同时,现在中国已经步入了物质资源丰富的经济新常态,社会的精神消费需求正在呈现爆炸性的增长态势。当前精神消费存在精神产品数量不足、质量不高等问题,直接影响消费从"物质"向"精神"转型。国际消费中心城市的建设要能从供给侧的角度提供多种类、高品质的精神产品以接轨国际市场,满足消费者的个性化、多元化精神需求。因此,建设全球消费型城市对我国来讲,不仅是应对史无前例的深刻变化和推进高质量经济增长的关键策略,同时也是全面提升消费、培育新的增长引擎的主要途径,并在快速塑造以国内大循环为核心,与国际双循环相辅相成的创新发展模式中发挥着至关重要的作用。

为创建国际消费中心城市,中国的一些城市正在进行有益的尝试和探讨,但是仍旧面临着城市综合经济实力有待增强、全球知名商圈缺乏、对外来消费的吸引力不够等问题。[①] 学习和借鉴相关经验,寻找一种融合中国特性的国际消费中心城市的建设道路,不但有利于在未来的高品质发展阶段少走弯路,实现超越,也能为中国其他城市的发展提供参考性的经验。

---

　　① 曹静,冉净斐.推进国际消费中心城市建设的瓶颈与经验借鉴[J].区域经济评论,2022
(2):74-80.

二、国际消费中心城市驱动人民美好生活的实践

（一）集天下"货"：集聚琳琅多元的商业空间

不论东方还是西方，"城"一词始终代表空间，"市"则是活力的象征。市场交易与城市的繁华相互催生，孕育出了无数辉煌的城市。新加坡就在其中。新加坡位列全球第四大国际金融中心，仅落后于纽约、伦敦和中国香港，大约有三分之一的全球500强公司选择在此设立它们的亚太总部。并且新加坡是东南亚的商业王国，素有"商业之城""购物天堂"之称，随处可见的商业中心成为这座花园城市的亮丽风景线。

新加坡享有"购物天堂"的声誉，得益于一系列著名的商业区、各种高端的国际品牌、享有全球名望的购物中心、高品质的商业服务环境，以及遍布全球的商业系统。多元化的商业形态各具特色。Funan MALL 经由独特创新之设计，将历经30年的老旧电子商城颠覆为一座富有吸引力的"黑科技购物中心"。爱雍·乌节（ION Orchard）囊括零售、生活以及娱乐等各方面，同时也是一座艺术精湛和高雅时尚的购物中心。滨海湾金沙广场聚集了众多国际级的豪华大牌、热门新兴品牌以及有新颖理念的时尚店铺。而"星耀樟宜"聚焦于休闲娱乐、购物中心、酒店和机场设施等多元业态，致力于将大自然引入室内空间，融合清新绿植与城市活力，建造了新加坡最大的室内花园。

（二）构古今"文"：构筑愉悦至上的精神空间

新加坡保留了在建筑中固化下来的文化、信仰、愿望和社会遗产以及共同历史族谱的记录，也较完整地保留了代表新加坡多元文化和多元种族的文化遗产与历史积淀，比如华人聚居地牛车水、印度族聚居地小印度和马来族聚居地阿拉伯街等。除了这些历史街区外，新加坡也保留了具有国家象征的历史建筑，比如旧国会大厦、丹戎巴葛火车站、旧加冷机场等。同时，对反映价值、活动与信仰等集体记忆的建筑，比如学校、图书馆等，也做了保留。除了历史建筑，新加坡还高标准推进现代艺术博物馆、公共图书馆、音乐厅等文娱设施建设，为新加坡的文化创意产业发展提供了丰富的资源，从而为消费者带来更多前沿体验。

消费者在新加坡能够体验到由各类物质和精神消费产生的感触，这不仅在于物质层面的使用效能，更包括与之无法比拟、别具一格、超越常规的精神主观感受和心理体验。

(三)搭邻里"社":搭建宜室宜居的生活空间

经济学人信息部公布的 2023 年全球宜居城市指数显示,新加坡排名 34,总得分为 92.1,较去年上升了三位。另外,根据人力资源顾问公司 ECA 国际 2023 年 2 月发布的"地点评级"调查结果,新加坡连续 17 年成为东亚外籍员工最宜居地点。

第一,360 度全方位的便利性。首先,建设自给自足的社区。在每个社区规划中,布局小型商场、菜市场、超市、食阁、诊所、托儿所、幼儿园、小学、中学、运动馆、公园和公交站点等,确保居民在 400 米步行距离内(即 10 分钟内),可以很方便地获取生活所需的各种基本物品和服务。为什么是 400 米(10 分钟)的步行距离呢?新加坡气候炎热,经研究发现,如果步行时间超过 10 分钟,大家可能就不愿意出门,要么叫外卖,要么开车。由于功能和设施齐全,布局合理,社区便能充分满足居民基本生活需要,所以大部分新加坡居民平常出门很少开车,这是新加坡成为"无堵城市"的秘诀之一。

第二,生活圈划分的系统性。在新加坡的规划中,其(720.4 平方公里,570 万人口)分成 5 个片区,每个片区约有 100 万人口,片区间用绿化带隔离,并通过地铁和快速路实现片区间以及片区与市区的快捷联系。片区下是新镇,每个新镇有 20 万—30 万人口,各新镇再细分为小区(约有 2 万人口)和组团(约 2000—2500 人)。这些不同层级的城市单元,以计算过的合理规模为依据配套相应设施,辅以便捷的交通,有效满足了新加坡居民衣食住行等需求。新镇为何设定为 20 万—30 万人口呢?因为商业设施的布局要有一定人口规模作为支撑,比如麦当劳开设门店,其服务半径内至少需要 15 万人口。最小的规划单元在新加坡称为组团(或邻里),约有 700 户(2000 人左右)。如果社区人口规模过大,就很难形成社区凝聚力或归属感;700 户相当于中国一个中等农村的人数,容易让人产生社区归属感①。

第三,兼顾弱势群体的全面性。新加坡十分注重无障碍出行设施的安排与人性化管理。新加坡在布局公共设施的时候,非常注重无障碍通行设计,特别关注弱势群体的需求,包括老年人、残障人士和带小孩的家庭。腿脚不便的老年人,不需要任何人协助,乘坐电动轮椅,可以很自由、很有尊严地到达新加坡的各个地方。随着老龄化社会的到来,中国很多老年人或多或少都

---

① 林光明.新加坡:人文城市,美好家园——形式、功能、愉悦[EB/OL].(2023-04-04)[2023-09-25].https://mp.weixin.qq.com/s/icqKMzNUwhpoYl0mWoFgmw.

受到腿脚不便的困扰，现实生活中，他们当中的大多数人，除非有家人协助，不然只能待在家中。

(四)开内外"市"：开辟海纳百川的贸易空间

在经济学人智库(EIU)近期公布的 2023 年 Q2 经商环境排名中，新加坡高居 82 个国家和地区之首，在未来五年里依旧会保持其全球最优良的经商环境地位[①]。

第一，宽松的税收政策。与国内公司比较繁杂的税负种类和各种附加税相比，新加坡公司税率单一。在新加坡，企业和个人的税务都是按照级别来处理的。前三年中，他们将享受明显的税收优待，这令其税务负担可降至零，初始收入为 10 万新元，企业所要缴纳的税收最高不超过 17%。此外，新加坡也与超过五十个国家和地区签下了防止双重税收的协议，这在很大程度上降低了公司税金的负担。新加坡对外籍人免征所得税的条件很宽，大量外籍人在各种形式下享受免税待遇。

第二，自由的投资政策。新加坡积极为投资者打造开放的投资环境并且热情欢迎海外投资。无论是公司还是个人，只要他们在新加坡开展商业事务，就有权选择多样化的经营方式。只要是新加坡主体，就可以享受来自海外的投资收益，以及在没有任何投资金额下限的条件下就可以开设新加坡公司。新加坡对本地和海外的投资者都会平等地对待，他们遵循相同的法律法规。新加坡经商环境通常非常自由，对国际投资者在该地的商务活动并没有一般化的要求。为促进外资流入，新加坡政府出台了多种政策，如实行地区总部奖赏、多国总部奖赏，以及财务和资产管理中心奖赏等制度。新加坡经济发展局也会同时推动如创新增长计划、企业研发奖励计划和新技能赋予计划等一系列优惠政策和发展规划，以鼓励公司扩大业务。

第三，包容的贸易政策。总体上来说，新加坡的税率较低。其自由贸易区并不全然依靠税收优惠来吸引外资，更重要的是为选择新加坡作为再出口基地的公司与企业塑造了一个无税的环境，从而有助于推进国内工业的成长。在这一区域内，企业得以享受诸多优待，包括能自由地运输、储藏、完善、分类和再出口各类产品，免除关税[除汽酒、烟草(含卷烟)、车辆和石油产品外]，免除配额限制和商品及服务税(GST)，免港口税和航海福利费。还能使

---

① 数据来源：经济学人[EB/OL].(2023-08-25)[2023-09-25].http://www.chinaeconomist.com.cn/.

用简明的商品分类法，而商品在各个自由贸易区之间可自由流通，仅当产品进入新加坡本土市场销售时，才需缴纳关税及其他国内税。新加坡在自由贸易区周边还设立了众多的加工再制造工业区或者开放程度较小的自由贸易园区和保税仓库。这些地方为特定产品提供简单加工、深加工或再次运送到下游客户的便利，进一步提升了自由贸易区的工业服务功能，有力推动了国内工业的成长。显而易见的成功实例便是，新加坡——尽管其石油资源稀缺，却跻身全球第三大炼油中心、全球油品交易资源中心以及亚洲油品定价中心。

三、新加坡经验对建设国际消费中心城市的启示

新加坡在建设国际消费中心城市上的实践，形成了具有推广价值的经验。本节从物质消费、精神消费、宜居环境和贸易环境四个方面进行总结和借鉴，从而助推双循环，为释放消费活力做有力支撑，如图 12-8 所示。

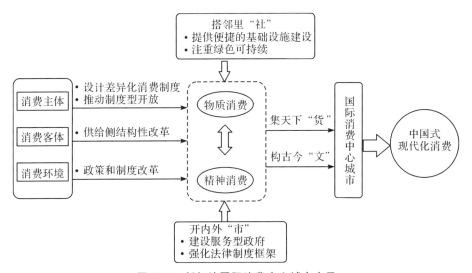

图 12-8　新加坡国际消费中心城市启示

（一）打造特色引领和万物共享的物质商圈

国际消费中心城市的培育建设，要立足城市特色定位。每个城市都有属于自己的城市标签和特色。在构建全球消费枢纽的过程中，城市的独特资源要得到充分的凸显，要塑造出城市独一无二的标志和形象。所谓特色，就是要有符合本地居民、企业消费习惯、文化习俗、生活理念、休闲方式等方面的特色消费场所和载体，例如成都"天府之国"的蜀地文化和广州充满粤韵的广

府文化。在建设国际消费中心城市时，及时融入相同的元素：成都可以是川剧，而广东则有粤剧；成都可以是"无辣不欢"的川菜，而广州则是以"清、鲜、爽、嫩、滑"为特点的粤菜……找准城市特色和定位才是解锁国际消费中心城市的核心秘诀。

在形成城市特色定位的基础上，打造能够释放各层次消费潜力的商圈。展示国际时尚与物质消费的风采是国际消费中心城市的重要特征。在国际消费中心城市语境下的商圈，要有带动消费的基本功能，相比于传统老商圈，物质消费应提质升级。在这个过程中，尤其要突出国潮、老字号以及其他本土品牌的全球吸引力。借助"一带一路"的影响力和国内知名品牌的启动站与首发站的优势，来满足国内市场的供应需求，同时推动国内知名品牌的出口，进一步向全球推广我国的优质消费品。

（二）营造融合互动和个性多元的精神场所

国际消费中心的成长不仅仅依赖于一个单独的产业，更是由商业、旅游、文化、运动及展会等众多产业的融洽合作和交互作用构成的有机体系。要不断构建全方位、多样化、高质量的精神消费供给体系。在物质主导的消费过程中，伴随着精神消费，但这还远远不足以满足当前人民对美好生活的精神需求。除此之外，同时要以高标准汇集各种形态的文化形式，如现代艺术博物馆、公共图书馆、音乐厅、文化广场等文娱设施，为消费者带来更多前沿体验。在这里，客户能够获得多元化形式所提供的体验，包括物质使用功效上的，还有内在的非同寻常的精神感触和心理感悟。

同时，国际消费中心的发展越来越注重数字经济，在融合的基础上要发挥数字经济带来的个性化服务。人们通过大数据与人工智能技术，对消费者的消费习惯、需求以及偏好进行深入的解读，以便提供精确度更高的个性化服务。公司可以运用定制生产的策略和技术，提供根据消费者偏好和特性定制产品的外观、功能等各种可能性。让年轻消费者感受到个性化、定制化以及精确化的专属消费服务，由此获得更具特色的文化体验、文化认识以及文化享受。

（三）平衡高效便捷和绿色持续的居住生态

高效便捷的居住环境可以使交通流量辐射周边，带动消费流量。国际消费中心城市在促进物质和精神消费上应该注重城市基础设施建设，提升城市信息化水平和交通设施水平，形成四通八达的立体化交通网络，通过任一方式都能实现便利出行。同时构建高规格、高素质的绿色生态环境。在都市社区内扩展绿地、花园与林地，目的是提升都市社区环境的品质，从而为顾客提供更佳的消费体验。

在保证高效便捷的同时，还需要兼顾绿色可持续。在绿色可持续上，垃圾分类、无废城市建设要成为城市的先行节奏。以无废城市建设为先导，可以倒逼城市消费向可持续转变。应把可持续性纳入生产和消费的源头，让推动可持续消费的工作有抓手。同时，从商品、商店、商圈三个维度由小及大积极引导可持续消费。在国际消费中心城市的消费空间里的商店或商场之间，形成一个推动可持续消费的联盟，倡导或要求商圈内的商品采购、销售等商业行为都遵守可持续发展原则，这个商圈就具备了可持续消费的属性。

(四)开创自由包容和公平竞争的营商环境

自由包容的营商环境是建设国际消费中心城市的基本保障。自由和包容性的建设不仅是为了创造一个对企业投资和商品跨境流通具有高透明度和便捷性的环境，也是为了创造一个与国际准则和世界贸易规则相适应的市场经济运作机制和系统。因此，政府依旧是主推手，政府的服务质量是影响营商环境最重要的因素。构建一个以诚信服务为主导的政府，满足市场主体的服务需求，必须建立"店小二"的服务观念，对公众和企业的需求提供精确的扶持。

在国际消费中心城市建设过程中，公平竞争的制度保障必不可少。强化系统性的法律政策框架，从而为建设和发展国际消费中心城市的完整制度做出保障，是政府所必需的职责。这个过程中也需要扎实系统地实施一系列相应的政策，包括税收法规、服务行业的准入及管理规定，还有与维护消费者权益相关的法律法规等。同时，尝试鼓励各政府部门之间的合作协同，以便为建设国际消费中心城市提供更全面的制度支撑。

第十三章

绿色消费促进中国式现代化消费案例解析

　　中国式现代化消费是绿色消费需求得到充分激发和释放的消费,绿色消费对中国式现代化消费具有重要促进作用。发展绿色低碳产业,全面促进消费向绿色低碳转型升级,对贯彻新发展理念、构建新发展格局、推动高质量发展、实现碳达峰碳中和目标具有重要作用,且意义重大。根据商务部2023年8月底发布的《中国绿色贸易发展报告2023》,近年来我国绿色贸易规模基本保持增长态势,2013年至2022年年均增长3.18%,在全球占比提升2.3个百分点。[①] 2022年,我国电动汽车出口增长131.8%,光伏产品增长67.8%,锂电池增长86.7%。[②] 此外,从2012年到2021年,清洁能源消费比重由14.5%升至25.5%,煤炭消费比重由2012年的68.5%降至56.0%,可再生能源发电装机突破10亿千瓦,占总发电装机容量的44.8%,其中水电、风电、光伏发电装机均超3亿千瓦,均居世界第一。[③] 这些数据显示,我国正在绿色经济的赛道上突飞猛进。

　　本章在前述中国式现代化消费内涵特征、理论体系和战略路径揭示的基础上,着重对三个典型案例进行解析。三个案例分别从绿色旅游、绿色智能家电和二手电商来进一步阐述绿色消费如何促进中国式现代化消费。本章的目的在于提炼和总结绿色消费促进中国式现代化消费的一般性经验,为政府和相关企业以绿色消费为着力点推进中国式现代化消费提供启示。

　　[①] 10年间我国绿色贸易规模全球占比提升2.3个百分点[EB/OL]. (2023-08-30)[2023-09-25]. https://www.gov.cn/govweb/yaowen/liebiao/202308/content_6900962.htm.

　　[②] 低碳、零碳、负碳,中国的绿色新征程[EB/OL]. (2023-03-06)[2023-09-25]. https://www.haier.com/press-events/news/20230626_211616.shtml.

　　[③] 新时代的中国绿色发展[EB/OL]. (2023-01-19)[2023-09-25]. https://www.gov.cn/zhengce/2023-01/19/content_5737923.htm.

第一节 绿色旅游推动消费升级——携程的实践

消费升级体现了人民对美好生活的向往。随着我国发展阶段的变化，居民消费从以物质型消费为主向以服务型消费为主升级，绿色旅游消费成为服务消费的增长热点。由于国家政策的支持、旅游产品的创新和公众环保意识的提升，我国绿色旅游的总体发展趋势积极向好，已成为未来旅游业的重要发展方向。绿色旅游为游客提供了环保、可持续的旅游选择，为保护生态环境和推动可持续发展做出了重要贡献。本节聚焦携程案例，阐述携程如何顺应居民消费升级趋势，推动企业绿色低碳转型，从而展示出绿色旅游对消费升级的重要促进作用。

一、案例背景

（一）国家政策的支持

我国政府高度重视绿色旅游发展，将其纳入国家发展战略和政策体系，出台了一系列支持绿色旅游发展的政策和措施。例如，2021 年 4 月，文化和旅游部制定了《"十四五"文化和旅游发展规划》，提出要"坚持绿色低碳发展理念，加强文化和旅游资源保护，提高资源利用效率"[①]。2022 年 1 月，国务院出台了《"十四五"旅游业发展规划》，提出要"尊重自然、顺应自然、保护自然，牢牢守住生态底线，增强生态文明意识，合理利用自然资源，加快推动绿色低碳发展"，使旅游成为践行"绿水青山就是金山银山"理念的重要领域。[②] 2023 年 1 月，国务院新闻办公室发布了《新时代的中国绿色发展》白皮书，指出要"积极弘扬生态文明价值理念，推动全民持续提升节约意识、环保意识、生态意识，自觉践行简约适度、绿色低碳的生活方式，形成全社会共同推进绿色发展的良好氛围"[③]。国家出台的一系列政策为发展绿色旅游提供了政策支持。

---

① 文化和旅游部关于印发《"十四五"文化和旅游发展规划》的通知［EB/OL］. (2021-04-29)［2023-09-25］. https://www.gov.cn/zhengce/zhengceku/2021/06/03/content_5615106.htm.

② 国务院关于印发"十四五"旅游业发展规划的通知［EB/OL］. (2022-01-20)［2023-09-25］. https://www.gov.cn/zhengce/content/2022-01/20/content_5669468.htm.

③ 新时代的中国绿色发展［EB/OL］. (2023-01-19)［2023-09-25］. https://www.gov.cn/zhengce/2023-01/19/content_5737923.htm.

(二)旅游业快速发展带来问题

我国旅游业近年来发展迅速,已成为重要的经济支柱产业。疫情政策放开后,旅游业全面回升。根据文化和旅游部网站公布的数据,2023 年上半年,国内旅游总人次 23.84 亿,比上年同期增加 9.29 亿,同比增长 63.9%。[①] 然而,旅游业的快速发展也带来了一系列问题。例如:一些景区和旅游热点地区,游客过多和管理不善,导致环境污染加剧;一些地区的旅游资源过度开发和开发不当,导致资源浪费和生态环境破坏;一些地方过度追求高消费和奢华旅游,忽视了普通游客的需求和经济能力,导致旅游消费的不合理和不公平;旅游业快速发展带来了旅游从业人员的短缺和素质不高等问题,导致旅游服务质量参差不齐等。为了解决这些问题,发展绿色旅游成为必然选择。

(三)可持续发展的需求

习近平总书记指出,"可持续发展是社会生产力发展和科技进步的必然产物",是"破解当前全球性问题的'金钥匙'"。可持续发展需要"坚持绿色发展,致力构建人与自然和谐共处的美丽家园"[②]。为了实现可持续发展,保护资源和环境,绿色旅游成了一种重要的选择。通过发展绿色旅游,可以减少对自然环境和文化资源的破坏,提高资源利用效率,保护和促进环境、经济和社会的可持续发展。

(四)环境保护意识的提高

近年来,人们的环保意识逐渐提高。生态环境部环境与经济政策研究中心发布的《公民生态环境行为调查报告(2022)》显示,我国公众普遍具备较强环境行为意愿,在呵护自然生态、节约能源资源等领域表现良好。[③] 此外,中国青年报社社会调查中心对 2005 名受访者进行的一项调查显示,97.6% 的受访者感到这些年人们的环保意识有了提高。94.8% 的受访者明确表示,会积

---

① 2023 年上半年国内旅游数据情况[EB/OL]. (2023-07-18)[2023-09-25]. https://www. gov. cn/lianbo/bumen/202307/content_6892643. htm.

② 开辟崭新的可持续发展之路的科学指引(深入学习贯彻习近平新时代中国特色社会主义思想)——深入学习贯彻习近平总书记关于可持续发展的重要论述[EB/OL]. (2021-11-16)[2023-09-25]. http://theory. people. com. cn/n1/2021/1116/c40531-32283179. html.

③ 张蕾.《公民生态环境行为调查报告(2022)》发布[EB/OL]. (2023-06-27)[2023-09-25]. https://epaper. gmw. cn/gmrb/html/2023-06/27/nw. D110000gmrb_20230627_4-08. htm.

极做生态环境保护的践行者。① 目前,越来越多的人开始关注旅游业对自然环境的破坏和资源的浪费,希望能通过绿色旅游来减少这些负面影响,增强对环境的保护。

二、绿色低碳转型促进消费升级

随着全球环境问题日益突出,绿色低碳已成为全球各行各业的共同追求。旅游业对环境影响较大,其绿色低碳转型尤为重要。携程作为我国领先的在线旅游服务提供商,一直致力于推动绿色低碳旅游服务,通过推动绿色交通、倡导低碳旅游和推广环保酒店等方式,促进旅游服务消费升级,取得了显著成效。

(一)推动绿色交通

携程积极推动绿色交通,通过建立合作伙伴关系和进行技术创新,提供更多的低碳出行选择。第一,建立合作伙伴关系。携程与多家公共交通和出行服务提供商建立合作伙伴关系,为用户提供多样化的绿色交通选择。例如,携程与多个城市的公共交通系统合作,为用户提供公交车票预订和查询服务,鼓励用户选择公共交通出行。携程还与共享单车、出租车和网约车等服务提供商合作,方便用户选择更加环保的交通方式。此外,携程与旅游公司合作,推出一系列环保旅游路线,通过合理规划和安排,减少旅游的能源和资源消耗,为消费者提供绿色低碳的旅游体验。第二,进行技术创新。携程通过技术创新,提供更加智能和便捷的绿色交通服务。例如,携程推出"一键叫车"功能,用户可以在携程 App 上直接叫出租车或网约车,减少用户等车的时间和碳排放。此外,携程还开发了智能出行规划工具,通过大数据分析和人工智能技术,分析用户的出行需求和偏好,综合考虑时间、距离、交通工具的舒适度和环保性等因素,为用户推荐最佳出行方案,从而提高用户的出行效率,减少不必要的碳排放。

(二)倡导低碳旅游

携程积极倡导低碳旅游,提高游客和旅游从业者的环保意识。第一,宣传教育。携程通过宣传和教育活动,增强游客的环保意识,鼓励他们选择低碳旅游方式。携程在其平台上提供一系列绿色低碳旅游指南和建议。例如,如何选择环保酒店、如何使用环保交通工具、如何减少旅游碳排放等。携程还通过宣传和教育活动，向消费者普及绿色低碳旅游行为准则和方法，引导消费者养成环保旅游习惯，促进消费者绿色低碳旅游行为的养成。此外，携程还组织环保主题的线下活动，例如，绿色旅游讲座和环保志愿者活动，以进一步普及低碳旅游理念。携程的绿色低碳旅游理念得到了广大消费者的认可和支持。例如，携程集团推行的"可持续旅行 LESS 计划"，上线仅一年已有1600 万人次选择低碳出行。[①] 第二，打造绿色可持续的旅游品牌形象。携程积极采取行动参与全球碳减排，树立低碳可持续的品牌形象。例如，为持续推进携程 ESG（环境、社会和公司治理）可持续发展战略，携程集团正式加入SBTi（科学碳目标倡议），成为亚太地区首家加入 SBTi 的旅游企业，标志着携程集团将与全球低碳减排机制进一步接轨，为推动企业坚持巴黎协定 1.5℃的控温目标、防止全球气候恶化做出努力[②]。第三，政策引导。携程制定了一系列的政策和准则，引导旅游从业者积极参与低碳旅游。例如，携程要求合作酒店提供环保设施和服务，如节能灯具、水和电的节约措施等。携程还与旅游景区和旅行社合作，推广低碳旅游路线和产品，鼓励旅游从业者开展环保宣传活动。

（三）推广环保酒店

携程通过推广环保酒店，提高旅游业的环保水平，来减少酒店对环境的不良影响。第一，环保认证。携程与多个环保认证机构合作，对酒店进行环保认证。携程推出了"绿色酒店"认证标准，要求酒店在节能减排、资源回收和环境保护等方面达到一定的标准。认证合格的酒店将获得"绿叶"标志，方便用户选择。这些酒店采用节能环保的设施和设备，提供环保的食品和服务，满足消费者对绿色低碳旅游的消费需求。第二，宣传推广。携程通过宣传推广，提高用户对环保酒店的认知。携程在其官方网站和 App 上设立了"绿色酒店"专区，向用户介绍认证合格的环保酒店，并提供预订服务。携程还与环保组织合作，开展推广活动，如环保酒店巡展和绿色酒店奖项评选，进一步推动环保酒店的发展。

---

① 携程可持续旅行上线一周年：1600 万旅行者提前迈入低碳新时代［EB/OL］. （2023-06-15）［2023-09-25］. http：//tour. youth. cn/xw/202306/t20230615_14586749. htm.

② 携程集团宣布 2050 年前实现碳中和［EB/OL］. （2023-08-18）［2023-09-25］. https：//new. qq. com/rain/a/20230818A07UQE00.

三、携程经验对推动消费升级的启示

旅游服务消费升级是消费升级的重要增长点。携程作为我国最大的在线旅游服务企业之一,其绿色低碳转型实践对推动消费升级具有重要的启示意义。

(一)政策启示

1. 制定绿色低碳旅游政策

政府可以进一步出台相关政策,鼓励和支持旅游企业进行绿色低碳转型。第一,提供税收优惠。政府可以给予绿色低碳旅游企业税收优惠,降低其经营成本。例如,减免或减少企业所得税、增值税等税收,鼓励企业投资绿色低碳旅游设施和技术。第二,给予资金支持。政府可以设立专项资金,用于支持绿色低碳旅游的发展。政府可以向绿色低碳旅游企业提供贷款、补贴、奖励等形式的资金支持,帮助企业改造升级设施,促进企业绿色低碳转型。第三,加强产业协同发展。政府可以制定促进产业协同发展的相关政策,通过加强产业协同发展,促进旅游企业间的合作,提高旅游产品和服务的质量及可持续性,推动消费者对绿色低碳旅游产品和服务的消费升级。

2. 建立绿色低碳旅游认证与评价体系

政府可以制定绿色低碳旅游产品和服务的认证与评价体系,确保旅游产品和服务的环保及可持续性。第一,制定标准。政府可以组织相关部门和专家制定绿色低碳旅游的认证标准和评价指标。这些标准和指标应涵盖旅游企业的环保管理、能源消耗、废物排放、社会责任等方面,以确保企业在绿色低碳旅游方面的实际表现。第二,设立认证机构。政府可以设立专门的绿色低碳旅游认证机构,负责对旅游企业进行认证和评价。该机构应具备独立性、权威性和公正性,通过对企业的审核和监督,确保其符合绿色低碳旅游的要求。第三,构建评价指标体系。政府可以建立绿色低碳旅游的评价指标体系,对企业进行评价和排名。这些指标可以包括企业的能源消耗、废物管理、碳排放、环境教育、社会责任等方面,以评估企业在绿色低碳旅游方面的综合表现。第四,认证奖励政策。政府可以制定奖励政策,鼓励企业参与绿色低碳旅游认证。通过给予认证合格的企业奖励,例如,减免税收、提供贷款支持、优先承接政府采购等,激励企业积极参与绿色低碳旅游认证。

3.建立健全监管体系

政府要加强对旅游业的监管和执法力度,严厉打击旅游业违法违规行为,保护消费者权益。第一,设立监管部门。政府可以设立专门的绿色低碳旅游监管部门,负责对旅游企业进行监管和检查,确保其符合绿色低碳旅游的要求。第二,完善监管手段。政府可以采用多种手段对绿色低碳旅游进行监管,包括现场检查、抽查抽样、投诉举报等。此外,政府还可以建立监管信息平台,对旅游企业的环保、能耗、废物排放等数据进行监测和分析,及时发现问题并加以解决。第三,明确监管责任。政府需要明确绿色低碳旅游监管的责任,建立责任追究制度。对于监管部门和相关责任人员,应当明确其监管职责和权力,并对其工作进行评估和考核,确保监管工作的有效性和可持续性。

4.加强绿色低碳教育与宣传

政府要加大对消费者的绿色低碳教育与宣传力度,提高消费者对绿色低碳旅游的认知和理解能力。第一,在教育体系中增加绿色低碳内容。政府可以在教育体系中加入绿色低碳教育内容,包括在学校设置相关课程,培养学生环境保护和低碳生活方面的意识和能力。政府还可以组织绿色低碳教育活动,如讲座、培训等,提高公众对绿色低碳的认知。第二,利用宣传媒体。政府可以利用各类宣传媒体,如电视、广播、报纸、杂志、互联网等,开展绿色低碳主题宣传。可以制作宣传片、广告、海报等,向公众传递绿色低碳的理念和实践,引导公众改变消费习惯,选择低碳环保的生活方式。第三,宣传典型案例。政府可以宣传一些典型的绿色低碳旅游案例,向公众展示成功的经验和效果。通过各种渠道,例如新闻报道、专题节目、社交媒体等,宣传在绿色低碳旅游方面取得突出成绩的企业和个人,激励更多人参与到绿色低碳旅游中来。

(二)对其他旅游企业的启示

1.重视绿色低碳发展

其他旅游企业可以借鉴携程的做法,提高对绿色低碳的重视程度,将绿色低碳发展上升到企业的战略高度,将环境保护和可持续发展融入企业的经营理念和发展规划中。其他旅游企业可以推出绿色低碳旅游产品,满足消费者对环保、生态、可持续旅游的需求。例如,企业可以开发环保主题旅游、生态旅游、徒步旅游等绿色低碳产品,为消费者提供多样性的选择。

2. 促进消费者观念转变

其他旅游企业可以通过推出绿色低碳旅游产品和服务,促进消费者从传统的追求奢华和数量的旅游消费观念,转变为注重环境保护和可持续发展的消费观念。这有助于提升消费者对绿色低碳产品的认知度和认可度,推动消费升级。企业还可以通过宣传和教育活动,增强消费者对绿色低碳旅游的认知和意识。利用主流媒体、社交媒体等渠道,向消费者普及绿色低碳旅游的概念和意义,鼓励消费者选择绿色低碳的旅游方式,促进消费升级。

3. 借助科技创新推动绿色低碳发展

其他旅游企业要重视科技创新,通过科技创新推动企业的绿色低碳发展。例如,通过智能化的旅游管理系统和数据分析,优化旅游资源的利用和分配,减少能源消耗和环境污染。企业还可以引入绿色低碳技术,改造和升级现有的生产设备和工艺流程,通过采用清洁能源、节能设备、环保材料等,减少对环境的影响。科技创新为旅游企业可持续发展提供了支撑,可以有效促进旅游产品和服务的绿色低碳发展。

4. 推动旅游企业供应链绿色转型

其他旅游企业可以加强对供应链的管理,推动供应商的绿色低碳转型。旅游企业可以与供应商合作,要求供应商提供符合环保标准的产品和服务,帮助供应商改善环境表现。通过选择符合环保标准的供应商,减少环境污染和资源浪费。此外,旅游企业还可以与供应商密切合作,促进其环境和社会责任的合规。通过与供应商签订绿色供应链合作协议,明确环保和社会责任要求,监督和评估供应商的合规情况,共同推动旅游企业供应链的绿色转型。

第二节　绿色智能家电促进全产业链绿色发展
——海尔的实践

随着人们环保意识的提高,越来越多的消费者开始关注产品的绿色性能和环保指标。消费绿色智能家电是一种积极的环保行为,符合现代人对可持续发展和环境保护的价值观。绿色智能家电是指具备智能化功能的家电产品,其主要特点是高效节能、环保低碳、资源循环利用和智能化控制。有数据显示,2021年我国智能家电市场规模突破5500亿元,2022年超过6500亿元,预计 2023 年将超过 7300 亿元。① 海尔通过在绿色智能家电产品的全生命周期中构建绿色发展战略，有效地满足了消费者对绿色环保产品的需求，促进了全产业链绿色发展。

一、案例背景

(一)国家政策导向

我国政府一直高度重视环境保护和可持续发展，出台了一系列的环保政策和措施。其中，推动绿色制造和绿色消费是重要方向之一。例如，2021 年 11 月，工业和信息化部发布《"十四五"工业绿色发展规划》，指出要"完善绿色制造支撑体系，引导产品供给绿色化转型"②。2022 年 7 月，商务部等 13 部门出台《关于促进绿色智能家电消费若干措施的通知》，指出绿色智能家电对上下游关联产业发展、助力稳定宏观经济大盘、更好服务构建新发展格局具有重要意义，提出要"优化绿色智能家电供给"③。海尔作为我国家电行业的领军企业，受到了政府政策的引导和支持。海尔响应国家号召，积极推动绿色智能家电的发展。

(二)消费者需求变化

随着人们生活水平的提高和环保意识的增强，消费者对家电产品的需求也发生了变化，除了关注产品的品质外，还越来越注重产品的环保性能和节能性能。《2022 中国电器服务行业趋势洞察报告》显示，低碳化已成为电器消费的新态势。有数据显示，2021 年，二级以上能效家电成交额占比超过 65%，其中冰箱、洗衣机的成交额占比超过 85%，空调产品成交额占比超过 70%。2021 年，仅卖出的一级能效空调、冰箱、电视三大类家电，每年节约的用电可减少近 200 万吨碳排放。④ 这对电器企业在社会中的角色提出了新要求，企业不仅要关注盈利，还要注重社会责任和环境责任，推动社会和生态的可持

---

① 家电转型升级　激发消费潜力[EB/OL]. (2023-08-11)[2023-09-25]. https://www. gov. cn/yaowen/liebiao/202308/content_6897732. htm

② "十四五"工业绿色发展规划[EB/OL]. (2021-12-03)[2023-09-25]. https://www. gov. cn/zhengce/zhengceku/2021/12/03/5655701/files/4c8e11241e1046ee9159ab7dcad9ed44. pdf.

③ 商务部等 13 部门关于促进绿色智能家电消费若干措施的通知[EB/OL]. (2022-08-04) [2023-09-25]. https://www. gov. cn/zhengce/zhengceku/2022/08/04/content_5704274. htm.

④ 选家电先看"能耗"，低碳化成电器消费新态势[EB/OL]. (2022-05-31)[2023-09-25]. http://finance. people. com. cn/n1/2022/0531/c1004-32434685. html.

续发展。海尔通过推出绿色智能家电产品,减少了能源消耗和碳排放,满足了消费者对节能环保的需求。

(三)技术创新推动

随着科技的不断进步,绿色智能家电的创新研发和生产成为可能。新材料、新工艺、新能源等的应用,使家电产品在性能和环保方面都有了巨大提升空间。例如:人工智能技术通过使用机器学习和深度学习算法,使智能家电可以学习用户的习惯和偏好,并自动调整设备的设置,以实现最佳的能源利用效率;太阳能技术通过太阳能电池板可以将太阳能转化为电能,供应给家电使用,减少对传统能源的依赖,降低能源消耗和碳排放;物联网技术使智能家电能够通过互联网进行远程监控和控制,用户可以通过智能手机或其他设备远程控制家电,以实现更加高效的能源管理。海尔通过积极推动技术创新,不断提升产品的绿色性能和智能化水平。

(四)市场竞争压力

随着消费者需求的变化和环保意识的增强,绿色智能家电市场的竞争也日益激烈。2021年,海尔智能家电整体市场份额为25.1%。① 2022年,由于激烈的市场竞争,海尔市场份额有所下降。根据《2022年中国智能家电行业全景图谱》公布的数据,线上及线下市场份额排在前三位的企业是美的、格力、海尔。其中,智能家电线上销售份额最高的是美的,市场份额为36.7%,智能家电线下销售份额最高的是格力,市场份额为36.6%。② 可见,在线上和线下,海尔都面临着较大的市场竞争压力。只有不断创新和改进,不断提升产品竞争力,满足消费者对绿色智能家电的需求,海尔才能在市场竞争中占据优势地位。

二、6-Green(6G)战略驱动全产业链绿色发展

海尔6-Green(6G)战略是海尔在绿色发展方面的战略规划,通过绿色设计(Green Design)、绿色采购(Green Purchase)、绿色生产(Green Production)、绿

---

① 海尔集团旗下海尔智家2021年整体市场份额达25.1%,再度蝉联第一[EB/OL].(2022-02-09)[2023-09-25]. https://www.haier.com/press-events/news/20220209 _ 175806. shtml.

② 前瞻产业研究院.预见2022:2022年中国智能家电行业全景图谱(附市场现状、竞争格局和发展趋势等)[EB/OL].(2022-04-21)[2023-09-25]. https://www.qianzhan.com/analyst/detail/220/220421-ed422b23.html.

色经营（Green Operation）、绿色回收（Green Recovery）、绿色处置（Green Disposal）六个方面的战略,构建了一个可持续发展的绿色生态系统(图 13-1)。海尔通过技术创新和全产业链的绿色转型,推动了企业和整个产业链的绿色发展。

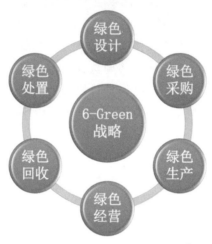

图 13-1　海尔 6-Green(6G)战略①

(一)绿色设计战略

海尔注重产品的绿色设计,通过减少能源消耗、优化材料使用、延长产品寿命等来降低对环境的负面影响。第一,提升能源效率。海尔通过采用高效电机、智能控制系统、节能传感器等技术,降低产品的能源消耗。例如,海尔洗衣机采用了变频驱动技术和智能控制系统,可以根据衣物的重量和污渍程度自动调整洗涤程序,实现节能效果。第二,优化材料使用。海尔在产品设计中优先选择环保材料,如无卤素材料、低 VOC 材料等,以减少对环境的污染。此外,海尔还致力于推广可回收材料的使用,以减少资源浪费。海尔在生产全流程中,从产品设计之初就考虑了材料的易回收、易拆解、易利用。②第三,延长产品寿命。海尔通过优化产品设计、提高产品质量和可靠性,来延长产品的使用寿命,减少对环境的影响。例如,海尔在产品设计阶段就考虑

---

① 海尔集团公司"6-Green 全生命周期绿色发展战略"当选凤凰网行动者联盟年度 CSR 领航者[EB/OL]. (2022-06-29)[2023-09-25]. https://www. haier. com/press-events/news/202206-30_182980. shtml.

② 海尔:废旧家电回收是家电行业可持续发展的推动力[EB/OL]. (2022-06-29)[2023-09-25]. https://www. sohu. com/a/562148146_120690910.

到产品的寿命和可维修性，选择高质量的材料和组件，来确保产品的耐用性和可靠性。此外，海尔的产品设计团队还注重用户体验，设计出符合用户需求的功能和操作界面，这也有助于延长产品的使用寿命。

(二)绿色采购战略

海尔的绿色采购战略是指在采购过程中，选择符合环保标准和可持续发展原则的供应商和产品，并鼓励供应商推广绿色产品和绿色生产技术，以降低对环境的影响，促进可持续发展。第一，供应商评估。海尔通过评估供应商，考察其环境管理能力和绿色产品供应能力。例如，考察环境管理体系、环境政策和环保认证情况，只有符合一定环境标准的供应商才能成为海尔的合作伙伴。第二，产品选择。海尔在采购过程中优先选择符合环保标准的产品。海尔会对产品进行评估，考察其环境性能、能源效率和可回收性等指标，选择具有较低环境影响的产品。第三，绿色供应链管理。海尔与供应商合作，在供应链管理中加强环保要求，推动绿色供应链的建设。通过共同研发环保材料、推广节能技术等方式，降低整个供应链对环境的影响。第四，培训和教育。海尔通过开展培训和教育活动，增强员工对绿色采购的认识和意识。通过向员工传递环保知识，培养绿色采购意识，促进绿色采购理念在组织内的推广。

(三)绿色生产战略

海尔致力于推出绿色生产战略，减少资源的消耗和对环境的污染。海尔采取了一系列措施来推动绿色生产，包括节能减排、资源循环利用、环境管理等。海尔通过绿色生产战略实现企业经济效益和环境效益的双赢。第一，完善环境管理体系。海尔通过了 ISO14001 环境管理体系认证，推动了环境管理的持续改进。海尔工厂会定期进行环境监测和评估，对生产过程中的环境影响进行监控和管理，确保生产过程符合环境法规和标准。第二，提高资源利用效率。海尔采用先进的生产技术和设备，优化生产流程，减少能源和原材料的使用量。海尔还重视废弃物的处理和资源循环利用，最大限度地减少废物的产生和排放。例如，海尔工厂实施了废弃物分类和回收制度，将废弃物进行分类处理，对可回收的废弃物进行再利用，减少了资源浪费。第三，加强碳排放管理。海尔通过优化能源使用、采用清洁能源和推广低碳技术等措施，减少生产过程中的碳排放。海尔还参与碳排放披露和减排目标的公开报告，提高透明度和责任感。第四，进行环境监测和改进。海尔定期对生产过程进行环境评估和监测，发现问题时采取相应的改进措施，持续改善生产过程中的环境表现。

(四)绿色经营战略

海尔绿色经营战略是海尔在企业经营中积极推动环境保护和可持续发展的一系列战略和措施,包括开展绿色营销、加强环境教育和宣传、提供绿色服务、积极履行社会责任等。第一,开展绿色营销。海尔积极推广绿色家电产品,将环保和节能特性融入产品设计和制造,通过产品的环保性能和节能效益来吸引消费者。海尔通过广告、宣传活动和社交媒体等渠道,宣传自己的绿色品牌形象和环保理念。通过强调企业的环保承诺和可持续发展,努力向消费者传递绿色经营的价值观和理念。海尔通过绿色标识和认证,向消费者传递产品的环保信息,引导消费者做出绿色消费的选择。第二,加强环境教育和宣传。海尔通过开展环境教育和宣传活动,增强员工和消费者的环保意识。组织员工参与环境保护培训和志愿者活动,增强员工的环境责任感。海尔还通过媒体和社交平台,向公众传递环保知识,推动绿色消费观念的普及。第三,提供绿色服务。海尔的绿色智能家电产品可以实现远程控制和智能化管理,帮助用户实现能源的合理利用和节约。此外,海尔还提供绿色家庭解决方案,如智能能源管理系统、智能水处理系统等,帮助用户实现绿色生活。第四,积极履行社会责任。海尔积极参与社会公益事业,对发展我国乡村地区的基础教育事业,改善乡村地区的办学条件做出了积极贡献。截至2023年6月,集团累计投入超过1.34亿元,共计援建了385所希望小学,1所希望中学,覆盖全国26个省级行政区,成为团中央希望工程中援建希望小学最多的企业。[①] 此外,海尔还在全球积极开展公益援助行动。2022年,在意大利,海尔将当地艺术院校118名学生设计的海尔空调,捐赠给了意大利癌症研究协会用于拍卖,支持癌症研究项目;在巴基斯坦,海尔通过捐款赠粮、提供服务等方式,援助了3500余名因洪水受灾的民众。[②]

(五)绿色回收战略

海尔重视废弃产品的回收和处理,通过废旧家电的回收、拆解、再利用,实现家电再循环,推动资源循环利用。国家发改委数据显示,我国家电保有量超21亿台,2022年预计报废量超2亿台,废旧家电通过正规渠道回收,实

---

① 海尔希望工程[EB/OL].(2022-11-22)[2023-09-25].https://www.haier.com/csr/project-hope/?spm=net.crs_pc.hg2020_sr_hopeProject_20221122.3.

② 海尔智家黄晓武:践行ESG理念,驱动全产业链绿色发展[EB/OL].(2022-12-30)[2023-09-25].https://new.qq.com/rain/a/20221230A03I7G00.

现环保拆解和再回收的比例仅占 44% 左右。绿色回收已成为家电行业关注的焦点。海尔作为"回收目标责任制"的先行企业,率先切入再循环产业。[①]第一,回收体系建设。海尔建立了完善的产品回收体系,包括回收网络、回收中心和回收流程等。海尔通过与各地的回收伙伴合作,建立回收站点和回收箱,方便消费者将废弃的海尔产品送回进行回收处理。海尔还通过线上渠道和客户服务热线提供回收咨询和预约服务。第二,资源回收利用。海尔将回收的废弃产品进行拆解、分离和分类处理,将可回收的部分进行再利用,将不可回收的部分进行安全处理,以减少对环境的影响。此外,海尔还通过回收奖励和优惠政策,鼓励用户积极参与绿色回收活动。第三,回收政策和法规遵守。海尔遵守国家和地方的相关回收政策和法规,确保回收工作符合法律法规的要求。海尔积极参与政府的回收计划和活动,与相关部门合作,共同推动废弃产品的回收和处理。例如,海尔在国家发改委等相关部门的支持下,加快启动全国家电行业数字化回收平台建设。目前已经建立了海尔卡奥斯工业互联网平台,该平台依托大数据,实现线上、线下一体估价,实现共享、可信任的透明回收。平台以二维码为媒介搭建了一套可追溯信息的回收体系,并牵头制定了规范化的分拣回收标准[②]。

(六)绿色处置战略

海尔绿色处置战略是指在产品寿命周期结束后,对废弃产品进行环保处理和资源循环利用,避免对环境造成二次污染。第一,环保处理中心建设。海尔投资建设了废弃产品处理中心,采用先进的环保处理设备,确保废弃产品的安全处理和资源的有效利用。海尔对废弃产品进行无害化处理,以避免对环境和人体健康造成危害。第二,合规管理和监督。海尔遵守国家和地方的相关环保法规和标准,确保废弃产品的处理符合法律法规的要求。海尔还建立了完善的管理和监督体系,对废弃产品的处理过程进行监控和评估,确保环保处理的合规性和效果。第三,环保处理技术创新。海尔致力于研发和应用环保处理技术,提高废弃产品的处理效率和资源利用率。例如,2022 年 9 月 2 日,作为全球首座家电再循环互联工厂的海尔绿色再循环互联工厂正式

---

① "双碳"目标下,海尔探索 ESG 治理新模式[EB/OL]. (2022-09-21)[2023-09-25]. https://www.haier.com/press-events/news/20220921_201816.shtml.

② 海尔开建中国家电循环产业首座互联工厂[EB/OL]. (2021-05-24)[2023-09-25]. https://www.haier.com/press-events/news/20210527_160858.shtml.

投产,该工厂每年可拆解 300 万台废旧家电、改性造粒 3 万吨,成为行业树立家电回收可持续循环样板[1]。该工厂还首创了智慧物联技术,该技术使关键的破碎环节设备能力和效率较行业高出 20%,同时采用三级滚刀揉搓破碎并经多级工艺分选,废铁分选率≥99%,铝含铜比例≤2%,高效、低成本实现冰箱全自动无害化拆解[2]。海尔通过环保技术的创新和应用,不断改进废弃产品的处理方法,减少对环境的影响。

三、海尔经验对促进全产业链绿色发展的启示

在当前全球环境问题日益突出的背景下,推动绿色消费已成为各个行业和企业的共同责任与使命。海尔 6-Green 战略的实施不仅推动了企业绿色转型和可持续发展,也对促进整个产业链的绿色发展具有重要的启示意义。

(一)政策启示

1. 制定绿色智能家电鼓励政策

政府可以制定鼓励绿色智能家电发展的支持政策。第一,提供财政补贴。政府可以向企业提供直接的财政补贴,以降低企业的生产成本和销售价格,促进绿色智能家电的市场推广和普及。第二,提供奖励金。政府可以设立奖励金,对符合一定绿色智能家电标准和能效要求的企业进行奖励。这样可以激励企业加大研发投入,提高产品的环保性能和能效水平。第三,给予税收优惠。政府可以给予绿色智能家电企业一定的税收优惠政策,如减免企业所得税、增值税等。这样可以降低企业的负担,提升企业的竞争力和创新能力。第四,提供贷款支持。政府可以提供低息贷款或担保,支持绿色智能家电企业的研发和生产。这样可以解决企业的融资难题,推动绿色智能家电产业的发展。

2. 提供技术支持

政府可以采取多种措施为绿色智能家电企业提供技术支持。第一,研发资金支持。政府可以设立专项研发资金,向绿色智能家电企业提供资金支持,用于技术研发和创新,包括研发项目的拨款、科研机构的支持和合作、研

---

① 2022 绿色制造名单公布 海尔低碳实践探索持续引领[EB/OL].(2023-02-22)[2023-09-25].https://www.haier.com/press-events/news/20230224_206677.shtml.

② 中国证券报:海尔智家黄晓武:践行 ESG 理念,驱动全产业链绿色发展[EB/OL].(2022-12-30)[2023-09-25].https://new.qq.com/rain/a/20221230A03I7G00.

发设备的购置等。第二,技术创新平台建设。政府可以建设绿色智能家电的技术创新平台,提供技术研发设施和条件,包括实验室、试验场所、技术中心等,支持企业进行创新研发。第三,技术培训和人才培养。政府可以组织绿色智能家电技术培训和人才培养项目,提供技术支持和培训课程,培养专业技术人才,包括行业技术标准的培训、技术人员的培训等。第四,技术合作和交流。政府可以促进绿色智能家电企业之间的技术合作和交流,加强行业技术创新和合作,包括技术合作项目的组织和推动、技术交流会议和展览会的举办等。

3. 加强国际合作

政府可以采取多种方式推动绿色智能家电企业的国际合作。第一,建立国际合作机制。政府可以与其他国家或地区建立绿色智能家电的国际合作机制,如签署合作协议、建立合作平台等。通过这些机制,各国可以共享技术、经验和资源,推动绿色智能家电产业的发展。第二,支持国际标准制定。政府可以积极参与国际标准的制定和推广,推动绿色智能家电产业的国际标准化。这有助于提高产品的质量和竞争力,促进国际市场的开拓和合作。第三,支持跨国企业合作。政府可以支持本国企业与外国企业进行跨国合作,例如合资、合作研发等。这有助于整合各国的资源和优势,推动绿色智能家电产业的国际化发展。第四,提供政策和法律支持。政府可以制定有利于国际合作的政策和法律,如优惠的进口关税政策、知识产权保护政策等。这样可以吸引外国企业和投资者参与我国绿色智能家电产业,促进国际合作和交流。

(二)对其他家电企业的启示

1. 注重技术创新

其他企业可以学习海尔的经验,促进绿色智能家电的技术创新。第一,加大研发投入。企业可以加大对绿色智能家电的研发投入,建立专门的研发团队,并加强技术创新和产品设计。通过不断推陈出新和引入新技术、新材料,不断提升绿色智能家电的性能和功能。第二,推动产学研结合。企业可以积极推动产学研结合,与高校和科研机构建立合作关系,共同开展绿色智能家电的研发工作。通过产学研结合,可以充分利用高校和科研机构的科研资源与人才优势,推动技术创新和产业发展。第三,建立创新机制。企业可以建立创新机制,鼓励员工提出新的创意和想法,激发员工的创新潜力。通过奖励制度、创新基金等方式,激励员工积极参与绿色智能家电的技术创新工作。第四，关注市场需求。企业要密切关注市场需求，了解消费者对绿色智能家电的需求和偏好的动态。根据市场需求，及时调整绿色智能家电产品的研发方向和策略，推出具有技术创新和符合市场需求的绿色智能家电产品。

2. 促进产品多样化

其他企业可以学习海尔的经验，促进绿色智能家电的产品多样化。第一，推动创新设计。企业可以加大对产品设计的投入，建立专门的设计团队，推动产品的创新设计。通过引入新材料、新技术和新功能，不断提升产品性能和功能，满足消费者对绿色智能家电产品的多样化需求。第二，引入用户参与。企业可以积极引入用户参与，例如用户调研、用户体验等，了解用户的需求和意见。通过用户参与，企业可以更好地把握市场动态，推出符合用户需求的多样化产品。第三，推动敏捷生产。企业可以采用敏捷生产的方式，快速响应市场需求，灵活调整产品的生产线和供应链。通过敏捷生产，企业可以更加高效地推出多样化的绿色智能家电产品。第四，加强合作与交流。企业可以与其他企业、设计机构等进行合作与交流，共同开展绿色智能家电产品的设计工作。通过合作，共享资源和经验，促进绿色智能家电产品多样化创新。

3. 加强品牌建设

其他家电企业可以借鉴海尔的品牌建设经验，加强品牌推广和营销，提升品牌知名度和影响力。第一，品牌定位。企业需要明确自己的品牌定位，确定绿色智能家电的核心价值和差异化特点。通过准确定位，企业可以在市场中建立独特的品牌形象，提升品牌的知名度和认可度。第二，品牌传播。企业需要通过多种渠道和媒体进行品牌传播，提升品牌的曝光度和影响力。还可以通过广告、公关活动、社交媒体等方式，向消费者传递绿色智能家电品牌的核心价值和优势。企业还要注重用户体验，提供优质的产品和服务，满足用户的需求和期望。通过用户口碑的传播，增强品牌的口碑效应，吸引更多消费者选择和信赖绿色智能家电品牌。第三，品牌合作。企业可以与其他品牌进行合作，共同推进绿色智能家电的品牌建设。例如，企业可以与环保组织、科技公司等建立合作关系，共同开展品牌宣传和推广活动，提升品牌的影响力和认可度。

第三节　二手电商促进可持续消费——闲鱼的实践

随着社会经济的发展和人们对环境保护意识的提高,二手物品消费成了现代消费的重要趋势。根据网经社发布的《2022 年度中国二手电商市场数据报告》,2017 年至 2021 年二手电商用户规模持续增长,年增速分别为 55.1％、40.78％、34.57％、26.38％、22.52％。2022 年,二手电商用户规模为 2.63 亿人,同比增长 17.93％。[①] 二手电商作为一种新兴的消费模式,通过延长产品生命周期、减少资源消耗和减少废弃物产生,有效促进了可持续消费。

一、案例背景

(一)国家政策为二手电商发展保驾护航

我国政府高度重视绿色发展和生态文明制度体系建设,各地区各部门出台了一系列政策文件,例如《生态文明体制改革总体方案》《关于划定并严守生态保护红线的若干意见》《生态文明建设目标评价考核办法》等,推动绿色发展逐步走向制度化和完善化。[②] 此外,政府还出台了关于绿色消费和循环经济等领域的相关政策,例如,2022 年 1 月,国家发展改革委等部门发布了《促进绿色消费实施方案》,指出"大力发展绿色消费,增强全民节约意识,反对奢侈浪费和过度消费,扩大绿色低碳产品供给和消费,完善有利于促进绿色消费的制度政策体系和体制机制,推进消费结构绿色转型升级"。国家发展改革委 2021 年 7 月发布的《"十四五"循环经济发展规划》中,明确提及"要完善二手商品流通法规,建立二手商品鉴定、评估、分级等标准,规范二手商品流通秩序和交易行为,鼓励互联网＋二手模式的发展"。2021 年 10 月,国务院印发《2030 年前碳达峰行动方案》,提出要大力发展循环经济,健全资源循环利用体系,完善废旧物资回收网络,推行"互联网＋"回收模式,实现再生资源应收尽收。我国政府出台的这一系列相关政策为二手电商的发展提供了良好的政策环境。

---

① 《2022 年度中国二手电商市场数据报告》发布[EB/OL].（2023-03-29）[2023-09-25]. https://www.163.com/dy/article/I10C1RT70514BOS2.html

② 陈昌盛,许伟,兰宗敏,等."十四五"时期我国发展内外部环境研究[J].管理世界,2020, 36(10):1-14.

（二）数字技术为二手电商提供技术支撑

近年来，随着大数据、物联网、人工智能、区块链等数字技术迅猛发展，数字经济日益成为推动经济发展的重要动力。[①] 根据中国信息通信研究院发布的《中国数字经济发展研究报告（2023 年）》，2022 年，我国数字经济规模达到50.2 万亿元，同比名义增长了 10.3％，已连续 11 年显著高于同期 GDP 名义增长速度，数字经济占 GDP 比重相当于第二产业占国民经济的比重，达到41.5％。[②] 数字经济的快速发展催生出一系列经济发展的新业态和新模式，以平台为依托的二手电商已成为我国数字经济发展的重要组成部分。

（三）网民规模为二手电商提供市场基础

目前，中国移动互联网已经进入成熟期，各类移动电商平台也逐渐开始大爆发。2023 年 3 月，中国互联网络信息中心（CNNIC）发布的第 51 次《中国互联网络发展状况统计报告》中的数据显示，截至 2022 年 12 月，我国手机网民规模达 10.65 亿人，较 2021 年 12 月增长了 3636 万人，网民使用手机上网的比例为 99.8％。[③] 这在客观上为移动端网购平台的发展培养了用户习惯，并为二手电商平台提供了庞大的用户基数。

（四）市场供需为二手电商提供匹配空间

在市场供给方面，各类电商平台购物狂欢节的兴起，例如天猫"双 11"、京东"618"等，以及商家采用各种营销手段刺激消费者进行非理性消费，使得很多消费者手中囤积了大量闲置物品。在市场需求方面，很多在校学生、初入职场的员工等由于收入水平低，在消费上更加关注产品的性价比，由此产生了对高性价比闲置物品的巨大需求。二手电商通过匹配市场供需获得了巨大发展空间。根据网经社电子商务研究中心发布的《2022 年度中国二手电商市场数据报告》，2022 年二手电商交易规模达 4802.04 亿元，同比增长了20％，2022 年二手电商用户规模为 2.63 亿人，同比增长了 17.93％。

---

① 陈晓红，李杨扬，宋丽洁，等. 数字经济理论体系与研究展望[J]. 管理世界，2022，38（2）：208-224.

② 信通院发布《中国数字经济发展研究报告（2023 年）》（附下载）[EB/OL].（2023-04-27）[2023-09-25]. https://www.secrss.com/articles/54179.

③ 中国互联网络信息中心. 第 51 次中国互联网络发展状况统计报告[EB/OL].（2023-03-22）[2023-09-25]. https://cnnic.cn/NMediaFile/2023/0322/MAIN16794576367190GBA2HA1KQ.pdf.

二、数字化治理促进可持续消费

闲鱼是阿里巴巴旗下的二手电商平台，提供便捷的二手商品交易服务，是阿里巴巴继淘宝、天猫之后打造出的第三个亿万级平台。根据闲鱼官方最新公布的数据，截至 2023 年 5 月，闲鱼用户数超 5 亿人，在线商品超过 10 亿件。[①]

闲鱼十分注重可持续发展，正成为低碳生活的引领者，有数据显示，闲鱼 2023 财年减碳成果超 300 万吨[②]。闲鱼作为连接买方群体和卖方群体的中介，其核心功能在于降低买卖双方的信息不对称，增加双方信任，增加交易的便利性，降低交易成本。为了实现这一目标，闲鱼平台采取了一系列数字化治理实践，为二手交易的买卖双方创造更多价值，有效地促进了可持续消费。

(一)数字技术赋能绿色转型

数字化是推动中国式现代化实践的重要技术力量，为中国式现代化消费实现绿色转型提供了根本动力。闲鱼平台基于数字技术不断探索闲置资源优化利用的新模式。2023 年 6 月 26 日，中国循环经济协会发布"数字技术赋能绿色转型十大创新成果"，闲鱼以"闲置资源循环利用数字化交易平台"入选。[③] 在解决闲置物品交易双方信任问题方面，首创个人交易平台信用评估体系"鱼力值"，推出以社会化共治的方式解决交易纠纷的"闲鱼小法庭"，推动信任创新。

在推动闲置物品流通方面，提供创新的解决方案。例如，提供售中验货的验货宝服务，提供上门回收服务等。北京绿交所的碳减排指数测算，2022 年"双 11"期间，闲鱼平台回收了超过 7 万件大家具、家电，相当于 7 万辆小汽车自驾环游青海湖 1 圈的碳排放。在此期间回收超过 250 吨旧衣物，减碳量相当于少用 450 吨洗衣粉。[④]

在促进绿色低碳发展和碳减排方面，闲鱼基于数字技术建立了用户碳减

---

① 何倩,乔心怡.回归社区原点 闲鱼想要换个活法[N].北京商报,2023-05-24(5).

② 闲鱼战略升级:交易与社区双轴驱动[EB/OL].(2023-05-24)[2023-09-25].https://www.sohu.com/a/678492326_104421.

③ 闲鱼获评"数字技术赋能绿色转型十大创新成果",系唯一入选的闲置交易平台[EB/OL].(2023-06-27)[2023-09-25].http://tech.china.com.cn/roll/20230627/397196.shtml.

④ 张丽娜."双 11"期间超 4 千万件闲置物品上"闲鱼"流通[N].消费日报,2022-11-15(A4).

排标准，上线个人碳积分账户，实现了闲置交易的减碳价值可量化、可感知。例如，基于闲鱼平台28个品类的碳减排模型的测算结果，仅2022年4月到2023年3月，用户通过闲鱼参与闲置交易，产生的累计减碳量就超过了300万吨。[①]

（二）社会化共治解决交易纠纷

党的二十大报告指出："完善社会治理体系，健全共建共治共享的社会治理制度，提升社会治理效能。"习近平总书记强调，要提高社会治理社会化、法治化、智能化、专业化水平。数字化技术为多主体共建共治共享协同治理提供了新载体，为社会治理过程更加透明开放提供了数据基础。[②] "闲鱼小法庭"为闲鱼平台中的买卖双方的交易纠纷解决提供了一种可选择的信息化、智能化、社会化方案，是响应政府提出的"构建中国特色多元化纠纷解决机制"的重要尝试[③]。

针对用户在闲鱼平台完成交易后可能遇到的产品质量、申请退款以及维权等方面的问题，闲鱼平台提供了一种解决用户之间闲置物品交易纠纷的功能——"闲鱼小法庭"。当闲鱼买家和卖家产生纠纷时，双方会基于争议点，在小法庭上各自进行举证，可以上传商品信息、实物照片、聊天记录截图等"证据"进行自我辩护。同时，闲鱼平台会将小法庭的任务随机推送给17名信用等级较高的用户，邀请他们对纠纷中的双方进行综合判断并投票。"闲鱼小法庭"采用17票9胜制，任务时长为24小时，在24小时内一方票数达到9票则"胜诉"，随后系统便会自动把钱款打给获胜方。如果24小时内"闲鱼小法庭"未能解决纠纷或者任务流判，则由闲鱼客服人工审核裁决。为了保证评审的公平公正，在评审过程中买家和卖家的信息将被隐藏，地址、电话号码等敏感信息也会脱敏展示，而且每名"陪审员"在投票之前无法感知当前的投票情况。闲鱼平台每天的交易量很大，二手物品市场比标准商品市场更容易发生交易纠纷，故判定过程也更加复杂。所有交易纠纷都让闲鱼客服人员介入，成本过高，不具备现实可行性，闲鱼客服人员"一言堂"的判定结果也很难让买卖双方信服。"闲鱼小法庭"能更有效地解决问题，让参与者在评判过程

---

① 闲鱼获评"数字技术赋能绿色转型十大创新成果"，系唯一入选的闲置交易平台[EB/OL]．(2023-06-27)[2023-09-25]．http://tech.china.com.cn/roll/20230627/397196.shtml.

② 李韬．以数字化赋能社会治理现代化[N]．中国社会科学报，2023-06-27(A02)．

③ 廖永安，江和平．构建中国特色多元化纠纷解决机制[N]．人民法院报，2021-04-06(02)．

中增进对平台交易规则的理解,也是让用户体验"身处社群"、提升社群参与感,解决信任问题的手段之一①。

"闲鱼小法庭"作为一种新型网络纠纷解决平台,将交易纠纷尽可能在平台内公平公正且高效合理地化解,避免占用过多宝贵的司法资源,缓解不断增长的法治需求和有限的法治资源之间的矛盾,是网民自主性和自治性增强的体现,也是我国传统无讼文化、礼治文化、和谐文化在互联网环境下的传承与体现。②

(三)信用体系促进用户信任

在闲置物品交易平台,买卖双方面临信息不对称等问题,构建信用体系、促进用户信任对于交易的达成和平台的可持续发展至关重要。闲鱼平台设计了多种信任机制来构建信用体系。

首先,依托阿里巴巴旗下淘宝、支付宝等生态体系资源,共享阿里巴巴的技术、安全防控和大数据体系,闲鱼平台对接了用户的淘宝等级、支付宝实名认证、芝麻信用等实时呈现用户征信的数据,通过阿里巴巴生态中已有的规则和征信体系让用户之间建立信任。

其次,除了对接支付宝等资源,闲鱼平台还基于大数据技术构建了新的信用评估体系"鱼力值",帮助用户更加准确地了解买卖双方的信用状况。③"鱼力值"是闲鱼平台的交易信任分值体系,参考用户交易行为、用户交易口碑等多个维度,基于大数据模型综合给出评分,形成科技与人文的深度协同。例如,用户之间的礼貌问候、细心提示、守信履约行为,都会被纳入大数据算法,促进鱼力值提升。随着闲鱼用户行为逐渐多元化,模型可能会继续加入不同的参考维度。基于该信用评级体系,用户可以从以下几个方面提升鱼力值:通过平台内部身份认证、芝麻信用授权及第三方关联认证等,构建更真实、更多维的基础信用分;持续拓展更多品类、更高价值的购买,礼貌、主动、守信,给予卖方良好的交易体验;持续进行更多品类、更高价值的发布,诚信、礼貌、细心,给予买方良好的交易体验。鱼力值可以展示一个更加真实的用

---

① 李睿,杜鸿浩.我人生第一次"开庭"竟然是在闲鱼上[EB/OL].(2021-03-17)[2023-09-25].https://new.qq.com/rain/a/20210317A0CHYL00.

② 韩烜尧.我国非司法 ODR 的适用与完善:以闲鱼小法庭为例[J].北京工商大学学报(社会科学版),2020,35(5):117-126.

③ 闲鱼发布信用评级新体系"鱼力值",促进闲置交易行业标准化建设[EB/OL].(2023-05-25)[2023-09-25].https://baijiahao.baidu.com/s?id=1766848618331042578.

户，能够促进闲鱼买卖双方之间信任的建立。对于闲鱼买家，鱼力值能更准确地识别靠谱卖家，让买家更快挑选心仪的宝贝；对于闲鱼卖家，鱼力值可以有效识别优质买家，让售出过程更加省心。鱼力值的多维性和全面性，为用户带来了更加优质的交易体验。

最后，除了技术手段和规则体系外，用户之间建立信任的根本是交流互动。闲鱼平台通过构建"鱼塘"社区，让用户之间通过互动建立信任，从而促进交易的达成。闲鱼"鱼塘"是闲鱼平台的特色功能，也是闲鱼平台为用户进行价值创造和价值传递的关键业务[①]。所谓"鱼塘"，是指设置一个个主题，用户可以在自己感兴趣的主题里面聚集，讨论相关的商品，快速找到与自己有类似偏好的人。闲鱼"鱼塘"有两种：一种是以地理位置划分，可以促进同社区乃至同城的闲鱼交易，提高用户黏性；另一种则是以兴趣爱好划分，将具有相同兴趣爱好或需求的用户聚集在一起。闲鱼"鱼塘"这种新式的社群可以将线上的陌生人联系起来，让他们通过"鱼塘"保持半熟关系，以此建立归属感和信任感，从而促进用户之间互动和交易的实现。

（四）多措并举提升用户黏性

用户黏性对于闲置物品平台的可持续健康发展具有重要作用，闲鱼平台采取了多种措施提升用户黏性。

1. 机制设计提高用户参与

闲鱼通过机制设计将用户参与和交易达成的概率挂钩。在闲鱼平台，闲置物品曝光率与售出的概率密切相关，而花费鱼贝购买相应服务可以快速提高闲置物品的曝光率，鱼贝可通过每日签到和分享来获得，这有利于提升用户黏性和闲鱼平台社区的活跃度。

2. 构建社区促进用户互动

闲鱼通过构建"鱼塘"使具有相似兴趣爱好的用户聚集在一起交流互动，在用户间建立归属感和情感联结，有利于提升用户黏性和交易的达成。此外，闲鱼通过社区化产品"海鲜市场"汇聚闲鱼上最新的交易热点和交易形式，让更多人分享闲置交易的乐趣，与用户一起共建兴趣交易和交流的新社区。[②] 闲鱼

① 胡望斌，钟岚，焦康乐，等.二手电商平台商业模式演变机理：基于价值创造逻辑的单案例研究[J].管理评论，2019，31(7)：86-96.
② 王烨捷.闲鱼：二手商品交易平台也要成为一个"社区"[EB/OL].(2023-05-24)[2023-09-25].https://business.sohu.com/a/690283286_121687414.

还推出了"会玩"板块,增强用户之间的互动性,更好地搭建兴趣达人和用户间的连接。用户既可以在"热门""圈子"等场景发现自己感兴趣的内容,也可以与海量达人交流互动,找到感兴趣的圈子。

3.服务交易促进用户社交

闲鱼通过"闲置"服务交易增强社交性,提升用户黏性。除了实物产品,闲鱼平台上还有大量的服务类商品,用户可以在闲鱼平台上出售自己独有的能力或价值。例如,在闲鱼平台上使用代订酒店等服务,可以用市价一半甚至三分之一的成本来获得一些高端酒店的入住权,或以市价的一半价格享受到最高级别的服务。在闲鱼平台上使用代下单服务,会发现足够多的套利达人,用户可以用很低的成本享受到行业专家才有的待遇,可以是各种卡积分换来的诱人商品,也可以是各种特殊的兑换券。还有闲鱼卖家(主要是大学生群体)提供代遛狗服务。闲鱼平台数据显示,2023 年 6 月以来,有 10.57 万人在闲鱼发布"可代遛狗"的帖子,有 2.74 万人发布"有狗求帮遛"的帖子,"代遛狗"服务供不应求。①

(五)生态协同促进可持续消费

闲鱼平台拥有淘宝巨大的用户基数、支付宝的担保交易和阿里巴巴集团的大数据,其在发展过程中可以通过与阿里巴巴生态体系内部不同业务部门之间进行战略合作构建协同优势,实现了支付订单、快速发布、信息认证等多项功能,大大提升了操作便利性和交易安全性。闲鱼与阿里巴巴生态体系相关业务模块展开的深度业务协同与合作,对可持续消费具有重要促进作用。

1.共享账号吸引用户

闲鱼前身为"淘宝二手",有一定的用户积累。基于淘宝平台的用户流量,闲鱼成功吸引了大量用户。第一,淘宝平台流量导流。在淘宝的商品详情页中,会有闲鱼的入口,用户可以直接点击进入闲鱼进行二手交易。这种流量导流的方式可以快速引导淘宝用户到闲鱼平台,提高用户的转化率。第二,用户账号共享。淘宝和闲鱼共享用户账号体系,用户可以直接使用淘宝账号登录闲鱼,无须再次注册。账号共享方便了用户的操作,减少了用户的注册成本,有利于吸引用户。第三,联合营销。淘宝和闲鱼会联合举办一些

---

① 金志刚.超 10 万人在闲鱼"蹲狗遛",供不应求是常态[EB/OL].(2023-07-04)[2023-09-25].https://news.xinmin.cn/2023/07/04/32419596.html.

营销活动，吸引用户参与。例如，淘宝的"双11"购物节期间，闲鱼也会推出相应的促销活动，吸引用户在闲鱼上进行二手交易。

2. 物流服务支持

菜鸟网络作为阿里巴巴集团旗下的物流平台，拥有强大的物流资源和配送能力。闲鱼与菜鸟网络进行战略合作，借助其物流网络，为用户提供更快捷、可靠的物流服务。通过战略合作，闲鱼可以将用户的订单信息与菜鸟网络进行对接，实现订单的自动化处理和物流跟踪。用户下单后，闲鱼可以直接将订单信息传递给菜鸟网络，由其负责配送。用户可以通过闲鱼平台或菜鸟网络的物流追踪系统，实时查看订单的配送状态。

3. 信息发布支持

在闲鱼的信息发布界面，提供"一键转卖"的功能，所有用户之前在淘宝购买的商品都可以使用此功能，将淘宝中该物品的详情页信息一次性发布在闲鱼平台上。淘宝中商品信息是交易成功的重要影响因素，商家编辑商品的成本会均摊到一定数量甚至大量的同款商品上，而闲鱼则不同，用户出售的闲置物品数量一般较少，通常只有1—2件。同时，由于卖家对商品了解有限、文字表达能力有限等多方面原因，要想写出较为具体详细、吸引买家的物品信息是需要花费较大时间成本的。因此，"一键转卖"降低了闲鱼卖家对闲置物品进行信息发布的时间成本，通过与淘宝平台商品信息的协同，有效降低了买卖双方的信息不对称，使买方更全面地了解闲置物品相关信息，有利于促进交易的达成。

4. 信用支持

闲鱼与支付宝的芝麻信用合作获得信用支持。用户完成芝麻信用的授权后，可以更全面呈现芝麻信用情况，包括芝麻信用分、芝麻分等级及排名、近一个月和历史守约次数，以及未守约相关记录等。用户可以通过芝麻信用的相关信息快速建立信任关系，提升交易的效率。

三、闲鱼经验对促进可持续消费的启示

（一）政策启示

1. 加大对新兴数字技术的政策扶持

数字经济是数字时代国家综合实力的重要体现，是构建现代化经济体系的重要引擎。随着大数据、人工智能等技术的发展，新兴数字技术对经济高质量发展和促进绿色消费的基础性支撑作用与日俱增。政府需要加快建设

和优化升级绿色低碳信息网络基础设施,运用人工智能、机器学习技术推动基础设施智能升级。对于目前线上闲置物品交易平台尚未采用的新兴数字技术,如虚拟现实(VR)技术,政府应出台政策鼓励闲鱼等平台积极引入,通过 VR 技术提供闲置物品的三维立体信息和提升用户与产品之间的互动,降低买方时间成本和信息不对称,降低用户"误判"概率,持续提升用户购物体验。

2. 加强对闲置物品交易市场的监管

在闲置物品交易市场,难免出现以次充好、售卖假货、消费者维权艰难、平台监管缺失等情况,需要政府监管来保障闲置物品交易行业的可持续健康发展。第一,制定相关法规和政策。政府可以制定相关的法规和政策,明确对闲置物品交易市场的监管要求,规范市场秩序,保障交易的合法性和公平性。第二,建立监管机构和平台。政府要建立专门的监管机构或平台,负责对闲置物品交易市场进行监管和管理,处理纠纷和投诉,保护消费者权益。第三,加强信息披露和透明度。政府要求闲置物品交易平台提供充分的信息披露,包括交易方的身份验证、物品的真实描述和状况等,确保交易信息透明,减少欺诈和虚假交易。第四,加强交易安全保障。要求闲置物品交易平台采取必要的安全措施,例如身份验证、支付安全、物品验收等,确保交易的安全性和可靠性,防止交易中的风险和纠纷。

3. 加强对闲置物品交易双方的普法教育

政府的相关监管部门要加强对闲置物品交易平台买卖双方的普法宣传教育,创造买卖双方懂法守法的良好环境。第一,组织教育活动和培训。政府可以组织针对闲置物品交易市场的教育活动和培训,向交易双方传授相关法律法规和交易流程知识,提高他们的法律意识和风险意识。第二,制作宣传资料和手册。政府可以组织编制普法宣传资料和手册,包括交易双方的权益和义务、交易纠纷处理方式等内容,向交易双方提供便捷的法律参考和指导。第三,加强法律咨询和服务。政府可以设立法律咨询热线或提供在线法律咨询服务,为交易双方解答法律问题,提供法律支持和帮助。第四,提供在线教育资源。建设在线教育平台,提供关于闲置物品交易法律知识的在线课程和资料,方便交易双方随时学习和查询相关法律知识。通过提高买卖双方法律意识,促进信任的建立和合规的交易行为,从而促进闲置物品交易市场的可持续发展。

（二）对其他二手电商交易平台的启示

1. 建立完善的物流配送模式

闲置物品交易中买卖双方虽然可以当面交易，但绝大部分仍然采用快递运输的方式进行交易，物流配送效率影响着线上闲置物品的周转率。闲鱼平台通过与菜鸟网络进行战略合作极大提升了物流效率。其他闲置物品交易平台可以借鉴闲鱼平台的做法，通过与物流公司进行长期合作，建立完整的物流配送系统，从而为用户提供更加便捷的一站式物流服务，降低用户的交易成本。此外，平台基于大数据技术识别买卖双方的地理位置，处于同一地区的买卖双方可以基于相近的位置进行面对面的交易或设置自提柜，买方可以从自提柜提货，以节省物流成本并促进社区成员之间关系的建立。

2. 构建基于平台数据的信用评价体系

闲置物品交易平台中买卖双方建立信任至关重要。闲鱼平台基于淘宝和支付宝，构建了用户的信用等级体系，并基于平台自身数据和算法构建了"鱼力值"信用评估体系。同时，闲鱼平台通过构建"鱼塘"社区，让具有相近爱好或地理位置的用户产生连接，通过互动减少用户间的不信任。其他闲置物品交易平台可以借鉴闲鱼平台的做法，构建买卖双方信用体系。一方面，平台可以与第三方社交网络平台或支付平台等合作，利用网络大数据，对用户进行身份认证，从而形成信息网络，降低用户之间建立信任连接的成本；另一方面，可以基于自身数据构建具有平台特色的信用评价体系。此外，平台可以将用户之间的交易纠纷处理结果存入数据库，当买方想要了解卖方的信用状态时，进入数据库可以查看卖家所有纠纷处理结果。纠纷处理结果的公开透明也有利于用户建立对平台的信任。

3. 加强对消费者权益的保护

其他二手电商平台可以采取多种措施加强对消费者权益的保护。第一，借鉴"闲鱼小法庭"这种社会化共治的方式，解决买卖双方的交易纠纷，有效保护消费者合法权益。第二，引入第三方监管，基于大数据技术对部分物品类别建立科学规范的鉴定评估体系。消费者在购买产品时可以根据第三方评估机构相关鉴定标准对产品的评级进行产品筛选，增加评估鉴定工作的公正性和准确性，降低信息不对称。第三，企业可以建立用户保护机制，包括退款和赔偿机制等，确保在交易过程中消费者的权益得到保障。第四，企业应建立便捷的投诉和解决渠道，确保消费者能够方便地提出投诉，并及时解决消费者的问题和纠纷。